Annette Doll · Mythos, Natur und Geschichte bei Elfriede Jelinek

Annette Doll

Mythos, Natur und Geschichte bei Elfriede Jelinek

Eine Untersuchung ihrer literarischen Intentionen

M&P
VERLAG FÜR WISSENSCHAFT
UND FORSCHUNG

Die vorliegende Arbeit ist von der Philosophischen Fakultät der Universität zu Köln als Dissertation angenommen worden.
Referent: Professor Dr. phil. Walter Pape
Korreferent: Professor Dr. phil. Volker Neuhaus
Tag der mündlichen Prüfung: 14. November 1992

Die Deutsche Bibliothek – CIP-Einheitsaufnahme

Doll, Annette:
Mythos, Natur und Geschichte bei Elfriede Jelinek : eine Untersuchung ihrer literarischen Intentionen / Annette Doll. – Stuttgart : M und P, Verl. für Wiss. und Forschung, 1994
Zugl.: Köln, Univ., Diss., 1992
ISBN 978-3-476-45056-2

ISBN 978-3-476-45056-2
ISBN 978-3-476-04213-2 (eBook)
DOI 10.1007/978-3-476-04213-2

M & P Verlag für Wissenschaft und Forschung
ein Verlag der J. B.Metzlerschen Verlagsbuchhandlung und
Carl Ernst Poeschel Verlag GmbH in Stuttgart

Inhaltsverzeichnis

Siglenverzeichnis

A = *Die Ausgesperrten,* Roman, Reinbek b. Hamburg (Rowohlt) 1980.

AX = *Ich schlage sozusagen mit der Axt drein*, in: Theater-Zeit-Schrift (1984) H. 7, S. 14-16.

BA = *Der Krieg mit anderen Mitteln, Über Ingeborg Bachmann*, in: Die schwarze Botin (1983) H. 21, S. 149-153.

BU = *Burgtheater*, Posse mit Gesang, in: Theaterstücke, hrsg. und mit einem Nachwort von Ute Nyssen, Köln (Prometh) 1984, S. 102-150.

B = *bukolit*, hörroman, mit bildern von robert zeppelsperl, Wien (Rhombus) 1979.

C = *Clara S.*, Musikalische Tragödie, in: Theaterstücke, hrsg. und mit einem Nachwort von Ute Nyssen, Köln (Prometh) 1984, S. 63-101.

FF = *Der freie Fall der Körper*, in: Zeit-Magazin 15, 1989, S. 6-8.

GO = *Der ewige Krampf, Zwei Arsenleichen (weibl.) in der Literatur*, in: Wespennest (1981) H. 44, S. 32-36.

HA = *wir stecken einander unter der haut, konzept einer television des innen raums*, in: protokolle (1970) H. 1, S. 129-134.

JÜ = *Die Komponistin, Wortmaterial in den Kompositionen Jüngers*, in: Hans Werner Henze (Hrsg.), *Die Chiffren*, Musik und Sprache, Frankfurt a. M. (Fischer) 1990, S. 211-218. (= Neue Aspekte der Musikalischen Ästhetik. IV.)

K = *Die Klavierspielerin*, Roman, Reinbek b. Hamburg (Rowohlt) 1983.

KM = *Krankheit oder Moderne Frauen*, hrsg. und mit einem Nachwort versehen von Regine Friedrich, Köln (Prometh) 1987.

L = *Lust*, Reinbek b. Hamburg (Rowohlt) 1989.

LH = *Die Liebhaberinnen*, Roman, Reinbek b. Hamburg (Rowohlt) 1975. (= das neue buch. 64.)

LV = *wir sind lockvögel baby!*, roman, Reinbek b. Hamburg (Rowohlt) 1970.

M = *Michael, Ein Jugendbuch für die Infantilgesellschaft*, Reinbek b. Hamburg (Rowohlt) 1972. (das neue buch. 12.)

MD = *Das zweite Gesicht*, in: Die Zeit, 15.5.1992, S. 75/76.

PL = *Sylvia Plath, "Die Glasglocke"*, in: Wespennest (1985) H. 61, S. 51-53.

SG = *Schamgrenzen? Die gewöhnliche Gewalt der weiblichen Hygiene*, in: Konkursbuch, Zeitschrift für Vernunftkritik (1984) H. 12 (Frauenmacht), S. 137-139.

SÖ = *Der Sinn des Obszönen*, in: *Frauen & Pornographie*, hrsg. von Claudia Gehrke, Tübingen (konkurs buch verlag) o. J., [1988], S. 102-103.

UN = *Die endlose Unschuldigkeit*, Prosa, Hörspiel, Essay, Schwifting (Schwiftinger Galerie-Verlag) 1980.

W = *Oh Wildnis, oh Schutz vor ihr*, Prosa, Reinbek b. Hamburg (Rowohlt) 1985.

WO = *Wolken.Heim.*, Göttingen (Steidl) 1990. (= Ränder. 1.)

I. Vorüberlegung

1. Spurensuche

Elfriede Jelinek, ein umstrittener Name in der deutschsprachigen Literatur. Preisgekrönt, von den einen verworfen und von den anderen annektiert. "Sie irritiert und fordert Widerspruch heraus. Kälte, Haß und Zynismus werden ihr attestiert". Die Schärfe ihres Blicks, mit dem sie angeblich "aufs Abgründige in Herr Jedermann starrt", wird ihr nicht immer verziehen.[1] Die Literaturkritik nähert sich ihr nur vorsichtig und zögernd, Interesse und manchmal auch Zustimmung wird besonders dort geäußert, wo von Jelineks Sprachbegabung die Rede ist. Wissenschaftliche Untersuchungen zum Werk der Österreicherin, die über kürzere Aufsätze zu Einzelaspekten hinausgehen, sind noch selten[2] und stehen zahlenmäßig in krassem Mißverhältnis zu Bildmaterial, Feuilletonkommentaren und Interviews, die nicht nur Karteikästchen fleißiger Dissertantinnen füllen.[3]

Selten hat eine Autorin derart ins mediale Geschehen um eigene personne und personnage eingegriffen. Der Medienrummel um Jelinek ist daher wenig erstaunlich. Selten hat eine Schriftstellerin so tatkräftig die eigene Legende

---

1 Löffler, Spezialistin für den Haß, S. 83.

2 Zu erwähnen sind in diesem Zusammenhang zwei Aufsatzsammlungen, die wesentliche Aspekte von Jelineks Werk aufgreifen. Das ist zum einen das von Christa Gürtler herausgegebene Bändchen *Gegen den schönen Schein*, Frankfurt a. M. (Verlag Neue Kritik) 1990, das neben Gürtlers und Kochs bemerkenswerten Beiträgen zu *Lust* interessante Aufsätze von Janz, Meyer und von Hoff zu Jelineks Theaterarbeit enthält. Kurt Bartsch und Günther Höfler haben 1991 eine Aufsatzsammlung *Elfriede Jelinek* als Dossier 2 der Buchreihe über österreichische Autoren im Droschl Verlag herausgegeben, die lesenswerte Beiträge gerade zu Jelineks neueren Arbeiten enthält. Die Zusammenstellung einiger Rezensionen zu Jelineks gesamten Werk ist für den Einstieg zur literaturwissenschaftlichen Beschäftigung mit den Texten Jelineks ebenso hilfreich.

3 Selbst im Deutschen Literaturarchiv in Marbach häufen sich Photos, Interviews und Kurzkommentare von und mit der Autorin und über sie, eben weil es wissenschaftliche Untersuchungen kaum gibt.

mitgestaltet, indem sie die Medien bereitwillig mit stereotypen Bildern zu ihrem Leben und Werk bediente. Das meint einige wenige Versatzstücke, mit denen Autorin und Medien im inzwischen gut eingeübten Wechselspiel virtuos jonglieren. Als "Bekenntnisse" sind diese Versatzstücke meist etikettiert, ob es um das Bekenntnis zu Mordgelüsten,[4] um das Bekenntnis zur Scham vor dem eigenen schriftstellerischen Produkt,[5] oder um das Eingeständnis einer unstillbaren Fernsehsucht geht, der die Autorin im Hütteldorfer Heim exzessiv frönt.[6] Ein überschaubares Ensemble von Photographien und Selbstaussagen Jelineks sind lange schon zum künstlichen Oberflächenbild arrangiert, das von Zeitschriften und Magazinen millionenfach in Hochglanzaufmachung Lesern und Leserinnen präsentiert wird. "Sensibler Vampir", "Weltdame und Marxistin"[7], die "Einsame, Scheue und Schutzbedürftige"[8], aber auch die Domina[9] - so lauten die geläufigsten Etikettierungen eines überschaubaren Katalogs, dessen Bilder auch für das nächste Medienspektakel jederzeit verfügbar sind. Die synthetische 'Künstlerbiographie', die seit Jahren geduldig von Autorin und Medien aus nur wenigen Teilen montiert wird, wird gleich mitgeliefert. Da gibt es einen mit Goethe-Gedichten genährten Säugling namens Elfriede, eine kalte und grausame 'Kunsteislaufmutter', einen geisteskranken Vater, einen frühen Nervenzusammenbruch der Autorin und schließlich die aufgeklärte Ehe mit Gottfried, dem Informatiker,[10] der in dieser Eigenschaft eines Tages gar zum Vermittler zwischen Apple und Autorin avancierte.[11] Biographie als das Produkt ei-

---

4 Biron, *Wahrscheinlich wäre ich ein Lustmörder.*

5 Presber, *Die Kunst ist weiblich*, S. 128/129.

6 Biron, *Wahrscheinlich wäre ich ein Lustmörder.*

7 Riedle, *They call her Elfie*, S. 8.

8 Karin Kathrein, *Mit Feder und Axt.*

9 Brigitte Lahann, *Männer sehen in mir die große Domina.*

10 Vgl. Presber, *Die Kunst ist weiblich*, S. 117-123.

11 Jelinek schreibt seit einigen Jahren am Computer, für dessen Software und Wartung Ehemann Gottfried Hüngsberg für zuständig erklärt wird.

ner konsequenten Selbstinszenierung, deren oberstes Gesetz ewige Reproduzierbarkeit ist.

Verstünde man diese Form der Selbstinszenierung als Teil einer geschickten Vermarktungsstrategie von Leben und Werk einer Autorin, man müßte ihr unumwunden Erfolg zugestehen. Spätestens mit dem Erscheinen von Jelineks Roman *Lust* im Jahre 1989 wäre das Konzept nämlich aufgegangen. Denn selten wurde über ein Buch soviel geredet und geschrieben, bevor es publiziert war. Selten erreichte experimentelle Sprachkunst derart hohe Auflagen.

Und die Literaturwissenschaft? Hat sie, die sich auch im Falle des Romanes *Lust* nur mit wenigen Aufsätzen zu Wort gemeldet hat,[12] es hier mit der dunklen Kehrseite jener von Jelinek in ihren literarischen Texten so schonungslos betriebenen Medienkritik zu tun? Mit selbstverliebten Darstellungsformen? Mit einem wütenden Reflex auf eine digitalisierte Umwelt? Oder gar mit einer listigen Instrumentalisierung des äußeren Kommunikationssystems einer Autorin, die sich so eine weitere Ebene schafft, auf der sie Einfluß und Wirkungsweise technisierter Medien und präformierter Sprache mit eben deren eigenen Mitteln vorzuführen sucht?[13] Am Anfangspunkt der Betrachtungen steht jedenfalls auch für jene, die sich eingehender mit Elfriede Jelineks literarischer Entwicklung zu beschäftigen beabsichtigen, eine Bilderstürmerin, die sowohl die Genese wie die Demontage der eigenen Bildlegende, und nicht nur der, betreibt. Denn ihre literarischen Texte sind endlose Durchquerungen genau jener mythenbildenden Diskurse unserer Medien, die sie mit ihrer selbsterschaffenen Künstlerbiographie um das Sujet

---

12 Das sind die in Anmerkung 2 bereits erwähnten Beiträge von Gürtler und Koch und Günther Höflers Aufsätze 1990 in Modern Austrian Literature, Volume 23 (1990) und in Dossier 2.

13 Der Begriff des "äußeren Kommunikationssystems" bezieht sich auf Ulrich Broichs Terminologie, der in einem Beitrag zur Intertextualitätstheorie exemplifiziert, wie Autoren intertextuelle Bezüge zum eigenen Werk auch über Äußerungen herstellen, die im Brief oder in Interviewform nicht in Zusammenhang mit diesem Werk publiziert werden. Broich, *Formen der Markierung von Intertextualität*, S. 38/39.

Jelinek erweitert hat. Daß im Falle des eigenen Mythos dann "feixend das nebeneinander steht, was sich widerspricht",[14] scheint der Preis jener besonderen Form der Öffentlichkeitsarbeit zu sein.

Das Schreiben und die künstlerische Entwicklung Jelineks stehen ganz im Zeichen eines Mißtrauens gegen jene vorgefertigte Sprache, die sie in der Werbung bis hin zur klassischen Literatur unermüdlich aufzuspüren sucht. Ihre Sprachkunst zeugt von Argwohn gegenüber der Sprache, von einer beharrlichen Suche nach dem Nichterfaßten und von einer Freude am Sprachspiel, das besonders in Österreich eine reiche Tradition hat - von Nestroy über Karl Kraus bis hin zu H. C. Artmann. Auch wenn ihre ersten Schreibversuche noch nichts von der Seziertechnik in Kraus'scher Manier verraten. Denn Jelineks literarische Mädchenjahre - sie waren hauptsächlich expressionistisch geprägten Lyrikversuchen gewidmet - bezeugen im wesentlichen die Aneignung literarischer Techniken des Dadaismus, Expressionismus und Surrealismus.[15]

In ihrer frühen Prosa jedoch verweisen eine Fülle von Spuren auf die österreichische Nachkriegsliteratur. *Bukolit* (1979)[16], *wir sind lockvögel, baby!* (1970) und *Michael, Ein Jugendbuch für die Infantilgesellschaft* (1976) waren sprachliche Experimente, die in Zusammenhang mit Ideen und Techniken der Konkreten Poesie[17] zu sehen sind. Nicht zuletzt wird das durch die

---

14 Vogel, *Oh Bildnis, oh Schutz vor ihm*, S. 147.

15 Vgl. Bormann, *"Von den Dingen, die sich in den Begriffen einnisten"*, S. 27.

16 Diesen 'Hörroman' hat Jelinek bereits 1969 verfaßt. Veröffentlicht wurde er allerdings erst 1979.

17 Dieser Begriff ist in Anlehnung an den von Max Bill 1944 für die Malerei gebrauchten terminus 'konkret' zum ersten Mal von Eugen Gomringer 1953 in bezug auf Literatur angewendet worden. (Vgl. Bense, *Konkrete Poesie*, S. 1238.) Innerhalb der Konkreten Poesie, welche auch als 'experimentelle Poesie' umschrieben wird, spielte die 'Wiener Gruppe' in Österreich und Heißenbüttel in der Bundesrepublik eine Sonderrolle.

Nähe zu den Arbeiten H. C. Artmanns bezeugt.[18] Auch als Jelinek Mitte der siebziger Jahre dann selbständige literarische Wege einschlug, der 1975 erschienene Roman *Die Liebhaberinnen* spricht bereits eine ganz eigene Sprache, blieb die Nähe zu den Techniken ihrer sprachkritischen Vorbilder signifikant für ihr Schreiben. Das waren sprachliche Verfahrensweisen, die die Mitglieder der 'Wiener Gruppe', Artmann, Rühm, Bayer, Wiener und Friedrich Achleitner mit großer Neugier - sie war durch das südamerikanische Beispiel der Konkreten Poesie ausgelöst - in den Jahren zwischen 1954 und 1957 erprobt hatten: Das Montieren vorgefundener Sprachteile, das Variieren eines Wortstocks nach seriellen Prinzipien (Inventionen), die Verwendung des Dialekts als klangästhetische Verfremdung. Neben zahlreichen Gemeinschaftsarbeiten entdeckte der einzelne bei der kollektiven Zerstörung der literarischen Konvention eigene Produktionsmöglichkeiten.[19] Auch wenn Jelinek von jeher als literarische Ausnahmeerscheinung gewertet wurde, ist sie an eben jenen sprachkritischen Experimenten geschult. Denn auch sie betont in ihrer poetischen Arbeit den Materialaspekt von Sprache - weniger die Sichtbarkeit, mehr deren Hörbarkeit - bzw. den alltäglichen Sprachge-

---

18 Jelinek verweist aber auch selbst häufig darauf, daß ihre literarischen Verfahrensweisen durch die 'Wiener Gruppe' und damit auch die der Dadaisten geprägt sind. Vgl. dazu Presber, *Die Kunst ist weiblich*, S. 108 und Schmölzer, *Frau sein & schreiben*, S. 87.

19 Artmann behielt das Spiel mit exotischem Wortmaterial und einer ganz dem akustischen Einfall folgenden Lautmetaphorik bei, erweiterte jedoch den Anwendungsbereich auf seine Barock- und Dialektgedichte, in denen er materialisierte Sprache mit dem Reiz eines magischen Wortrituals verband. Friederike Mayröcker, die seit Anfang der fünfziger Jahre Kontakt mit der 'Wiener Gruppe' hatte, griff diesen Impuls zur surrealistischen Schreibweise einer frei assoziierten Subjektivität auf. Rühm war als Komponist serieller Musik am stärksten an der Literatur interessiert. Er hörte und sah der Sprache in Lautgedichten, Montagen, Hör- und Sehtexten neue Strukturen ab uns suchte bei aller Demontage eine Neuordnung des Materials. Während Bayer nach Möglichkeiten in der Ekstase, der Dichtung und dem Tod suchte, begann Wiener seine Sprachdestruktion ohne alternatives Konzept. Er attackierte Sprache mit Sprache, Philosophie mit Philosophie und Dichtung mit Dichtung.

brauch, und benutzt den Dialekt mit kritischer Funktion.[20]

Gesellschaftliche und politische Wirklichkeit ist Jelinek Stein des Anstoßes. Als Marxistin[21] und Feministin verbietet sie sich jede Anleihe im Archaischen. Sie sucht vielmehr Ordnungen und Strukturen des gegenwärtigen Denkens auf und bewegt sich des zielgerichteten Angriffs wegen in ihnen. Dabei beschwört sie weder den Menschen und dessen Freiheit, noch ästhetisiert sie dessen Entfremdung. Sie zeigt ihn zugleich als Opfer und als Exekutor gesellschaftlicher Verhältnisse. Auch ihre Perspektive auf die Situation der Frau bleibt stets in den gesamtgesellschaftlichen Kontext eingebunden, den sie vor dem Hintergrund ihrer politischen Weltanschauung deutet.[22] Inakzeptabel ist Jelinek daher auch das Ghetto der 'Frauenliteratur', in das sich viele Autorinnen besonders in den siebziger und achtziger Jahren - durch geschickte Verlagspolitik forciert - hineingeschrieben haben. Statt des Denkens und Sprechens in den zugewiesenen 'Frauenräumen' ist bei Jelinek eine Sprache zu beobachten, die ohne Rücksicht auf Konventionen und gängige Etikettierungen gegenwärtige Erfahrungen aufzuzeigen sucht, aus denen es für Jelinek keinen Ausweg, keine Rückkehr an vermeintlich unberührte Orte der Vergangenheit gibt. Weil ihre Texte inhaltlich von Verletzungen und gar von der Unmöglichkeit einer (weiblichen) Identität handeln, kann dort eben nicht mehr ohne Probleme 'Ich' gesagt werden. 'Ich' ist in bewegliche Morpheme von vielerlei Geschlecht und Gattung aufgelöst. Ob es sich um Jeli-

---

20 Nicht als durchgängig verwendete Sprachform, sondern in vielen Wortspielen und Wortschöpfungen.

21 Auch wenn Jelinek Anfang der neunziger Jahre nach über zwanzigjähriger Mitgliedschaft aus der KPÖ austrat, ist doch der wissenschaftliche Marxismus die Grundlage ihrer ideologiekritischen Sprachkritik geblieben.

22 Seit Beginn der 80er Jahre ist Jelineks Rezeption feministischer Ansätze von Bovenschen, Lenk, Cixous und Eva Meyer nachvollziehbar. Die Unmöglichkeit ungebrochener Identität und Subjektwerdung wird jetzt noch entschiedener im Spannungsfeld der Geschlechter abgehandelt. Frauen werden zum 'andern' Geschlecht. "Die Frau ist das Andere, der Mann ist die Norm. Er hat seinen Standort, und er funktioniert, Ideologien produzierend. Die Frau hat keinen Ort. Mit dem Blick des sprachlosen Ausländers, des Bewohners eines fremden Planeten, des Kindes, das noch nicht eingegliedert ("gegliedert") ist, blickt die Frau von außen in die Wirklichkeit hinein, zu der sie nicht gehört." (BA 151)

neks Romanfigur Bukolit handelt, "einen gurrenden, präpotenten, sich überschlagenden Tausendsassa"[23] oder um den jungen Arzt und Wissenschaftler Otto aus dem Roman *wir sind lockvögel baby!*, alle sind sie gleichzeitig Figuren mit menschlichen Zügen und Komikfiguren, nicht nur Mann, sondern auch Frau oder gar mit sich selbst liiert. Selbst in ihren Romanen *Die Ausgesperrten* (1980) und *Die Klavierspielerin* (1983), in denen ihre Figuren mit allen Insignien konkreter Personen ausgestattet zu sein scheinen, auch dort führt Jelinek die Unmöglichkeit menschlicher Selbstfindung vor. Jelineks Figuren sind bewegliche Teile eines vielfach verflochtenen Systems von Vorurteilen und gewalttätigen Lebensmustern. Sie haben ein 'Ich', das in wechselnden Richtungen, von wechselnden Orten, in immer neuen, immer wieder zerfallenden Assoziationen Realität inszeniert und persiflierend verwirrt.[24] Ein Konglomerat von Bruchstücken, die Jelinek schließlich zu poetischer Sprache konstruiert: Als Gegenentwurf zum Selbstfindungstheorem.

Möglichkeiten der Veränderung will Jelinek der Literatur nicht einräumen. Bereits 1969 kritisierte sie in einer kunsttheoretischen Diskussion mit Kolleritsch, dem Herausgeber der Zeitschrift *manuskripte*, die dort geäußerte Vorstellung, Kunst könne verändernd auf das menschliche Bewußtsein einwirken. "Du wirst [...] endlich zur Kenntnis nehmen müssen, daß durch Kunst NICHTS verändert werden kann, weder das Bewußtsein noch sonstwas."[25] Daß Jelinek dann in der "Gebrauchsanweisung" ihres Romans *wir sind lockvögel baby!* 1970 versuchte, die von ihr selbst so deutlich gezogene Trennlinie zwischen Kunst und politischem Engagement[26] zu verwischen, macht Widersprüche transparent, innerhalb derer Jelinek als eine Autorin schreibt, die gesellschaftliche Analyse immer auch mit der Produktion von Literatur verbunden hat.

---

23 Kosler, *bukolit in der Bakalitwelt.*

24 Vgl. Alms, *Blauer Streusand*, S. 186.

25 Elfriede Jelinek/Wilhelm Zobel, Offener Brief an Alfred Kolleritsch und Peter Handke, S. 3.

26 Vgl. ebd.

> ich hole sie ganz nah heran & zeige ihnen die noch unbemerkten hohlräume in ihrem organismus die bereit sind für völlig neue programmierungen. sie brauchen das ganze nicht erst zu lesen wenn sie glauben zu keiner gegengewalt fähig zu sein.[27]

Jelineks Form der Gegengewalt jedenfalls ist ihre Sprache, die gleichsam das Seziermesser ist, mit dem sie Realität - das ist für sie die Sprachwirklichkeit eines kapitalistischen Gesellschaftssystems - zerlegt. Ergebnis ihrer Dekonstruktionen sind Schreckensvisionen, mit denen sich das positive Gegenmodell - und darin befindet sie sich wiederum in alter österreichischer Tradition - nicht vereinbaren läßt. "Ich bin vollkommen unfähig, es ist fast wie eine körperliche Unfähigkeit, positive Utopien zu schildern."[28] Die Wurzeln ihrer künstlerischen Strategien, mit denen sie Verdrängungen und Verformungen, die sich hinter alltäglichen Sprach- und Denkklischees verstecken, zur Sprache zu bringen sucht, skizziert sie folgendermaßen:

> Ich sehe mich sicher in der Tradition einerseits des Sprachexperiments der Wiener Gruppe. [...] Sonst stehe ich in der Tradition des Sezierens, in jüdischer Tradition von Karl Kraus und Elias Canetti, die vom Faschismus vernichtet worden ist oder die eben ausstirbt.[29]

Standen für die 'Grazer Gruppe'[30] die Auswirkungen der Sprache auf das Bewußtsein des einzelnen und dessen Lebensform im Mittelpunkt, so fragt die ideologiekritische Perspektive, die Jelinek einnimmt, nach den gesellschaftlichen Bedingungen vorformulierter Sprache und deren Funktion im bestehenden Gesellschaftssystem. Jelineks Sprachverständnis zufolge drückt

---

27 LV, Gebrauchsanweisung, o. S.

28 Sauter, *Interviews mit Frischmuth, Jelinek, Scharang*, S. 115.

29 Hoffmeister, *Interviews with Innerhofer, Jelinek, Rosei and Wolfgruber*, S. 109.

30 Das sind Autoren und Autorinnen, die im Kreis des 'Forum Stadtpark' und in der Zeitschrift *manuskripte* Reflexionen auf die Sprache selbst anstellten. Sie standen unter dem Einfluß der Sprachphilosophie Wittgensteins sowie der Philosophie Heideggers. Wolfgang Bauer, Gunter Falk, Barbara Frischmuth, Peter Handke, Klaus Hoffer, Alfred Kolleritsch, Gert Jonke, Gerhard Roth u. a. werden der 'Grazer Gruppe' zugerechnet.

Sprache nicht nur Machtzusammenhänge aus, sondern hilft, sie auch zu festigen.[31] Über die Inbesitznahme der Mitteilungswege der Kommunikation wird Sprache Bestandteil der herrschenden Ideologie. Den Einfluß ideologisierter Sprache, die zur Alltagssprache geworden ist, hat Herbert Marcuse eindringlich geschildert.

> Ob die Möglichkeit, etwas zu tun oder zu lassen, zu genießen oder zu zerstören, zu besitzen oder zurückzuweisen als ein BEDÜRFNIS erfaßt wird oder nicht, hängt davon ab, ob sie für die herrschenden gesamtgesellschaftlichen Institutionen und Interessen als wünschenswert und notwendig angesehen werden kann oder nicht.[32]

Ideologisierte Sprache hat demnach eine Doppelfunktion, der Jelinek permanent auf der Spur ist: Vermittlung und Verschleierung. Vermittlung ideologisierter Wahrnehmungsmuster einerseits, Verschleierung der realen Verhältnisse andererseits. Der Zusammenhang zwischen Sprache und Bewußtsein, zwischen Sprachgebrauch und Sinnübermittlung wird deutlich. Die konkrete Bedeutungsprägung von sprachlichem Material ergibt sich aus der Beziehung zwischen konkretem Sprachgebrauch und der außersprachlichen Situation, auf die mit der sprachlichen Äußerung verwiesen wird. Kennzeichen ideologisierter Sprache ist es, daß sie Sachverhalte stets in verschlüsselter Form darstellt; daß diese Form zwar die Strukturen der jeweiligen gesellschaftlichen Wirklichkeit übermittelt, von den eigentlichen Inhalten jedoch ablenkt.

> Die Rede wird der Vermittlungen beraubt, die die Stufen des Erkenntnisprozesses und der erkennenden Bewertung sind. Die Begriffe, in denen die Tatsachen erfaßt und damit transzendiert werden, verlieren ihre authentische sprachliche Repräsentanz. Ohne diese Vermittlungen tendiert die Sprache dazu, die unmittelbare Identifikation von Vernunft und Faktum, Wahrheit und etablierter Wahrheit, Essenz und Existenz des Dings mit seiner Funktion auszudrücken und zu befördern.[33]

---

31 Vgl. Ederer, *Die literarische Mimesis entfremdeter Sprache*, S. 56.

32 Marcuse, *Der eindimensionale Mensch*, S. 24.

33 Ebd., S. 104.

Stets auf der Suche nach jener ideologisierten Sprache, die Wirklichkeit verschleiert, bildet Jelinek diese ab, um durch sprachkritische Arrangements - das meint bei Jelinek oft sprachspielerische - deren konkrete Bedeutung sinnfällig werden zu lassen.

2. Gegenstand, Methodik, Zielsetzung

In Forschung und Feuilleton herrscht Uneinigkeit in Analyse und Bewertung einer der wichtigsten literarischen Verfahrensweisen Jelineks, die für das gesamte Werk signifikant ist. Einmal wird sie als Montagetechnik, zum anderen als Mimikry, als eine Anverwandlung von fremden Sprachformen, oder auch als Verbindung beider Techniken beschrieben.[34] In ein und demselben Aufsatz wird von "Collage [...] aus ineinander geschobenen Texten" und vom "Montageprinzip" gesprochen, das es ermöglicht, "neben verschiedenen Sprachebenen mehrere Zeitebenen zu verknüpfen."[35] Es ist die Rede von "ummantelten Texten"[36], von "entlehnten Textsegmenten"[37] und von kritischer "Mimikry"[38]. Allyson F. Fiddler schlägt die Termini "structural montage and contextual montage" vor.[39] Für welche der angeführten Begrifflichkeit man sich nun auch entscheidet, in der konkreten Textanalyse wird deutlich, daß mit keinem dieser Begriffe mehr als eine isolierte Beschreibung einzelner sprachlicher Gestaltungsformen Jelineks zu leisten ist. Obgleich Fiddlers Trennung zwischen struktureller und kontextbezogener Form der Montage durchaus aufgegriffen und erweitert werden kann, ist auch diese Trennung als methodisches Instrumentarium nicht ausreichend, um Jelineks sprachliche Verfahrensweisen unter produktionsästhetischen und rezeptionsästhetischen Aspekten zu erfassen. Dazu bedarf es einer über den isolierten Begriff der Montage hinausreichenden Begrifflichkeit bzw. Methodik, die ebenso die systematische Entwicklung von Kriterien zur Typologie unter-

---

34 Vgl. Kohlenbach, *Montage und Mimikry*, S. 122.

35 Gürtler, Vorwort zu *Gegen den schönen Schein*, S. 13.

36 Hans Hoffer, *Raum-Gedicht*.

37 Kohlenbach, *Montage und Mimikry*, S. 121.

38 Löffler, *Die Unlust an der Männerlust*, S. 81.

39 Fiddler, *Narrative Structures in Elfriede Jelinek*, S. 2.

schiedlicher Referenzformen zwischen Text und Prätext erlaubt,[40] wie sie eine rezeptionsästhetische Perspektive ermöglichen sollte.

Problematisch ist schon die inflationäre Verwendung des Begriffs der Montage, da alles, was nicht einem erzählerischen Gleichfluß folgt, als Montage bezeichnet wird. Sofern Montage[41] als Oberbegriff für ein Verfahren gilt, dessen Konkretisationen Collage, Photomontage, Environment, Happening, aber auch Montageroman und anders heißen,[42] ist die Bedeutung dieses ästhetischen Organisationsprinzip im avantgardistischen und nachavantgardistischen Kunstschaffen[43] umstritten. Die ersten Debatten über das Verfahren gab es bereits in den zwanziger und dreißiger Jahren. Alles, was unter "das Experiment des Zerfällens"[44] gerechnet werden konnte, galt als Montage, worüber Brecht und Bloch als Befürworter dieser künstlerischen Technik mit Lukács als Gegner in rege Diskussion getreten waren. Zentrale Frage dabei war, mit welchen künstlerischen Mitteln und Verfahren man auf

---

40 Eine produktionsästhetische Analyse ist in Ansätzen bei Kohlenbachs Untersuchung von Jelineks *Wolken. Heim.* zu verzeichnen, die danach fragt, "wie Jelinek das traditionelle Sprachmaterial [in diesem Falle sind das Texte von Hegel, Fichte, Hölderlin, Kleist und Heidegger A. D.] verwendet und in welchem Verhältnis die Verwendungsweise zu einem Gelingen oder Scheitern kritischer Absichten steht". Kohlenbach, *Montage und Mimikry*, S. 127.

41 Der Begriff der Montage stammt aus dem technischen Bereich und fand zunächst für Kunstarten Anwendung, die mit Apparaten hergestellt werden, wie die Photographie und der Film.

42 Vgl. Meier, *Neuere Aspekte der Montage in den Künsten*, S. 19.

43 Als Avantgarde werden hier gemäß der Definition Kreutzers nicht etwa die jeweils stärksten Erneuerungskräfte in allen Epochen bezeichnet, sondern lediglich bestimmte 'sezessionistische' Gruppenbildungen und Richtungen (mit 'avantgardistischem' Selbstverständnis), deren Abfolge man meist entweder im späteren 19. Jahrhundert oder im früheren 20. Jahrhundert beginnen läßt. (Vgl. Kreutzer, *Zur Avantgarde und Montage-Diskussion*, S. 8.) Der Vorschlag hingegen, als Avantgarde nur zu bezeichnen, was künstlerischen und gesellschaftlichen Fortschritt repräsentiert hat, ist kaum praktikabel. Nicht zuletzt, da er an der historischen Wirklichkeit vieler Gruppen, die sich als Avantgarde verstanden haben und als solche Anerkennung gefunden haben, vorbei geht. (Vgl. Grimm/Hermand, *Faschismus und Avantgarde*, S. 15.)

44 Bloch, *Diskussion über Expressionismus*, S. 56.

die veränderte und sich weiter verändernde Umwelt angemessen reagieren könne.[45] Als "literarische Montage" wurde in den sechziger Jahren definiert:

> [...] die verfremdete Zusammenfügung verschiedener Wirklichkeitsebenen oder Wort-, Gedanken- und Satzfragmente unterschiedlicher Herkunft nach rein formalen Überraschungseffekten; im weiteren Sinne auch jede Anwendung filmischer Techniken wie Rückblenden, Überblenden, Einblenden und szenischer Gleichzeitigkeit [...] usw. auf die Literatur.[46]

Mitte der siebziger Jahre äußerten sich dann eine Reihe von Autoren und Literaturwissenschaftlern erneut zum Thema. Vorgeschlagen wurden in dieser Phase der Diskussion oft derart subtile Abgrenzungen der Begriffe Zitat, Montage und Collage, daß sie in der konkreten Textanalyse kaum praktikabel erschienen. Schlichting versuchte eine idealtypische Trennung. Bei der Montage sieht er Teile des zitierten Materials deutlich hervortreten und erhebt die Montage gar zum "konstruktiven Prinzip" im Gegensatz zur Collage, bei der das Strukturprinzip einer bewußten Konstruktion fehle.[47] Klotz empfahl eine Abgrenzung dreier Begriffe: Zitat, Montage, Collage. Er sah die Montage als ein Kunstverfahren, das zum Kunstprodukt der Collage führt, wenn qualitativ und quantitativ der Fremdcharakter des vorgefundenen oder vorfabrizierten Materials überwiegt.[48] Das Konstruktionsprinzip der Reihung, das Peter Bürger als dem avantgardistischen Kunstwerk eigen definierte,[49] schien dann eines der geeignetsten Kriterien zu sein, auf das sich die vielfältigen Montageformen der Künste einheitlich beziehen lies-

45 Vgl. Hage, *Literarische Collagen*, S. 27.

46 Wilpert, *Sachwörterbuch der Literatur*, S. 438.

47 Vgl. Schlichting, *Historische Avantgarde und Gegenwartsliteratur*, S. 229.

48 Vgl. Klotz, *Zitat und Montage in neuerer Literatur und Kunst*, S. 227.

49 Im Gegensatz zur Einheit des traditionellen organischen Kunstwerks. Vgl. Bürger, *Theorie der Avantgarde*, S. 107.

sen.[50] Drei bekannte historische Konzepte der Reihung wurden im Surrealismus, im Dadaismus und von der 'Wiener Gruppe' realisiert.[51]

Zur Abgrenzung und Präzisierung der Begrifflichkeit dieses sprachlichen Verfahrens schlägt Bürger den Blick auf analoge Verfahrensweisen in anderen Kunstgattungen vor,[52] in denen die Bezugnahme auf fremde Artefakte meist einen größeren Signalwert hat und daher eine stärker beachtete Tradition. Die Möglichkeit, ein fremdes Kunstwerk als Ganzheit in einen neuen Werkzusammenhang zu reproduzieren und zu integrieren, hat in diesem Umfang nur die bildende Kunst. Musik und Literatur sehen sich auf zitierende und referierende, auf anspielende und verweisende Techniken reduziert.[53] Unter formalen Aspekten entspricht dem 'Bild im Bild' in der Malerei und dem Zitat in der Musik in der Literatur am ehesten die wörtliche Zitati-

---

50 Wenngleich Jürgens-Kirchhoffs Einwand, Bürger formalisiere mit dem Konstruktionsprinzip der Reihung und dem damit verbundenen Begriff der Nicht-Organizität des avantgardistischen Kunstwerks die avantgardistische Montage, nicht zu vernachlässigen ist. Vgl. Jürgens-Kirchhoff, *Technik und Tendenz der Montage in der bildenden Kunst des 20. Jahrhunderts*, S. 22.

51 Der Surrealismus vertraute auf somnambule Assoziationsketten, wobei der Traum das Unvereinbare in einem verborgenen symbolischen Kontext vereinbar machen sollte. Der Dadaismus nutzte Zufallsstrukturen und überließ es dem Leser bzw. dem Betrachter und der Betrachterin, Sinnzusammenhänge zu schaffen. In den Arbeiten der 'Wiener Gruppe' wurde eines der radikalsten Konzepte der Reihung realisiert. Vgl. Doppler, *Die literarischen Verfahrensweisen der 'Wiener Gruppe'*, S. 127.

52 Bürger, *Theorie der Avantgarde*, S. 98.

53 Das musikalische Zitat wird beispielsweise wegen der hohen Anforderungen an die Vorkenntnisse des Hörers und der Hörerin relativ selten verwendet. Es wird dann aber mit großem Bedeutungs- und Funktionsradius eingesetzt, wie Eilert an Alban Bergs Violinsonate *Dem Andenken eines Engels* (1935) exemplifiziert. Dem verwendeten Bach-Zitat, einem Sterbechoral, kommt als Werkfragment eindeutig thematisch verweisender Charakter zu. Vgl. Eilert, *Das Kunstzitat*, S. 13. Adorno führt mit den Formen des Musikzitats und der Collage am Beispiel Schönbergs, Bergs und Strawinskys ein Beschreibungsinstrumentarium vor, das den Zerfall des geschlossenen Werks belegen soll, das aus seiner Sicht das Signum der Krise der bürgerlichen Kunst darstellt. Die Erkenntnis der Krise führt dann zum Zerbrechen der Formen. "Als erkennendes aber wird das Kunstwerk kritisch und fragmentarisch." Adorno, *Philosophie der neuen Musik*, S. 119.

on, die schon in der antiken Rhetorik - als Stilmittel geläufig - exemplifizierende, affirmative und dekorative Funktion einnahm.

Meyer schrieb dem Zitat bereits in den sechziger Jahren in einer grundlegenden Abhandlung strukturelle und kompositorische Bedeutung zu. In einer "eigenartigen Spannung zwischen Assimilation und Dissimilation" sah er den besonderen Reiz des literarischen Zitats. "Es verbindet sich eng mit seiner neuen Umgebung, aber zugleich hebt es sich von ihr ab und läßt so eine andere Welt in die eigene Welt des Romans hineinleuchten.[54] Er hatte bereits abweichend vom traditionellen Zitat-Verständnis, das nur wortwörtliche Wiederholung eines Textfragments unter diesem Begriff subsumierte, auch die literarische Anspielung, die Allusion mit in seine Untersuchungen einbezogen.[55]

Volker Klotz wies in seinen Betrachtungen zu den Zitat-Montagen in der modernen Kunst besonders auf das Zitat als ein wesentliches Material der Montage hin und charakterisierte treffend die ambivalente Struktur des Zitats. Zitate seien einmal "hereingebrochene Teilstücke in [...] einem Textablauf, die ihn unterbrechen, um ihn zugleich verstört und bereichert fortzusetzen". "Andererseits sind sie herausgebrochene Teilstücke aus einem vorher schon und andernorts bestehenden Zusammenhang, dessen Assoziationsgehalt mit dem Zitat eingeht in den neuen Zusammenhang hier und jetzt."[56]

Ausgehend von der Beobachtung, in welch hohem Maß die Bezugnahme auf Prätexte aller Art in Jelineks Texten als sinnkonstitutives Element, als ein "Verfahren des Bedeutungsaufbaus"[57] fungiert, soll in der vorliegenden Arbeit keine verkürzte Perspektive entworfen werden, die Jelineks Werke isoliert auf eine literarische Verfahrensweise - die der Montage - hin überprüft. Es wird vielmehr der Blick auf das vielfältig verflochtene Kommuni-

---

54 Meyer, *Das Zitat in der Erzählkunst*, S. 12.

55 Ebd., S. 15.

56 Klotz, *Zitat und Montage in neuerer Literatur und Kunst*, S. 262.

57 So charakterisiert Preisendanz die Funktion aller intertextuellen Verfahrensweisen. Vgl. Preisendanz, *Dialogizität und poetische Sprache*, S. 26/27.

kationsnetz von Werken untereinander, auf Bezüge zwischen Jelineks Texten und Prätexten, gerichtet sein. Damit sollen keineswegs Traditionsbezug oder Traditionalismus beschworen werden, sondern damit soll vielmehr der - zugegebenermaßen expandierende - Begriff der Intertextualität für die konkrete Textanalyse operationalisiert werden.[58]

Als der Begriff der Intertextualität vor einigen Jahren auch im deutschsprachigen Raum die literaturwissenschaftliche Debatte eroberte, schärfte sich als Konsequenz dieser Diskussion das Bewußtsein für kommunikative Verflochtenheit von Werken untereinander. Gleichzeitig schien sich jedoch in einer Art Gegenbewegung das Bewußtsein dafür zu verflüchtigen, daß bereits zwanzig Jahre zuvor - zwar mit anderen Termini wie Quelle, Einfluß, Zitat, Allusion, Parodie, Travestie u. a. - der literarische Bezug auf einzelne Prätexte oder diesen zugrundeliegenden Codes und Sinnsystemen thematisiert worden war. Der Unterschied zwischen Einzeltext- und Systemreferenz blieb damals allerdings weitgehend unbeachtet.[59] Bei der nun auch innerhalb der deutschsprachigen Literaturwissenschaft entbrannten Diskussion über Intertextualität war jedoch weniger der neue Oberbegriff für die bekannten Verfahren des greifbaren Bezugs auf einzelne Prätexte oder deren Sinnsysteme von Bedeutung, sondern vielmehr der Versuch, diese als Textherstellungsverfahren in einem neuen systematischen Rahmen nun prägnant und stringent zu definieren, zu kategorisieren und deskriptive Kategorien für das Verständnis einer noch zu wenig beachteten kommunikativen Dimension der Werke fruchtbar zu machen.[60] Literarische Verfahrensweisen wie Zitat, Al-

---

58 Dieser Begriff, der in Frankreich bereits seit Jahren etabliert ist als zentraler Begriff poststrukturalistischer Theoriebildung, fußt vor allem auf Julia Kristevas programmatischen Schriften. Vgl. dazu besonders Kristeva, *Bachtin, Das Wort, der Dialog und der Roman* (1967) und Kristeva, *Probleme der Textstrukturation* (1968) sowie Kristeva, *Die Revolution der poetischen Sprache* (1974).

59 Historische Termini wie Zitat, Motto, Bearbeitung, Imitation, Paraphrase etc. bezeichnen eine Form der Einzeltextreferenz, während allerdings Pastiche, Allusion, Parodie und Travestie zu den wenigen Begriffen gehören, die sowohl eine Einzeltext- als auch eine Systemreferenz bezeichnen können. Vgl. Broich, *Zur Einzeltextreferenz*, S. 49.

60 Vgl. Stierle, *Werk und Intertextualität*, S. 150.

lusion, Imitation etc. wurden nun als intertextuelle Phänomene verstanden, als "spezifische Form der Sinnkonstitution von Texten"[61] und nicht als schmückendes Beiwerk, als Hinweis auf Quelle und Einflüsse, oder als Demonstration von Bildungswissen.

Als zentraler Begriff der poststrukturalistischen Theoriebildung fußt der Begriff der Intertextualität auf einem Textverständnis, das jeden Text als Teil eines universalen Intertexts, des "texte général" definiert.[62] Kristeva faßt Intertextualität als universelles Prinzip ästhetischer Literatur bzw. Rezeption. Ihr Bild vom Text als einem Mosaik von Zitaten ist mit Bachtins Vorstellung der zitathaften fremden Wörter im eigenen Text verbunden. "Jeder Text baut sich als Mosaik von Zitaten auf, jeder Text ist Absorption und Transformation eines anderen Textes. An die Stelle des Begriffs der Intersubjektivität tritt der Begriff der Intertextualität, und die poetische Sprache läßt sich zumindest als eine *doppelte* lesen."[63] Bachtins Kritik am systematischen Logos führte jedoch nicht nur zur Erkenntnis der Polyphonie - sie ersetzt das mit sich selbst identische Subjekt des Monologs durch die Vielfalt der Stimmen - sondern auch zu der Entdeckung der Polysemie und zur Betonung der Ausdrucksebene der Inhaltsebene gegenüber, ohne letztere einseitig abzuwerten. Indem Kristeva allerdings nur die alles auflösende karnevalisti-

---

61 Vgl. Pfister, *Konzepte der Intertextualität*, S. 15.

62 Dieser Textbegriff ist stark mit der Sprach- und Kulturkritik der *Tel-Quel*-Gruppe verflochten, zu der neben Julia Kristeva Autoren wie Jean-Joseph Goux, Philippe Sollers und Jean Ricardou ebenso wie Barthes und Derrida gerechnet werden, die besonders durch ihre Kritik des Begriffs und des Logozentrismus mit einer radikalen Kritik an den Begriffen des "Autors", des "Subjekts" und des "Werkes" verbunden sind. Im Gegensatz zum Rationalisten Saussure - gegen ihn polemisiert Derrida in vielen seiner Schriften - stellt Derrida in Übereinstimmung mit Bachtin die These auf, daß jede Sprache als langue historisch und daher offen ist, so daß das Zusammenspiel von Differenzen nie endgültig eingegrenzt, definiert werden kann. Folglich kann es auch keine feststehende, statische Bedeutung geben, die als Signifikat einem Signifikanten zugeordnet wird. Folge dieser Dekonstruktion ist das Infragestellen jenes für die strukturale Linguistik grundlegenden binären Gegensatzes zwischen Signifikant und Signifikat selbst. Vgl. Zima, *Literarische Ästhetik*, S. 324/325.

63 Kristeva, *Bachtin, Das Wort, der Dialog und der Roman*, S. 348.

sche und polyphone Kritik Bachtins gelten läßt, übersieht sie, daß Bachtin gleichzeitig an Werten wie Demokratie, Volkskultur, Dialog und Hermeneutik festhält und die Indifferenz des Marktes, des Tauschwertes, der in letzter Instanz die Demokratisierung und Karnevalisierung der Gesellschaft ermöglicht, nicht restlos akzeptiert.[64] Im Sinne einer allgemeinen Kultursemiotik radikalisiert Kristeva ihren Textbegriff derart, daß jedes kulturelle System und jede kulturelle Struktur Text sein soll. Das soziale Ganze will sie als ein textuelles Ganzes verstanden wissen. "Wir nennen Intertextualität dieses textuelle Zusammenspiel, das im Inneren eines einzigen Textes abläuft. Für den Sachkenner ist Intertextualität ein Begriff, der anzeigt, wie ein Text die Geschichte 'liest' und sich in sie hineinstellt."[65] Sie plädiert für eine semiologische Einstellung, "die den Text in (dem Text) der Gesellschaft und der Geschichte denkt".[66] Dezentrierung des Subjekts, Entgrenzung des Textbegriffs und Texts zusammen "mit Derridas Kupierung des Zeichens um sein referentielles Signifikat, die die Kommunikation zu einem freien Spiel der Signifikanten reduziert",[67] lassen das Bild eines Textuniversums entstehen, das mit Wirklichkeit und Geschichte, die immer schon vertextet sind, zusammenfällt.[68]

---

64 Vgl. Zima, *Literarische Ästhetik*, S. 129.

65 Kristeva, *Probleme der Textstrukturation*, S. 500.

66 Ebd., S. 502.

67 Pfister, *Konzepte der Intertextualität*, S. 9.

68 Stierle bezeichnet Kristevas Ansatz als einen textideologischen, der bei aller Dekonstruktion des Begriffs seinerseits zu einer neuen literaturwissenschaftlichen Mythenbildung beiträgt, indem er den Mythos der Intertextualität kreiert. Während Kristeva Intertextualität als eine Kategorie der Offenheit und der Dezentrierung verstanden wissen will, in der sie die Chance sieht, die Vorstellung von der Identität des Werkes sowie seiner Rückführbarkeit auf die personale Identität eines Autors wie auch die Auffassung von der referentiellen Determiniertheit des Werkes als literarische Mythen des bürgerlichen Bewußtseins zu entlarven, sieht Stierle im Theorem der *Tel-Quel*-Gruppe von der Subjektlosigkeit der literarischen Produktion ein Fundament für eine neue literaturwissenschaftliche Mythenbildung. Vgl. Stierle, *Werk und Intertextualität*, S. 143.

Manfred Pfisters Versuch, jene oben skizzierte globale Konzeption eines 'Universums der Texte' einzugrenzen, mündete 1985 in einer Definition, die Intertextualität beschreibt als operationalisierbaren

> Oberbegriff für jene Verfahren eines mehr oder weniger bewußten und im Text selbst auch in irgendeiner Weise konkret greifbaren Bezugs auf einzelne Prätexte, Gruppen von Prätexten oder diesen zugrundeliegenden Codes und Sinnsysteme, wie sie die Literaturwissenschaft unter Begriffen wie Quellen und Einfluß, Zitat und Anspielung, Parodie und Travestie, Imitation, Übersetzung und Adaption bisher schon behandelt hat und wie sie nun innerhalb des neuen systematischen Rahmens prägnanter und stringenter definiert und kategorisiert werden sollen.[69]

Für die vorliegende Untersuchung der Textherstellungsverfahren Jelineks soll nun von dem von Pfister definierten Intertextualitätsbegriff ausgegangen werden, nach dem Intertextualität hauptsächlich dann vorliegt, wenn die Autorin bei der Abfassung ihres Textes sich nicht nur der Verwendung anderer Texte bewußt ist, sondern auch von den Rezipienten und Rezipientinnen erwartet, daß diese Beziehung zwischen ihrem Text und anderen Texten als von der Autorin intendiert und als wichtig für das Textverständnis erkannt wird.[70] Als Analysekriterien werden die skalierenden Kategorien wechselnder Intensität der Referentialität, Kommunikativität, Strukturalität und Dialogizität[71] von Pfister übernommen.[72]

---

69 Pfister, *Konzepte der Intertextualität*, S. 15.

70 Darüberhinaus kalkuliert jede der beiden Partnerinnen - Autorin und Leserin - auch das Intertextualitätsbewußtsein der anderen mit ein. Vgl. Broich, *Formen der Markierung von Intertextualität*, S. 31.

71 Dieses Kriterium ist in Verbindung mit Renate Lachmanns Dialogizitätsverständnis zu sehen, das auf der kritischen Rezeption des Dialogizitätskonzepts Bachtins fußt, der sich entschieden der Autorität des "monologischen Worts" widersetzte. An die Stelle einer historischen Wahrheit, die bei Hegel das klassische oder romantische (christliche) Kunstwerk ausdrückt, tritt bei Bachtin die Vielstimmigkeit des Romans, die keine umfassende, synthetische Wahrheit zuläßt. Während die Polyphonie den Monolog scheitern läßt,. entzieht die Polysemie den Text der eindeutigen Definition. Vgl. Bachtin, *Die Ästhetik des Wortes*, S. 103. Polyphonie und Polysemie konstituieren sich im Dialog mit fremden Texten, mit verschiedenen, in einem kulturellen Kontext konkurrierenden 'sozialen Dialekten' sowie im Dialog mit fremden Sinnpositonen, der das 'zweistimmige Wort' entstehen läßt. Vgl. Lachmann, *Dialogizität*, S. 8.

72 Diese Kriterien basieren auf dem von Pfister vorgeschlagenen Vermittlungsmodell zwischen dem poststrukturalistischen Verständnis von Intertextualität und dem prägnanteren hermeneutisch-strukturalistischen Modell, das Intertextualität nach Graden der Intensität des intertextuellen Bezugs abzustufen versucht. Vgl. Pfister, *Konzepte der Intertextualität*, S. 26-30.

Als zentrales Anliegen der Textsemiotik wird also die Erkenntnis der veränderten Qualität, die der Text aufgrund der 'referentiellen Spannung' zu einem bereits vorliegenden Text erhält, postuliert. Renate Lachmann beschreibt das Spektrum intertextueller Verfahrensweisen sowie der entsprechenden Interpretationsinteressen folgendermaßen:

> Bei Verfahren wie Einlagerung fremder Texte oder Textelemente in den aktuellen Text (als Zitat, Allusion, Reminiszenz etc.) oder Kreuzung und Übereinanderschaltung einer Vielzahl fremder Texte, die unterschiedlichen Poetiken angehören [...], oder der Wieder- und 'Gegen'-Schrift eines bekannten Textes als Replik, Kontrafaktur, Parodie etc., geht es ja weder um die Beschwörung einer heilen Welt literarischer Tradition noch um den Nachweis untilgbarer Bildung, die als Zitat in den Text versenkt wird, sondern um die semantische Explosion, die in der Berührung der Texte geschieht, um die Erzeugung einer ästhetischen und semantischen Differenz [...] Begriffe wie 'Palimpsest', 'Anagramm', 'Überdeterminierung' und 'Doppelkodierung', die sich als vorläufige Beschreibungsbegriffe anbieten, suggerieren die Latenz des fremden Textes (Textzeichen) und, aufgrund bestimmter Signale, zugleich dessen Präsenz.[73]

Die Rede ist von einem künstlerischen Verfahren, das als Strategie der Bedeutungserweiterung oder der Sinnkomplexion - von Seiten des Autors und der Autorin - verstanden wird, die daher von den Rezipienten erkannt werden muß, "soll das Sinnpotential des Textes ausgeschöpft werden".[74] Die Rolle des Lesers und der Leserin wird relevant, wenn das 'paragramme intertextuel', das doppelkodierte Element, in einer ersten Lektüre verschlossen bleibt und im Aufdecken der Sinnspur in einer zweiten Lektüre kompensiert werden muß, die über die Textgrenzen hinausweist. "Der Autor als Leser macht seinen Lektürehorizont zum, wenn auch überschreitbaren, Horizont des Textes."[75] Dem Leser und der Leserin, die weder Autorin noch Fachmann sind, erschließt sich die Sinnkonstitution solcher Texte erst in wiederholten Leseakten. Nabokov verlangt daher kategorisch den "rereader" als Lesetyp, der in einem langsamen Rezeptionsprozeß Rätselstrukturen abbaut.

---

73 Lachmann, *Ebenen des Intertextualitätsbegriffs*, S. 134.

74 Pfister, *Konzepte der Intertextualität*, S. 23.

75 Lachmann, *Intertextualität als Sinnkonstitution*, S. 81.

Den idealen Lesern und Leserinnen gelingt es, sich den "semantischen Mehrwert" der Doppelkodierung zu erschließen.[76]

Der von Lachmann als spezifisches Kriterium der Intertextualität herausgearbeiteten "Doppelstruktur"[77] wird bei der Analyse von Jelineks sprachlichen Verfahrensweisen besonderes Interesse gelten, vor allem, wenn Jelineks Wortspiel- bzw. Wortbildungsverfahren untersucht werden,[78] die häufig als Kontamination verschiedener Textsphären Brüche im semantischen Kontinuum anzeigen, um gleichzeitig weiteren semantischen Nutzen daraus zu ziehen. Besonderes Augenmerk wird dabei auf Jelineks Konnotations-Spiel[79] gerichtet sein, dessen wesentliche Wirkungsmechanismen - von Freud sind sie in seiner Abhandlung *Der Witz und seine Beziehung zum Unbewußten* ausführlich analysiert worden - bereits von Autoren wie Heine, Gogol, Joyce und Arno Schmidt in ihrer Wortspielpraxis meisterhaft genutzt worden sind.

Wenn im Zusammenhang mit der Untersuchung der Wortspielpraxis Jelineks (in Kapitel IV) ihre Texte sowohl auf semantischer als auch auf narrativer (aktantieller) Ebene als strukturierte Einheit aufgefaßt werden, sollte das keineswegs als Versuch gedeutet werden, die Polysemie des Textes be-

---

76 Ebd., S. 67.

77 Damit ist in Bezug auf ganze Texte die Parodie, Kontrafaktur, Travestie, Stilisierung und das Anagramm und in Bezug auf Textelemente Zitat und Replik gemeint.

78 Begriffe wie Palimpsest (Genette) oder Überdeterminierung (Freud) haben für die Beschreibung der intertextuellen Dimension zwar eher metaphorische Bedeutung, sind aber für die Bestimmung der Doppelkodierung, die den intertextuell organisierten Text konstituiert, dennoch anwendbar. Sowohl das Konzept des Palimpsests als das einer Zweitschrift, die sich einer Erstschrift einschreibt, als auch das Konzept einer Überdeterminierung, die bei Freud charakteristisch ist für das Traumzeichen, das den linearen Oberflächensinn herstellt und zugleich den verdrängten Sinn aufzeichnet, bieten sich als Beschreibungshilfen an. Denn beide Begriffe beschreiben eine Sinnkonstitution, die sich dem Ineinanderwirken differenter Zeichenreihen verdankt, wobei die manifeste Linearität des Oberflächentextes im Rekurs auf latente fremde Texte gestört wird. Vgl. Lachmann, *Intertextualität als Sinnkonstitution*, S. 75.

79 Jelineks Rekurs auf Barthes Konnotationsbegriff wird ebenfalls in diesem Kapitel aufgegriffen.

grifflich zu tilgen. Die Verwendung des Isotopiebegriffs[80] sollte keineswegs die Auffassung suggerieren, daß alle vieldeutigen Texte auf diese Art hierarchisiert werden könnten.[81] Allerdings sollten gleichzeitig nicht die Möglichkeiten unterschätzt werden, die die Begrifflichkeit der strukturalen Semiotik bietet, um den literarischen Text auf den Begriff zu bringen und seine Grund- und Tiefenstruktur zum Ausgangspunkt der Interpretation zu machen. Mit Peter V. Zima wird vielmehr die Auffassung vertreten, daß die Beschreibung der semantischen und narrativen Textkohärenz Polysemie und Interpretation nicht ausschließt. Im Gegenteil: Kohärenz und Widerspruch, Eindeutigkeit und Vieldeutigkeit wirken in Jelineks Texten durchaus zusammen. Nur aufgrund genau dieses Zusammenhangs ist es in der vorliegenden Untersuchung möglich, den "Rätselcharakter" (Adorno) polysemer literarischer Texte zu konkretisieren.[82] Der heuristische Wert der vorgestellten Analysekriterien liegt gerade angesichts der so verwirrend breitgefächerten Diskussion um die verschiedensten Intertextualitätskonzepte in der Operationalisierbarkeit für die konkrete Textanalyse.

In der "offenen Reproduktion vorgeprägter Sprachstücke" sah bereits Heißenbüttel in seinen *Frankfurter Vorlesungen über Poetik* den Versuch, präformierte Sprachteile der herkömmlichen Logik zu entziehen,[83] um "gleichsam den Prozeß des gegenläufigen Sprechens selbst - das Wesen aller Satire - aufzudecken"[84]. Die List des Verfahrens, die eben im Zitieren selbst,

80 Dieser Begriff geht auf Algirdas J. Greimas zurück, dessen cartesianische Sprachauffassung von der These geprägt ist, daß es in der Sprache selbst "keine Geheimnisse gebe". Vgl. Greimas, *Strukturale Semantik*, S. 50.

81 Durchaus vor dem Hintergrund, daß Greimas im Gegensatz zu Barthes anarchischem oder Adornos parataktischem Textbegriff eher vom Text als einer geschlossenen oder zumindest monosemierbaren und hierarchisch gegliederten Einheit ausgeht. Vgl. ebd., S. 86.

82 Vgl. Zima, *Literarische Ästhetik*, S. 372/373.

83 Als Väter und Mütter dieses literarischen Prinzips sieht er die Dadaisten, die Surrealisten und Gertrude Stein.

84 Heißenbüttel, *Über Literatur*, S. 151.

im Zitat als Konstituens der Satire liegt, ist ein weiteres signifikantes Merkmal der sprachlichen Verfahrensweisen Jelineks.

> "Ich schlage sozusagen mit der Axt drein, damit kein Gras mehr wächst, wo meine Figuren hineingetreten sind. [...] Meine Arbeitsweise funktioniert, wenn es mir gelingt, die Sprache zum Sprechen zu bringen, durch Montage von Sätzen, die verschiedene Sprachen miteinander konfrontiert, aber auch durch Veränderungen von Worten oder Buchstaben, die im Idiom verhüllte Aussagen entlarvt. (AX 14/15)

Jelinek nimmt hier sowohl die mit der Axtmetapher verbundene Phantasie der Zerstörung wie auch die von Karl Kraus ausgebildete Form der Satire[85] für sich in Anspruch. "Warum wurde mir nicht die Körperkraft, die Sünde dieses Planeten mit einem Axthieb umzulegen?",[86] fragte Karl Kraus, dessen "klassische Satire" Enzensberger 1962 als absterbende literarische Form bezeichnete und daher die Frage aufwarf: "Was bleibt dem Satiriker übrig, wenn die Realität ihn einzuholen droht?" Enzensberger sah die Wirkung jener "großen Satire" einst in der "Monstrosität der Weltsicht des Satirikers", "in der aberwitzigen Spannung zwischen der Welt", die der Satiriker einerseits vorfand und "jener anderen, in der er sie halluzinatorisch verwandelt hat. Sein verzerrendes Verfahren war das der klassichen Satire auf dem Gipfel ihrer Kraft: Mimesis als äußerste Diskrepanz." Der Alptraum von der

85 Der Begriff der Satire ist von irritierender Vieldeutigkeit. Er bezeichnet einerseits eine historische Gattung, andererseits eine Absicht, einen Ton, sowie höchst verschiedene Werke, die davon geprägt sind. Schon das Begriffsfeld literarischer Formen und Ausdrucksweisen, zu dem die Satire gehört, ist nicht klar abgesteckt. Komödie, Satire und Parodie subsumiert man einerseits unter dem Begriff der 'Komischen Literatur', andererseits wird Satire als Ausdrucksweise begriffen, die sich verschiedener Mittel bedienen kann: der Parodie, Ironie, Komik, Groteske, Verfremdung und anderer. Vgl. Brummack, *Zu Begriff und Theorie der Satire*, S. 334. Ein übereinstimmender Kern des allgemeinen Verständnisses jedoch ist, Satire als Darstellung in kritischer Absicht zu verstehen. Kritik dadurch, daß ihr Gegenstand in übertriebener, verzerrter Form abgebildet wird, um so dessen Unwahrheit zu entlarven. "Der schöpferischen Methode der Satire liegt der unmittelbare Gegensatz von Wesen und Erscheinung zugrunde", so Lukács, der Satire als eine literarische Ausdrucksweise, eine "kämpferische" Form definierte. Vgl. Lukács, *Zur Frage der Satire*, S. 139 und 141.

86 Kraus, *Werke* Bd. 2, S. 251.

"absoluten Heillosigkeit des Bestehenden" bestürzte die Leser dieser Form der Satire, denn im Kern glaubten Satiriker wie Leser und Leserinnen das Bestehende unversehrt.[87] Den Impetus seines satirischen Schaffens formulierte Kraus daher einmal folgendermaßen: "Es wäre dem Menschen geholfen, könnte man ihm, wenn schon nicht das Auge für die fremde Schrift, wenigstens das Ohr für die eigene Sprache öffnen und ihn wieder die Bedeutungen erleben lassen, die er, ohne es zu wissen, täglich zum Munde führt."[88] Für die "Entleerung und Entehrung" der Sprache, für die "Verkehrung von Sinn und Wert"[89] machte er die damalige Presse verantwortlich. Doch angesichts der modernen Massenmedien müßten Karl Kraus heute wohl "Hören und Sehen schlechthin vergehen".[90] Die unkorrumpierte, die eigene Sprache, deren Möglichkeit zumindest Kraus impliziert, wenn er sie den Menschen mittels seiner Sprachsatire wieder entdecken will, gibt es für Jelinek auch nicht als Idee. Das Simulakrum hat die Mimesis der klassichen Satire ersetzt. "Ärmliches Moos, kümmerliche Flechte, nirgends das Echte vom Bildschirm." (W 7) "Das Original ist verschollen", daher sind Jelineks Figuren nur noch die "Reproduktion einer Nachahmung" (W 80). Ihre Texte erzählen von der universellen Austauschbarkeit der Bilder, die vorfabriziert von den Massenmedien verbreitet werden. Sie zitieren Bilder, die keine neue Bildproduktion stimulieren, sondern nur ein Bedürfnis nach neuen Bildern auslösen, die ebenfalls vorfabriziert sind. In einer von Wissenschaft durchdrungenen Welt, in der die Gegenüberstellung von Schein und Wirklichkeit obsolet ist, gibt es nur noch das Simulakrum als die "vollzogene Konvergenz von Realem und Imaginärem", die in der selbstgesteuerten Aktivität des Computers 'gesellschaftliche Realität' wird.[91] Jelineks Sprachverständnis impliziert

87 Enzensberger, *Satire als Wechselbalg*, S. 215/216.

88 Kraus, *Werke* Bd. 2, S. 227.

89 Ders., *Werke* Bd. 1, S. 288.

90 Hoffmann, *Hier lacht sich die Sprache selbst aus*, S. 41.

91 Voss, *Metamorphosen des Imaginären -nachmoderne Blicke auf Ästhetik, Poesie und Gesellschaft*, S. 232.

daher das schon erstarrte Bild. Für sie steht fest: das Simulakrum steht im Dienste der Konsumgesellschaft.[92]

Die von Brummack beschriebenen konstitutiven Elemente der Satire lassen sich auch im Schreiben Jelineks nachweisen. Das individuelle Element wie Haß, Wut oder Aggressionslust, das soziale, wenn der Angriff abschrekken oder bessern soll, und schließlich ein ästhetisches Element.[93]

> Der Anstoß zum Schreiben, der libidinöse Anstoß sozusagen, ist Gefühl bei mir, auch aufgrund von persönlichen Erfahrungen, die ich aber mit dem Kopf geradezu zwanghaft auf allgemeingesellschaftlichen Nenner bringe. [...] Das Gefühl ist, daß ich wirklich mit großem Haß zum Teil etwas schreibe, aber immer wieder überlege, wie ich das abstrahieren kann.[94]

Ganz in diesem Sinne sieht auch Weiß "die verbale und soziale Vernichtung des satirischen Opfers" als eine zentrale Intention jeder Satire, wodurch Satire dann nicht nur eine alternative und komplementäre Weltsicht gibt, sondern sich auch aggressiv und entlarvend gegen angemaßte Autorität und falsche Normen richtet.[95] "Die Bindung der Satire an menschliches Fehlverhalten, an Wirklichkeit also, für die es einen Verantwortlichen gibt und die zu ändern wenigstens theoretisch nicht übermenschliches Vermögen ist", erklärt auch Brummack als weiterhin gültig für die Satire.[96] Nur scheinbar entfernt sich Satire von der Wirklichkeit, aber nie in dem Maße, daß das Spannungsverhältnis zur Wirklichkeit unterbrochen würde. Der Bezug zur entsprechenden gesellschaftlichen Realität muß für den Rezipienten und die Rezi-

---

92 Vgl. Hoffmann, *Hier lacht sich die Sprache selbst aus*, S. 44.

93 Vgl. Brummack, *Zu Begriff und Theorie der Satire*, S. 282. An anderer Stelle benennt er Angriff, Norm und Indirektheit als charakteristisch für die Satire. Vgl. ebd., S. 333.

94 Münchner Literaturarbeitskreis, *Gespräch mit Elfriede Jelinek*, S. 173.

95 Weiß, *Satirische Dialogizität und satirische Intertextualität*, S. 246.

96 Brummack, *Zu Begriff und Theorie der Satire*, S. 355.

pientin herstellbar bleiben, soll Satire unmißverständlich bleiben.[97] "Realismus" ist hier keine Schreibhaltung, sondern "ein zwingender Consensus der Subjekte"[98] als hermeneutische Voraussetzung der Rezeption.

Lukács, der die Satire als konsequent realistisch definiert, verwies darüber hinaus aber auch auf die "Unwahrscheinlichkeit" als ein wesentliches Konstituens der Satire.

> Diese Entfernung von der Wirklichkeit, die trotzdem eine richtige Reproduktion des Wesens der Wirklichkeit bleibt, dieses ständige Hin- und Herpendeln zwischen Wirklichem und 'Unwirklichem' schafft den Eindruck des Grotesken, des Phantastischen. Freilich nur dann, wenn jenes 'Unwirkliche' inhaltlich gerade das Wesen der Wirklichkeit ausdrückt.[99]

In einer "unwahrscheinlichen Einzelheit" sieht Lukács möglicherweise "die tiefe Wahrheit des Gesamtzusammenhangs unmittelbar zum Ausdruck"[100] gebracht. Sowohl Adorno als auch Lukács sehen den Konsens eines Teils

---

97 In diesem Kontext ist Konstanze Fliedl (Vgl. Fliedl, *"Echt sind nur wir!"*, S. 64/65.) zuzustimmen, wenn sie Jelineks "Suspendierung der außerliterarischen Referenz" in Bezug auf deren satirische Intention problematisiert. Jelineks Verweigerung des Realitätskonzepts, besonders im Hinblick auf ihre Dramen, wird vor dem Hintergrund einer gleichzeitig satirischen Absicht mangels Rekontextualisierungsmöglichkeiten tatsächlich problematisch. Vgl. dazu Elfriede Jelinek, *Ich möchte seicht sein*, S. 157. "Die Schauspieler sollen sagen, was sonst kein Mensch sagt, denn es ist ja nicht Leben." Keineswegs zustimmen kann ich jedoch den Folgerungen, die Fliedl aus einigen dekonstruktivistischen Interpretationen von neueren Texten Jelineks zieht, um sie wiederum gegen den Text selbst zu wenden. "Wenn ich Eva Meyers rezente Bemerkungen *Bemerkungen zu Krankheit oder Moderne Frauen* richtig verstanden habe, geht es in diesem Text um genau diese Dekonstruktion: Keine Rede von wirklichen Wesen, die damit ihr Authentischsein unter Beweis stellen, wenn dieses selbst in jedem Augenblick pulverisiert und einer ständigen Demontage ausgesetzt wird. [...] Solche Interpretation deutet das Dilemma an, in dem sich Jelineks Texte befinden, wenn sie - trotz allem - noch einen satirischen Anspruch erheben." (Fliedl, *"Echt sind nur wir!"*, S. 60/61.) Das von Fliedl hier skizzierte Dilemma ist wohl eher ein methodisches Dilemma der Rezensentin, das jedoch kaum zur Übertragung dieser Schwierigkeit von der Rezension auf den Text, den es zu untersuchen gilt, berechtigt.

98 Adorno, *Minima Moralia*, S. 402.

99 Lukács, *Zur Frage der Satire*, S. 146.

100 Ebd., S. 147.

der Gesellschaft, der zur gesellschaftlichen Wirklichkeit im Widerspruch steht, als grundlegend für die Wirksamkeit der Satire. Denn versteht man wie sie Satire als Form der uneigentlichen Rede, die Absicht und Inhalt nicht wörtlich im Text selbst formuliert, wird die eigentliche Aussage der Satire erst durch einen außerliterarischen Konsens evident.

> Die Satire unterscheidet sich von den anderen Formen dadurch, daß sie den Adressaten bewußt einbezieht; sie will beeinflussen oder will aus der Öffentlichkeit Kapital schlagen und nimmt deshalb Rücksicht auf sie - eine zusätzliche Sozialisierung - die die relative Indirektheit und Rationalität der Satire erklärt.[101]

Die Struktur und die Darstellung satirischer Texte ist jedoch nicht ausschließlich durch ihre aggressive Tendenz in Verbindung mit der persuasiven Absicht und ihre daraus resultierende Sozialität bestimmt, sondern auch durch ihre intertextuelle Beziehung zu anderen Texten. Darin ist nicht nur der "dialogische" Charakter der Satire im Sinne Bachtins begründet,[102] sondern eben auch ihre Intertextualität im Sinne der über Bachtin hinausführenden Diskussion, die in Bezug auf Jelineks Werk relevant sein wird. Da das satirische Objekt in seiner sozialen Bedeutung und damit aus der Perspektive

---

101 Brummack, *Zu Begriff und Theorie der Satire*, S. 281.

102 Bachtins Satirebegriff fußt auf dem antiken Verständnis der menippeischen Satire, die Dichtung und Prosa kombinierte und nach dem altgriechischen Redner und Autor Menippos von Gadara benannt wurde. In ihren dialogischen Texten wurden Glaubenssätze, Doktrinen und philosophische Thesen lächerlich gemacht. Den Ursprung der Satire sieht Bachtin im "karnevalistischen Weltempfinden", das er dem sogenannten normalen Weltempfinden, das von Autorität und Hierarchie, von Mythos und Tradition, von Dekorum und Würde bestimmt ist, gegenüberstellt. Die Menippea im besonderen sieht er als eine der Hauptquellen für den modernen dialogischen Roman. Wie die Karnevalskultur ist die menippeische Satire demokratisch, kritisch und polemisch. Sie steht im Gegensatz zu den offiziellen Gattungen des Epos und der Tragödie und stellt deren dualistischen und monologischen Ernst in Frage. Ihre Merkmale sind neben dem karnevalistischen Lachen im Angesicht von Autorität und Tod die Freiheit in der Erfindung des Sujets und die Überprüfung einer philosophischen Idee. Kennzeichnend ist für die Menippea die Darstellung des Skandalösen, des Exzentrischen, des Obszönen, die Vorliebe für scharfe Kontraste in Figuren und sozialen Schichten, die Entwertung gesellschaftlicher Positionen zum relativierenden Rollenspiel. Vgl. Weiß, *Satirische Dialogizität und satirische Intertextualität*, S. 245/246.

des Satirikers in seiner Bedrohlichkeit oder Verwerflichkeit nur über Sprache und Texte erfaßt werden kann, in denen es üblicherweise besprochen und dargestellt wird, ist es die Aufgabe des Satirikers, diese in seiner Sicht falsche Darstellung dem Leser bewußt zu machen und zugleich die eigene negative Wertung zu vermitteln. Diese Form der Aggressivität richtet sich damit nicht nur auf Personen oder auf Zustände und Normen der sozialen Wirklichkeit, sondern sie muß auch notwendig diejenigen Texte in ihre satirische Praxis einbeziehen, in denen sich das Opfer der Satire selbst äußert. Die bereits vorgeschlagenen Analysekriterien Pfisters, die Kriterien der Referentialität, der Kommunikativität, der Strukturalität und der Dialogizität[103] sollen auch auf ihre Anwendbarkeit im Falle einer satirischen Schreibweise hin überprüft werden.

Einige neuere Satiretheorien bauen verstärkt auf der Prämisse der Gegenbildlichkeit auf. Arntzen rekurriert dabei auf Schillers Ableitung der satirischen Dichtung von dem "Widerspruch der Wirklichkeit mit dem Ideale"[104] und formuliert Satire als "Utopie ex negativo".

> Kein Text, der nicht Zeugnis davon gäbe, daß seine Darstellung um der realen Herstellung seines Gegenteils willen da ist. Satire ist auf die Aufhebung ihrer selbst aus [...] Aber indem sie auch jene Vorstellungen satirisiert, die Utopie als den unvermittelnden Umschlag des Bösen in das Gute meinen, macht sie Utopie als unendliche und darum als eigentlich menschliche Aufgabe deutlich. Utopie realisiert sich nicht im Umschlag, sondern in der Umwendung. Vollendet sich aber nie, denn damit löste sie Geschichte ab und auf. Doch sie ist die wahre Geschichte.[105]

Wie Arntzen formuliert auch Hinck: "Satire und Utopie gehören zusammen".[106] Satire als 'verkehrte Welt' ist der von Arntzen benutzte Topos in diesem Zusammenhang, der ins Zielfeuer der Kritik geriet. Als wissenschaftliche Entschärfung wird die Verknüpfung von Satire und Utopie von

103 Pfister, *Konzepte der Intertextualität*, S. 26-30.

104 Schiller, *Ueber naive und sentimentalische Dichtung*, S. 442.

105 Arntzen, *Nachricht von der Satire*, S. 166.

106 Hinck, *Die Komödie zwischen Satire und Utopie*, S. 17.

anderer Seite verstanden. Denn Satire als 'verkehrte Welt' setzt eine 'bessere' als Maßstab und Ziel der Kritik voraus.[107]

Der Vorwurf, wo denn das Positive in den Texten Jelineks bleibe, der in einem nicht unverheblichen Maße die Rezeption von Jelineks Texten prägt,[108] ist nur vor dem Hintergrund dieses Satireverständnisses schlüssig. Wird dieser Standpunkt jedoch nicht geteilt, erweist sich der Vorwurf der "totalen Negativität" als verfehlt, denn er verfehlt die Gattung Satire. Bei Versuchen, Jelineks Texte auf ihre Positivität hin zu untersuchen, werden sich dann auch Schwierigkeiten einstellen. Jelinek satirisiert nicht nur den "Umschlag" sondern auch die "Umwendung".[109] Die satirische Norm kann aber einerseits in der Relativierung geltender oder in der prinzipiellen Ablehnung aller Normen im üblichen Verstande bestehen, andererseits aber auch mit den bestehenden Normen zusammenfallen.[110]

Der Aufbau der vorliegenden Arbeit ist durch Jelineks zentrale poetische Intention als "Mythologin"[111] geprägt, mit der sie im wesentlichen darauf abzielt, "die alte müstifikation: natur statt geschichte" (UN 74) aufzudecken. Die deutliche Rekurrenz auf Roland Barthes ideologiekritische Arbeit der *Mythologies* (1954) ist signifikant für Jelineks Entmythologisierungsarbeit, die sie mit allen ihren Texten betreibt. Ihr unablässiger Versuch, die Mythen von Kunst, Liebe/Sexualität und Natur ihren Lesern und Leserinnen als Mythen des bürgerlichen Bewußtseins zu entdecken, kann als inhaltliches und gattungsübergreifendes Bindeglied zwischen allen ihren Texten aufgefaßt werden. Diesem Verständnis folgt dann auch die thematisch bestimmte Gliederung meiner anschließenden Betrachtungen, mit denen in drei Kapi-

---

107 Vgl. Claßen, *Satirisches Erzählen im 20. Jahrhundert*, S. 8 und Preisendanz, *Negativität und Positivität im Satirischen*, S. 413-416.

108 Vgl. Beuth, *Unterleib mit Musik*. Schmidt, *Das Karussell der Bosheiten*. Drews, *Staunenswerter Haßgesang - aber auf wen?*

109 Vgl. Fliedl, "*Echt sind nur wir!*" S. 58/59.

110 Brummack, *Zu Begriff und Theorie der Satire*, S. 333.

111 Barthes, *Mythen des Alltags*, S. 148.

teln auf eine Untersuchung von Jelineks Entmythologisierungsarbeit abgezielt wird.

Im folgenden werde ich versuchen, den Begriff des 'Mythos' in Bezug auf die Rezeption Barthes durch Jelinek in einer Weise einzuengen, die ihn als greifbares Konzept in der Poetik Jelinek erscheinen läßt. Diesem Versuch einer theoretischen Annäherung an Jelineks Begrifflichkeit ist notwendigerweise ein verkürzender und eher spekulativer Charakter eigen. Belege aus Jelineks Textkorpus werden an dieser Stelle noch spärlich sein, im Gegensatz zur späteren Analyse von Jelineks literarischer Realisation dieses an Barthes angelehnten begrifflichen Instrumentariums.

Von Roland Barthes stammt die wohl immer noch schlüssigste Bestimmung des Mythos als semiologischem System. In seinen *Mythologies* geht er von der Voraussetzung aus, daß auch dem Bedeutungsmodus des Mythos, wie jedem Akt der Bedeutung, das bekannte Saussursche Modell des Zeichens zugrundezulegen sei. Sein Begriff des Signifikanten, der häufig metaphorisch verwendet wird, kann jedoch nicht als Saussures "signifiant" gelesen werden. Denn Barthes Signifikant ist weit mehr als die phonetische Einheit des Zeichens. Er ist zugleich dessen graphischer Aspekt, er ist Klang im musikalischen Sinn, Bild in allen Bedeutungen dieses Wortes und im allgemeinen jedes vieldeutige Zeichen, das im Begriff nicht aufgeht. Denn Barthes sucht den Buchstaben vom kommunikativen Zwang zu befreien, das Zeichen soll nicht nur "einfaches Instrument der Kommunikation" sein, sondern Begehren und Lust wecken.[112] Die Zweiteilung der Bedeutungseinheit Zeichen verschiebt sich bei Barthes zugunsten des Signifikanten und realisiert sich beim Mythos in ganz spezifischer Weise.

> Aber der Mythos ist in sofern ein besonderes System, als er auf einer semiologischen Kette aufbaut, die bereits vor ihm existiert; *er ist ein sekundäres semiologisches System.* Was im ersten System Zeichen ist (das

112 Vgl. Barthes, *L'Obvie et l'obtus*, S. 110. Barthes Textbegriff ist der der europäischen, spezifisch der französischen Avantgarde der 50er und 60er Jahre. Er geht zurück auf die Surrealisten, auf Bataille, Brecht, Mallarmé und auf Barthes Nietzsche-Rezeption.

heißt assoziatives Ganzes eines Begriffs und eines Bildes), ist einfaches Bedeutetes im zweiten.[113]

Mythos erweist sich in der Definition von Barthes als eine in Bezug auf Sinn wesentlich durch die Unbestimmtheit ihres Bedeutungsmodus gekennzeichnete Strategie des Über-die-Welt-Redens. Der Mythos ist kein Symbol. Dafür ist er dem Gegenstand seiner Bedeutung auch formal zu verwandt. Mythos ist auch nicht die auf die Summe seiner 'Realitätswerte' der in ihm enthaltenen Sprachzeichen reduzierbar. Mythos ist auch keine Sage, die durch den wissenschaftlichen Nachweis eines im Mythos maskiert und deformiert erscheinenden historischen oder tatsächlichen Kerns auf ein wirkliches Geschehen reduzierbar wäre.[114] Barthes definiert den Mythos als sekundäres semiologisches System vom Typus der Konnotationssprache, in dem sich Sinn und Form wechselseitig hintereinander verstecken. Dieser, von Barthes geprägte semiotische Begriff der Konnotation, der von Hjelmslev eingeführt und von Barthes in seinen *Éléments de sémiologie* literaturwissenschaftlich erweitert wurde, wird in der Untersuchung der Entmythologisierungsarbeit Jelineks seine Anwendung finden. Konnotation wird dabei als ein Vorgang verstanden, in dem eine sekundäre Bedeutung entsteht, weil das Zeichen eines bestimmten Zeichensystems in seiner Gesamtheit, also als Signifikat, in einem zweiten Zeichensystem, z. B. in einem literarischen Text, neue, d. h. konnotative Bedeutung annimmt. Barthes hat zum Konnotationsbegriff bemerkt:

> Die erste Mitteilung, die selbst aus einer Vereinigung von Signifikanten und Signifikaten besteht, wird aufgrund einer Art versetzten Bewegung zum bloßen Signifikanten der zweiten Mitteilung, da sich nur ein Element der zweiten Mitteilung (sein Signifikant) auf die Gesamtheit der ersten Mitteilung erstreckt.[115]

---

113 Barthes, *Mythen des Alltags*, S. 92.

114 Vgl. Gradmann, *Das Ungetym*, S. 83-87.

115 Barthes, *Das semiologische Abenteuer*, S. 183.

Die Sprache schlägt dem Mythos daher einen "durchbrochenen" Sinn vor. "Der Mythos kann sich leicht in sie einschleichen, kann sich in ihr aufblasen, es ist ein Diebstahl durch Kolonisierung".[116] Der Mythos hat eine zweifache Funktion, "er bezeichnet und zeigt an, er gibt zu verstehen und schreibt vor."[117]

Verschiedentlich legte Barthes eine Dreiteilung seiner Entwicklung und seines Werkes nahe, wie z. B. in *Das semiologische Abenteuer* (1985), wo er schrieb:

> Der erste Abschnitt war einer der Faszination. Seit meinem ersten Buch *Am Nullpunkt der Literatur* galt meine Arbeit ständig der Sprache oder, genauer, dem Diskurs. 1956 hatte ich eine Art mythisches Material der Konsumgesellschaft zusammengetragen und unter dem Titel *Mythen des Alltags* Nadeaus Zeitschrift *Les Lettres Nouvelles* überlassen; damals las ich zum ersten Mal de Saussure, und war nach beendeter Lektüre begeistert von dieser Hoffnung: Der Verurteilung kleinbürgerlicher Mythen, die immer nur proklamiert wurde, endlich ein Mittel zur wissenschaftlichen Entwicklung zu verschaffen; dieses Mittel war die Semiologie oder die subtile Analyse der Sinnprozesse, mit deren Hilfe die Bourgeoisie ihre historische Klassenkultur in universelle Natur verwandelte.[118]

Das begriffliche Instrumentarium des Roland Barthes der *Mythologies*, das nach der Beschäftigung mit de Saussure, Jakobson und anderen Zeichentheoretikern durch die Auseinandersetzung mit der Marxschen Philosophie und mit der Ästhetik Brechts geprägt war,[119] wird Jelinek zur theoretischen Grundlage bei der literarischen Ausgestaltung ihrer Suche nach den vielfältigen Mythen des 'Bourgeois' und des Kleinbürgers. In Barthes Essaysammlung, die 1964 als *Mythen des Alltags*, ins Deutsche übersetzt, publiziert worden war, klingt bereits eines der Hauptthemen von Barthes an: Die Kritik an Kritikern, die tautologische Urteile fällen.[120] Zum semiologischen

---

116 Barthes, *Mythen des Alltags*, S. 117.

117 Ebd., S. 96.

118 Barthes, *Das semiologische Abenteuer*, S. 8.

119 Röttger-Denker, *Roland Barthes*, S. 15.

120 Barthes, *Mythen des Alltags*, S. 33.

Diskurs Roland Barthes gesellte sich in diesen Essays nun auch der soziologische. In den *Mythen des Alltags* spricht Barthes als Ideologiekritiker, es dominiert die Arbeit an der Entlarvung, die Kritik an den bestehenden Verhältnissen der bürgerlichen Gesellschaft. Der Doppelseitigkeit des Mythos, den Barthes, als aus Objektsprache und Metasprache bestehend, definiert, gilt Jelineks besonderes Augenmerk. Ihre Texte legen unablässig Zeugnis ab vom sprachlichen Prozeß der Bemächtigung durch den Mythos. Sie führen vor, wie er sich seines semiologischen Systems bemächtigt, das Bedeutetes und Bedeutendes, das Zeichen und seine Bedeutung produziert. Der Mythos deformiert, er verwandelt Geschichte in Natur. Die Geschichte verflüchtigt sich und es entstehen die 'ewigen' Werte, die nicht erklärt werden müssen.

Nur eine einzige Sprache kann laut Barthes nicht vom Mythos gestohlen werden.[121] Die Sprache nämlich, die gleichzeitig in einem Akt aufgehoben ist. Der Holzfäller, der auf den Baum zeigt, den er als nächsten fällen wird, spricht nicht in einer Metasprache über diesen Baum. Der Baum ist Bestandteil seiner nächsten Umgebung in seiner Arbeit und Lebenspraxis. Roland Barthes' Holzfäller, der *"den Baum spricht"* und nicht *"über ihn"* spricht,[122] begegnet dem Leser und der Leserin bei Jelinek als Protagonist namens Erich in zweien ihrer Texte. Erich, der Holzfäller, hat zur Natur sowohl im Roman *Die Liebhaberinnen* als auch im zehn Jahre später verfaßten Prosatext *Oh Wildnis, Oh Schutz vor ihr* ein Arbeitsverhältnis. "Er entnimmt der Natur seit Jahren Bäume." (W 54) In den *Liebhaberinnen* heißt es, "keiner denkt an den wald als eine landschaft. der wald ist arbeitsstätte." (LH 82) Die These Roland Barthes', daß in der Metasprache der Umgang mit den

---

121 Die Poesie, so könnte man nun glauben, wäre eine resistente Sprache, eine Sprache, die dem Mythos widersteht. Geht es ihr doch darum, den Dingen nah zu sein, Essenz zu schaffen, Antisprache auszubilden. Doch gerade eine widerständige Sprache wie die Poesie sieht Barthes als besonders leichte Beute des Mythos. "Die augenscheinliche Unordnung der Zeichen, poetische Seite einer essentiellen Ordnung, wird vom Mythos eingefangen und in ein leeres Bedeutendes verwandelt, das dazu dient, die Poesie zu bedeuten. [...] Dadurch, daß sie leidenschaftlich den Mythos zurückweist, liefert sich die Poesie ihm wehrlos aus." Ebd., S. 119.

122 Ebd., S. 134.

Dingen vom Umgang mit Bildern und Namen abgelöst wird, führt Jelinek in ihren Texten in immer neuen Sprachspielen, Neologismen und Wortkombinationen vor. Daß der Holzfäller aber auch für den Mythos Natur, für den schönen Schein des metasprachlichen Diskurses über die Natur anfällig ist, wird von Jelinek keineswegs unterschlagen.[123] Denn sie zeigt, wie der Verbraucher von Mythen dieses Systems als System von Fakten auffaßt, wobei jedes semiologische System auch eines von Werten ist. Für Jelineks Protagonisten verkehren sich Realität und Bildschirmwirklichkeit: "Ärmliches Moos, kümmerliche Flechte, nirgends das Echte vom Bildschirm." (W 7) Sie exemplifiziert literarisch das von Barthes ausführlich beschriebene "Natürlichmachen" des Begriffs, das gleichzeitig die Unschuld des Mythos suggeriert und scheinbar ein natürliches Bild des Realen wiedergibt.

> Ich muß zum Abschluß noch ein paar Worte über den Mythologen selbst sagen. [...] Zwar wird der Mythologe durch die Politik gerechtfertigt, aber er bleibt von ihr entfernt. Seine Aussage ist eine Metasprache, sie bewegt nichts. Allenfalls entschleiert sie; doch für wen? Seine Aufgabe ist immer doppeldeutig, behindert durch ihren moralischen Ursprung. Er kann die revolutionäre Aktion nur durch Prokuration leben, daher der unbeholfene Versuch, dieses etwas Steife und Bemühte, dieses Zänkische und übermäßig Simplifizierende [...].[124]

123 Vgl. Gürtler, *Die Entschleierung der Mythen von Natur und Sexualität*, S. 122/123.

124 Barthes, *Mythen des Alltags*, S. 148.

II. Von den Himmelsmächten Dichtung und Musik

1. Weibliche Kunstproduktion: Die Frau als Zitat-Künstlerin

Die erste Pflicht im Leben ist, so künstlich wie möglich zu sein. Die zweite Pflicht hat bisher noch niemand entdeckt.

Oscar Wilde

Weibliche Kunstproduktion wird Anfang der achtziger Jahre zum literarischen Thema in Jelineks essayistischem, erzählerischem und dramatischem Werk. Mit ihren Essays 1981 über Claire Goll (GO), 1983 über Ingeborg Bachmann (BA) und 1985 über Sylvia Plath (PL) fokussiert Jelinek im wesentlichen die Produktionsbedingungen dieser Autorinnen, um sich auf diesem Weg ihrem zentralen Thema in jener Zeit, dem Thema weiblicher Kunstproduktion, anzunähern. Diese Künstlerinnen werden nach eingehender Analyse der gesellschaftlichen Bedingungen, unter der sie als Frauen Kunst schaffen, als Paradigmen dargestellt, die sich Jelinek für die eigene schriftstellerische Arbeit nutzbar macht. In der ersten Hälfte der achtziger Jahre entstehen sowohl Jelineks weibliche Künstler-Figuren Clara S. aus der gleichnamigen *Musikalischen Tragödie* (1981) und Emily aus ihrem Theaterstück *Krankheit oder Moderne Frauen* (1984), wie auch die weiblichen Interpreten von Kunst Anna Witkowski in dem Roman *Die Ausgesperrten* (1980) und Erika Kohut im Roman *Die Klavierspielerin*(1983).

In ihrem Essay über Claire Goll ist Jelineks Interesse auf die Entstehunggeschichte des Romans *Arsenik oder Jedes Opfer tötet seinen Mörder* gerichtet, der 1932 in französischer Sprache unter dem Titel *Un cri-*

me en province (Editions des Portiques) in Paris erschien.[1] Anfang der dreiziger Jahre war Claire Goll von ihrem Mann Yvan verlassen worden, der ihr daraufhin als Unterweisung in die Kunst, ihn zu lieben, die an ihn gerichteten Liebesgedichte seiner neuen Lebensgefährtin Paula Ludwig zukommen ließ. Claire sollte sie lesen, um Yvan "gereift und wissend" lieben zu lernen. Worauf Claire antwortete: "Du rühmst die Stärke des Leids Deiner Freundin. Erschüttert Dich gedrucktes Leid mehr als verborgenes? Ich glaube nicht, daß man mehr leiden kann wie ich in jener Nacht seit vielen, vielen Monaten."[2] Aus dieser unwidersprochen gebliebenen Erkenntnis, daß Yvan durch gedrucktes Leid mehr als durch verborgenes gerührt wurde, zog Claire für sich die Konsequenz, der eigenen Geschichte Romanform zu geben. Über ihren so entstandenen Roman *Arsenik oder Jedes Opfer tötet seinen Mörder* zeigte sich Yvan Goll zwar begeistert, war aber nicht bereit, dessen autobiographischen Gehalt zur Kenntnis zu nehmen.[3] Claire Goll inszenierte daraufhin ihren eigenen Tod mit einer Überdosis Veronal. Sie starb jedoch nicht, da sie von Yvan gerettet wurde, der zu ihr zurückkehrte. "Vor solch einem Opfertod mußte selbst das hübscheste Liebesgedicht der Rivalin verlegen verstummen" (GO 33), wie Jelinek trocken anmerkt. Die Entstehungsgeschichte dieses Romans wird Jelinek zum Fallbeispiel weiblicher Kunstproduktion, die sie in ihrem Essay analysiert, um aus den so gewonnenen Ansichten nur wenig später in ihren Theaterstücken *Clara S.* und *Krankheit oder Moderne Frauen* ihre weiblichen Künstler als dramatische Figuren zu gestalten. Das künstlerische Selbstverständnis ihrer Komponistinnen-Figur Clara S. und ihrer Schriftstellerinnen-Figur Emily

---

1 Deutschsprachig wurde er unter dem Titel *Arsenik* 1933 in Wien (Bergis) verlegt. 1977 bot Claire Goll dem Berliner Verlag "edition der 2" das neu bearbeitete deutsche Romanmanuskript unter dem Titel *Arsenik oder Jedes Opfer tötet seinen Mörder* an.

2 Zitiert nach Jäschke, Nachwort zu *Arsenik oder Jedes Opfer tötet seinen Mörder*, S. 195.

3 Die Protagonistin in Claire Golls Roman vergiftet die Rivalin und begeht aus Liebeskummer Selbstmord.

ist angelehnt an das in ihrem Goll Essay skizzierte Verständnis von weiblicher Kreativität. Erst als die Schriftstellerin Claire Goll nämlich zur Verkörperung ihres Textes schritt, indem sie den im Roman beschriebenen Selbstmord der Protagonistin mit dem eigenen Körper inszenierte, wurde ihr Text für den männlichen Kunstkritiker (Yvan) authentisch und glaubwürdig. Erst daraufhin kehrte er zurück. Jelineks Kunstgeschöpfen Clara S. und Emily gilt der Mann, der laut Jelinek die "Nachfragemacht" auf dem Kunstmarkt innehat, "nicht nur als intendierter Leser und Konsument, sondern auch als verborgener Autor des weiblichen Textes".[4] Im Mittelpunkt dieses Kapitels steht daher die Untersuchung von Jelineks Textpraxis, mit der sie literarische - und auch musikalische - Produktion als eine "Wiederverarbeitung" von Kultur vorführt, in der sich kulturelle Codierungen von Weiblichkeit in der dialogischen Struktur ihrer Texte spiegeln.

Das Leben und Werk der 1932 in Boston geborenen Sylvia Plath untersucht Jelinek ebenfalls als ein Paradigma weiblicher Kunstproduktion. Wie Claire Goll wurde auch sie von ihrem künstlerisch tätigen Ehepartner, dem englischen Lyriker Ted Hughes, verlassen. Sylvia Plath gelang dreißigjährig der Suizid, auf den Jelinek in Anmerkungen zu Plaths Roman *Die Glasglocke* (1963) eingeht und den sie als nach außen sichtbares Zeichen des Scheiterns der Autorin versteht. Am Exempel Plaths interessiert Jelinek zweierlei. Zum einen die gesellschaftliche Lage Sylvia Plaths als die einer Frau, die Familie und künstlerischen Beruf nicht miteinander verbinden konnte. "Wenn es nun geschieht, daß [...] das Programm einer emanzipierten und emanzipatorischen Kunstproduktion in ihrem Hirn eingespeichert ist, so muß es notwendigerweise mit dem Programm der traditionellen Frauenrolle in Konflikt geraten." (PL 52) Zum anderen analysiert sie das Scheitern einer künstlerischen Koexistenz von Mann und Frau. Trotz zutreffender Beschreibung des Rollenkonflikts, in dem Sylvia Plath lebte, bleibt Jelineks Versuch, ihr Scheitern

4 Erdle, *Die Kunst ist ein schwarzes glitschiges Sekret*, S. 324.

nachzuvollziehen, jedoch verkürzt. Ausgeblendet bleibt beispielsweise Sylvia Plaths auffällige Bereitschaft, sich von frühester Jugend an gerade mit ihrer künstlerischen Tätigkeit, mit ihrem Schreiben dem amerikanischen 'Be-Successful-Prinzip' gefügig zu unterwerfen. Dazu Gabriele Wohmanns Kommentar aus ihrem Nachwort zur deutschen Übersetzung von Sylvia Plaths *Letters home* (1957):

> Sie behielt etwas Schülerinnenhaftes und löste sich nicht vom Konkurrenzdenken der Preiswürdigkeiten, Gewinnchancen, verkleinerte so selber ihre eigene Begabung, integrierte sich brav in die herrschende Zensurstimmung: Das tut weh, denn ihr Talent war wild und unabhängig.[5]

Mit ihrem Blick auf die Beziehung zwischen Mutter und Tochter erweitert Wohmann die Perspektive auf Plaths Werk um einen weiteren Zusammenhang, der von Jelinek unbeachtet bleibt. Sie legt Widersprüche frei, die von einer großen und anhaltenden Liebesarbeit Sylvia Plaths als Tochter zeugen, Widersprüche, die mindestens ebenso wie Rollenkonflikt und Künstlerehe zu Sylvia Plaths Scheitern beigetragen haben. Denn Wohmann liest die an die Mutter adressierten Briefe *Letters home* als Gegenentwurf zur Mutter der Romanheldin Esther Greenwood aus der *Glasglocke*. Im Gegensatz zur absolut verehrten, geliebten und geradezu als Instanz fungierenden Adressatin der *Letters home* erzählt Plath in ihrem autobiographischen Roman *Die Glasglocke*, über den Jelinek in ihrem Essay schreibt, von einer leistungsorientierten, puritanischen und unsensiblen Mutter, die ihre Tochter im Land der sozialen Privilegien, welche die Plath-Familie nicht besaß, früh zwang, sich an einer unwürdigen Stipendienjagd zu beteiligen. Verläßt man sich auf ihre Aussagen in den *Letters home*, ließ sich Sylvia Plath merkwürdigerweise kritiklos für eben jene mütterlichen Ziele vereinnahmen. "Alle Verneinungen dieser Wettbewerbszumutungen wurden viele Jahre später in dem Roman *Die Glasglocke* erledigt", schreibt Gabriele Wohmann. "Er erscheint wie

5 Wohmann, Nachwort zu Sylvia Plaths *Briefe nach Hause*, S. 543.

das Gegenbild, das Negativ der Briefpost. Die Tochter erlaubt sich keinen sprachlichen Widerstand, wahrscheinlich schon aus Rücksicht gegenüber der Mutter."[6] Die vermutlich unbeabsichtigte Unterschlagung dieser die Produktionsbedingungen der Künstlerin Plath beeinflussenden Faktoren mag nicht zuletzt in der Entstehungsgeschichte der eigenen Produktionsbedingungen begründet sein, die im Falle Jelinek ebenfalls entscheidend durch das mütterliche Gesetz beeinflußt sind.

Für Jelineks weibliche Künstler-Figuren Clara S. und Emily kommen dem am Beispiel Plaths konstatierten Rollenkonflikt jedoch ebenso wie der von ihr beschriebenen Unmöglichkeit künstlerischer Koexistenz von Mann und Frau eine wesentliche Bedeutung in jenem Begründungszusammenhang zu, innerhalb dessen Jelinek nach einer Erklärung für den Ausschluß der Frau aus der Welt der Kunst sucht. "Es zahlt die Künstlerfrau. Ist sie ebenfalls Künstlerin, verfaulen ihr die Glieder einzeln bei lebendigem Leib unter der Kunstproduktion des Mannes." (C 75)

Bevor nun die musikalische Geschichte von Jelineks Klavierspielerinnen ins Blickfeld rückt, mit der gleichzeitig auch die Bedeutung des mütterlichen Gesetzes für diese beiden Künstlerinnen-Figuren bedeutsam wird, sollen zunächst die Figuren Clara S. aus der *Musikalischen Tragödie* und Emily aus dem Theaterstück *Krankheit oder Moderne Frauen* untersucht werden; denn deren literarische Entstehungsgeschichte steht mit den in den Essays gewonnenen Anschauungen über weibliche Kunstproduktion in direktem Zusammenhang. Jelineks Essay über das Werk Bachmanns soll vor allem als Hintergrund für die Aussagen der Autorin zu ihrem eigenen Musikverständnis am Ende dieses Kapitels behandelt werden.

"Travestien" könnte auch der Titel jener "musikalischen Tragödie" Jelineks sein, die als fiktive Konfrontation einer Pianistin und Komponistin namens Clara Schumann mit ihrem dem Wahnsinn verfallenen Ehemann Robert und einem "Commandante" namens Gabriele d'Annun-

---

6 Ebd., S. 541.

zio angelegt ist. Auch wenn Jelinek in diesem Drama mit Versatzstücken authentischer Texte der historischen Clara Schumann (1819-1896), des historischen Robert Schumann (1810-1856) und des ebenfalls historischen italienischen Dichters d'Annunzio (1863-1938) arbeitet, ist der Text keinesfalls als Biographie, psychologisches Porträt oder gar historisches Drama mißzuverstehen.[7] Das Arrangement der Figuren[8] ist künstlich und lebt vom Anachronismus als Prinzip. In zwei Teilen und einem Epilog gestaltet Jelinek ein Treffen im Spätherbst 1929 in d'Annunzios italienischer Villa, wohin Clara S. in Begleitung ihres bereits geisteskranken Ehemannes Robert Schumann geeilt ist, um den italienischen Musen- und Frauenfreund um finanzielle Unterstützung für die künstlerische Arbeit ihres Mannes zu bitten. Jelinek setzt das Scheitern einer Künstlerehe in Szene, was schließlich im Gattenmord gipfelt. Ein Verbrechen, das nicht auf der Summe der im Verhältnis zum kriminellen Akt investierten Sprachmenge beruht, wie es Roland Barthes im Extremfall für das de Sadesche Verbrechen darstellt, sondern ein Verbrechen, das auf der Geschichtlichkeit der Ehefrau und Mutter-Situation beruht, die von der Frau den völligen Rückzug als Künstlerin fordert.[9]

Deutlicher als die meisten anderen Künstlerinnen-Figuren Jelineks markiert Clara S. einen von fremden Vorstellungen kolonisierten Ort.[10] Sie spricht mit vielen Stimmen, ist montiert aus den fiktiven und authen-

---

7 Da jedoch die Personen, die den Figuren Jelineks zugrundezuliegen scheinen, trotz verfremdender Textpraxis, vermeintlich identifizierbar bleiben - in ihrem Theaterstück *Burgtheater* ist das beispielsweise die Schauspielerdynastie Wessely-Hörbiger - lösen ihre Stücke Reaktionen aus, die nicht nur auf Jelineks Texte zurückzuführen sind.

8 Ich spreche nicht von "Person" oder "Charakter", um einer weit verbreiteten Tendenz, dramatische Figuren wie Personen des realen Lebens zu diskutieren, schon terminologisch entgegenzuwirken. Die Konnotationen des Wortes "Figur", die auf intentional Gemachtes, Konstrukthaftes, Artifizielles verweisen und nicht die Vorstellung von Autonomie, sondern von Funktionalität wecken, kommen dieser Absicht entgegen. Vgl. Pfister, *Das Drama*, S. 21.

9 Vgl. Wehowski, *Claras Musikalische Tragödie*, S. 65.

10 Vgl. Erdle, *Die Kunst ist ein schwarzes glitschiges Sekret*, S. 327.

tischen Texten verschiedener Personen, wie der des Vaters Friedrich Wieck, des Ehemanns Robert Schumann und der Clara Schumanns. Als Prätexte dienen Jelinek dabei Tagebücher und Briefe von Clara und Robert Schumann. Ebenso konstituiert sich die Kunstfigur Clara S. jedoch aus Textmaterial, das Jelinek Ria Endres' Dissertation *Am Ende angekommen* entnommen hat, die Endres selbst als den Versuch der "Zersetzung eines männlichen Diskurses"[11] bezeichnet hat, womit im speziellen die Zersetzung der literarischen Rede Thomas Bernhards gemeint ist. Intertextuelle Bezüge sind gerade in diesem Drama von Jelinek deutlich markiert durch Signale sowohl im inneren wie im äußeren Kommunikationssystem.[12] So dient eine eigene Nachbemerkung ausdrücklich dem Zweck, auf die entsprechenden Prätexte zu verweisen, die für Jelineks "musikalische Tragödie" *Clara S.* intertextuelle Relevanz besitzen. (C 101)

Anhand der sprachlichen Konstituiertheit der Kunstfigur Clara S. soll daher Jelineks mimetische Anverwandlung von Sprachformen in diesem Text daraufhin überprüft werden, in welchem Maße sich der gesamte Text dem Verfahren der Einlagerung fremder Textelemente als Strategie der Bedeutungserweiterung oder der Sinnkomplexion verdankt. Überprüft wird, wie Jelinek das traditionelle Sprachmaterial verwendet, welche Wirkung ihm durch diese Textpraxis zuwächst, in welchem Verhältnis die Verwendungsweise zu einem Gelingen oder Scheitern des kritischen Anliegens der Autorin steht, das Problem der kreativen, künstlerisch tätigen Frau abzuhandeln.

Als Clara S. im Epilog aus vermeintlich subjektiver Perspektive das vorangegangene Geschehen kommentiert, im klassichen Drama ein Höhepunkt der Illusion von Subjektivität, wird ein Text sicht- bzw. hörbar, der aus kleinsten Bestandteilen des historischen Briefwechsels zwischen Clara Wieck und Robert Schumann montiert ist, die ausnahmslos aus der

11 Endres, *Am Ende angekommen*, S. 7

12 Vgl. Broich, *Formen der Markierung von Intertextualität*, S. 37.

Zeit vor der Eheschließung im Frühsommer und Sommer des Jahres 1839 stammen.

> *Roberts Leiche schüttelnd:* Robert! Hör doch! Du hast gesagt, daß meine schöne Komposition nicht Idylle heißen darf. Du hast auf Notturno bestanden, auch Heimweh oder Mädchens Heimweh fandest du passend. Nicht einmal den selbstgewählten Namen ließest du meinem Werkchen! Dabei war es mehr Walzer als Notturno. *kleinlaut.* Verzeih mir, Robert, ich meinte nur so ... Dann hast du's ganz geändert. Geändert. Du verzeihst mir gewiß, wenn ich sage, daß es mir nach deinen Änderungen nicht mehr so ganz gefiel. Und verzeih auch, daß es *dir* nicht gefiel. *schüttelt den Leichnam stark, die Wächter nähern sich.* (C 100)

Diese Abschnitt ist exemplarisch für Jelineks Textpraxis in ihrer "musikalischen Tragödie". Mit teilweise winzigen Textbestandteilen des authentischen Briefwechsels zwischen Clara Wieck und Robert Schumann fängt Jelinek den Grundton der Kommunikation des Brautpaares ein und transmittiert ihn als Grundstimmung zwischen Mann und Frau in den gesamten Text. Jelinek entnimmt beispielsweise den historischen Texten zahlreiche Kosenamen, wobei die Sprecher jedoch vertauscht werden. In der "musikalischen Tragödie" bezeichnet sich Clara S. selbst als "Herzensbrautmädchen" und als "gehorsame Kläre und Frau" (C 100), während im historischen Briefwechsel Robert Schumann von seinem "Herzensmädchen"[13] und seiner "gehorsamen Kläre und Frau"[14] spricht. Diese Vertauschung findet genau an den Stellen statt, an denen Clara S. über ihren Wunsch nachdenkt, selbst kreativ tätig zu werden. "Ich würde auch gern Musikstücke selbst verfertigen" (C 100), formuliert sie, um aber diese Überlegung jedesmal direkt in der Übernahme jener Wertvorstellungen zu ersticken, die den obersten Fetisch der bügerlichen Kunst, die Originalität, eben nur dem Manne zuschreibt. Jelinek unterstreicht die weibliche Reproduktion dieses Diskurses von der männlichen

---

13 Schumann, *Briefwechsel* II, S. 694. An anderer Stelle spricht Schumann auch von seiner "Herzens Klara" und von seinem "treuen guten Mägdelein". Ebd., S. 528.

14 Ebd., S. 640.

Kreativität durch die weibliche Mimesis der männlichen Tonlage, in der Clara S. dann von sich selbst als "gehorsame Kläre und Frau" spricht, die zu dumm ist, selbst zu komponieren. Denn dazu "gehört Geist, den ich nicht habe" (C 100), beschließt Clara S. dieses Thema, durchaus im Bezug auf weitverbreitete Äußerungen hinsichtlich weiblicher Komponisten, die in der Umgebung der historischen Clara Schumann keinen Seltenheitswert hatten. Hans von Bülow, der berühmte Pianist und Kapellmeister, hatte im Zusammenhang mit Clara Schumanns Kompositionen geäußert:

> Reproductives Genie kann dem schönen Geschlecht zugesprochen werden, wie productives ihm unbedingt abzuerkennen ist [...] Eine Componistin wird es niemals geben, nur eine verdruckte Copistin [...] Ich glaube nicht an das Femininum des Begriffes: Schöpfer. In den Tod verhaßt ist mir ferner alles, was nach Frauenemancipation schmeckt.[15]

Sinnkonstituierend ist ein weiterer direkter Textbezug auf den authentischen Schumann-Briefwechsel, der ebenfalls die zentrale Thematik der künstlerisch produktiven Frau beleuchtet. Jelinek nimmt hierbei "destruierend-konstruktiv"[16] Bezug auf eine aufschlußreiche Auseinandersetzung zwischen dem historischen Brautpaar Robert und Clara Schumann, die in deren Briefwechsel ausführlich dokumentiert ist. Am Beispiel der oben zitierten Textpassage (C 100) kann Jelineks intertextuelles Verfahren an dieser Stelle durch Textvergleich mit den unterschiedlichen Zitationsquellen verdeutlicht werden.

Auf Roberts Bitte hin schickte Clara ihm eine ihrer Kompositionen für die musikalische Beilage einer von ihm herausgegebenen Zeitung zu, die sie *Idylle in AsDur* genannt hatte. Wozu Robert im Mai 1839 folgendes anzumerken hatte:

> Einiges hätte ich daran auszusetzen; ich werde Dir sie in einigen Tagen zurückschicken, nachdem ich mir sie copirt. Auch ist Idylle nicht

15 Zitiert nach Weissweiler, *Komponistinnen aus 500 Jahren*, S. 269.

16 Kristeva, *Probleme der Textstrukturation*, S. 486.

> das rechte Wort; Es ist mehr elegisch; ich hab' Dich so ganz darin erkannt, mein altes Mädchen mit dem Schwärmer Blick, Du treues gutes Mägdlein, wie hab' ich Dich doch noch jetzt ganz anders lieb, nachdem Du mir entfliehen wolltest - [...][17]

In Jelineks Text wird diese Briefpassage in ein Verbot Roberts transformiert, auf das sich Clara S. in der indirekten Rede bezieht, "du hast gesagt, daß meine schöne neue Komposition nicht Idylle heißen darf" (C 100). Auch Clara Wiecks Replik auf Roberts Veränderung ihrer *Idylle* hin - er wählte den Titel *Notturno* und schrieb einen neuen Schluß, "doch Notturno scheint mir nicht recht passend, /es/ ist doch **mehr Walzer, als Notturno? verzeihe mir, ich meine nur so**"[18] wird von Jelinek umkodiert. "Nicht einmal den selbstgewählten Namen ließest du meinem Werkchen! Dabei war es **mehr Walzer als Notturno**". *kleinlaut.* ***Verzeih mir*** Robert, **ich meinte nur so.** (C 100, Hervorhebung von A. D.)

Jelinek markiert ihre Übernahme der historischen Zeilen Clara Schumanns im inneren Kommunikationssystem nur einmal durch den Hinweis auf einen Brief, der Clara S. von Robert als letzter Liebesgruß zugedacht ist. Es handelt sich dabei allerdings um eine eher verdeckte Form der Intertextualitätsmarkierung, da dieser Hinweis ganz am Ende der "musikalischen Tragödie" in einer kleinen Regieanweisung gegeben wird. Clara S. spricht im Epilog zu dem von ihr erwürgten Mann letzte Worte.

> *Sie sinkt über ihm zusammen, offenbar knistert etwas in seiner Brusttasche, sie merkt es, holt ein Blatt heraus, glättet es, liest es.* Oh ein letzter Liebesgruß vor dir! Dank! Deine gehorsame Kläre und Frau. *läßt das Papier achtlos fallen.* (C 100)

Auch hier spielt Jelinek mit Versatzstücken aus dem Schumann-Briefwechsel, wobei hier durch das Einfügen der dem Briefwechsel entnommenen Wendung von der "gehorsamen Kläre und Frau"[19] angesichts

---

17 Schumann, *Briefwechsel* II, S. 528.

18 Ebd., S. 557, Hervorhebung von A. D.

19 Schumann, *Briefwechsel , S. 640.*

des vollbrachten Gattenmords eine starke Kontrastwirkung erzielt wird. Aus Roberts "Herzensbrautmädchen" (C 100) wurde seine Mörderin.

Der Schumannsche Prätext bleibt in Jelineks "musikalischer Tragödie" keineswegs unkommentiert, denn Jelineks Text gewinnt den Worten eine zusätzliche Reflektivität hinzu, die einen Dialogismus erzielt, der als Entgegnung zu lesen ist. So wertet Clara S. beispielsweise durch den Gebrauch der Diminutivform "Werkchen" und den Beisatz "nicht einmal" (C 100) die eigene Komposition ab, um ganz im Unterwerfungsgestus, den Jelinek ebenfalls als Grundstimmung ins Stück flicht, Robert um Verzeihung zu bitten. Mit diesem Verweis auf die Bemühungen der historischen Clara, sich trotz schwerer partnerschaftlicher Konflikte[20] Robert als ihrem zukünftigen Ehemann zu unterwerfen,[21] spielt Jelinek über die Bezugnahme auf die authentischen Schumanntexte die Konfliktsituation dieses Künstlerpaares als paradigmatische und historische

20 Die geschilderte Auseinandersetzung um Claras Kompositionen wurde zu einer Zeit schwerer partnerschaftlicher Konflikte geführt, in der Schumann in Clara die ihn liebende, treue, zukünftige Ehefrau sehen wollte. Clara hingegen schob die Heirat immer wieder hinaus, um Robert Zeit zur Ansammlung eines Startkapitals für die geplante Eheschließung zu geben. Daß der Komponist auf ihre materialistischen Äußerungen mit Entfremdung, Depression und Selbstmordabsichten reagierte, blieb der nüchtern und praktisch denkenden Clara zeitlebens unverständlich. Vgl. Weissweiler, *Komponistinnen aus 500 Jahren*, S. 238.

21 Im Briefwechsel tritt die Widersprüchlichkeit dieser Bemühungen Claras deutlich zu Tage, wenn sie sich einerseits als "Dein /Dir/ ganz ergebenes Weib" bezeichnet und andererseits versucht, Robert zu erklären, warum es für sie als Künstlerin schlecht wäre, mit ihm zusammen nach Dresden zu übersiedeln: "[...] bleib ich ein Jahr in Dresden, so bin ich als Künstlerin vergessen, [und] verliere ein Jahr meiner Jugend, und es ist sehr schwer sich von Neuem wieder einzuführen. [...] Viel glücklicher würde ich nun freilich sein so ein Jahr in Ruhe mit Dir zu leben, nur denke ich, da ich doch einmal die Kunst nicht aufgebe, so sollte ich am Ende doch das Jahr nicht unbenutzt vorüber gehen lassen, natürlich dächte ich doch auch Etwas zu verdienen, was man *nur* in großen Städten kann." Schumann, *Briefwechsel* II, S. 550/551.

Problemsituation in ihren Texten hinein.[22] Daß die Idylle schließlich auf Roberts Vermittlung hin gemeinsam mit zwei von ihm sehr gelobten Romanzen als *Trois romances pour le pianoforte* op. 11 bei Mechetti in Wien verlegt wurde, verschweigt der Text Jelineks dann allerdings.

Als Künstlerinnenkörper, als Künstlerinnenmutter und als Kunstinterpretin wird die Kunstfigur Clara S. dann gar zum lebenden Zitat männlicher Diskurse über den Autor/Komponisten als Schöpfergott und über die alte Trimetrie des Schönen, Guten und Wahren. Als Pianistin reproduziert sie sowohl die Werke ihres Mannes als auch dessen Kunstauffassung.[23]

> Der Künstler ist Priester und widmet sich nur dem Kunstschaffen, für alles andere ist er taub. (C 68)
> [...] Mein Robert ist der Prototyp des keuschen von der Welt zurückgezogenen Künstlers. (C 68)
> Dieser Reif ist der Wahnsinn, den man beim Künstler auch Reife nennen kann. (C 87)

Die historische Herkunft dieser Vorstellungen ist bekannt. Im deutschsprachigen Raum sind sie gebunden an die Verabschiedung der Regelpoetik zugunsten des Postulats künstlerischer Originalität und Freiheit im Laufe des 18. Jahrhunderts. Das von allen fremdbestimmten Regeln entbundene "Originalgenie" in der Sturm-und-Drang-Ästhetik wirkte als Idee, verstärkt durch die romantische Dichtungsprogrammatik, maßgeblich bis in die literatur- bzw. musiktheoretischen und -kritischen Konzepte unseres Jahrhunderts hinein. Das Genie macht sich frei von allen vorgegebenen Normen, es schafft sich, unbeeindruckt von potentiellen

---

22 Die deutlichste Bezugnahme auf diese Konfliktsituation manifestiert sich in folgendem Textausschnitt der "musikalischen Tragödie": "Und während meiner allzu häufigen Gebärphasen [...] konnte ich natürlich nirgends auftreten. Dieser finanzielle und ideelle Verlust! [...] Dieses andauernde Beleidigtsein und mit dem entsprechenden Gesichtsausdruck in den Hotels und Gasthöfen Herumsitzen!" (C 78)

23 In pointiertester Form wird diese Kunstauffassung in Jelineks "musikalischer Tragödie" allerdings von der Figur des Commandante repräsentiert.

Sanktionen, seine Norm selbst.[24] Clara S. affirmative Aneignung dieser bürgerlichen Sehnsucht nach einer objektiv gewordenen Kultur in Form der Mystifikation des Schöpfungsprozeß, vollzieht sich in überspitzter, parodistischer Form, bleibt daher auch nicht ungebrochen. Claras Absorption des bürgerlichen Geniekonzepts wird ebenso als intentionaler Akt der arrangierenden Instanz gestört, indem den affirmativen Textelementen wiederum Elemente anderer Prätexte gegenübergestellt werden, die sich gegenseitig brechen und relativieren. Denn in der Rede der Figur Clara S. wird dem Zitat der männlichen Diskurse über Kunst und deren Schöpfung eine weitere "fremde Stimme" entgegen gestellt, die von patriarchalen Ablagerungen, von männlichen Variationen "über die Themen Natur, Tod, Genie, Sehnsucht nach Produktion" erzählt.[25] Diese Stimme ist von der Autorin Ria Endres geliehen, geborgt aus deren Dissertation über die Literatur Thomas Bernhards, dessen literarische Rede Ria Endres "gegen die Natur, gegen die Gesellschaft, gegen Wissenschaft und Kunst, gegen Sexualität, gegen die Frau [...] nur nicht gegen die Sprache selbst"[26] gerichtet sieht. Mit einem Rückgriff auf Endres' Text wird bereits bei Clara S. erstem Auftritt das Surrogathafte, die Bewußtlosigkeit ihrer Existenz begründet.

> Mein Vater hat die männliche Vorstellung des Genies in mich hinein gehämmert und mein Gatte hat sie mir gleich wieder weggenommen, weil er sie für sich selbst gebraucht hat. **Im Kopf sitzt die Macht des Zensors.** (C 65, Hervorhebungen von A. D.)

Endres, die im Hinblick auf Thomas Bernhards Schreiben die Feststellung trifft: "aber **im Kopf sitzt** auch **die Macht des Zensors"**[27] weist damit auf ein patriarchales Redeverbot hin, auf "innere Gewaltzusam-

24 Vgl. Jordan, *Lyrik - Erlebnis und Kritik*, S. 234.

25 Endres, *Am Ende angekommen*, S. 9.

26 Ebd., S. 22.

27 Ebd., S. 37, Hervorhebungen von A. D.

menhänge, die das Unbewußte prägen".[28] Diese Interpretation der literarischen Rede Bernhards - Endres versucht Verdrängungsmechanismen im Schreiben Bernhards aufzudecken - stellt Jelinek in den Zusammenhang systematischer patriarchaler Verhinderungsstrategien weiblicher Kreativität. Endres sucht die Verbundenheit der Bernhardschen Dichtungskonzeption mit "dem spätbürgerlichen Ideal des Originalgenies, das noch immer die männliche Identitätsvorstellung ausmacht"[29] aufzuzeigen. Diese Kritik wird in Clara S. Rede konstitutiv als generelle Kritik am männlichen Diskurs über Kunst und Kunstproduktion, die sie im speziellen gegen Robert Schumanns Selbstverständnis als Künstler richtet. Auch in seinem Falle "tritt der Kopf als sein eigener Gegner"[30] seiner männlichen Identitätsvorstellung gegenüber.

> **Der alte bürgerliche Traum vom Kopf, als** Sitz **des Genies.** *Sie spricht jetzt echt empfunden.* **Leerer Größenwahn!** Ein Haus mit dunklen Gängen. Die schwere Kopflast, er schleppt sie hindurch, fortwährend. Diese wahnhafte Suche nach etwas, das noch nie geschrieben, komponiert, gesprochen. Die Ori-gi-na-li-tät! (C 75)

Jelineks Bezug auf Endres' Prätext ist sehr prägnant, da bestimmte Elemente aus diesem Prätext sehr pointiert ausgewählt und oft wörtlich in den neuen Text übernommen werden.

> In die Texte schleicht sich **der alte bürgerliche Traum vom Kopf als Raum des "Genies"** (des Wissenschaftlers/Künstlers) ein. Ein **leerer Größenwahn** breitet sich in den Wörtern aus. Er dreht sich und sucht nach dem noch nie dagewesenen Gedanken, nach dem noch nie dagewesenen Produkt.[31]

---

28 Ebd., S. 30.

29 "Die romantische Vorstellung vom Genie als einem Subjekt, das über alles Mittelmäßige hinausgeht, verzerrt sich in Thomas Bernhards Texten zu einer tödlichen Lächerlichkeit. Die geniale Selbstverwirklichung wird zum leeren Wahn". Ebd., S. 37/38.

30 Ebd.

31 Ebd., S. 35/36. Hervorhebungen von A. D.

Mit dem gezielt ausgewählten Detail ruft Jelinek den Gesamtkontext der Kritik Endres' am männlichen Diskurs über Kunst und Originalität ab. Mit knappen Zitaten wird der komplette Prätext in die neue Sinnkonstitution einbezogen. Das von Pfister aufgestellte Kriterium der Selektivität ist im Falle dieser Bezugsfolie in hohem Maße erfüllt. Im Gegensatz zu den Kriterien der Referentialität und der Kommunikativität, die hier nicht dominant werden, da Jelinek bei der Integration dieses Bezugstextes auf jede Form der Markierung im inneren Kommunikationssystem verzichtet.[32] Mit Endres, die "das große Universum der männlichen Geniewelt" als eine "Landschaft des Todes"[33] bezeichnet, schildet Clara S. dann auch das "Universum Tonkunst" als "eine Landschaft des Todes" (C 101). Ebenso spricht Clara S. mit Ria Endres Stimme, wenn sie sagt: "Ich bin im sakralen Raum deiner Genialität geopfert worden" (C 93).[34]

Mit der Wahl dieser verschiedenen Prätexte[35] für ihren Text als Bezugsfolie beabsichtigt Jelinek das Aufeinanderprallen jener anzitierten Ideologeme zum Thema Frau und Kunst, beabsichtigt sie den Effekt der gegenseitigen perspektivischen Brechung. Dabei spielt Jelinek gezielt die Differenz zwischen dem alten Kontext des fremden Wortes und seiner neuen Kontextualisierung aus. Die verschiedenen Stilebenen jener eingelagerten Prätextelemente, die sich schon durch die über ein Jahrhundert differierende Abfassungszeit ergeben, machen Jelineks Intention noch einmal als konfrontative transparent.

Auch zum Thema Mutterschaft stoßen verschiedene Ideologien innerhalb der Rede Clara S. aufeinander, um sich gegenseitig zu entkräften. "Die Mutterschaft ernährt sich von der Künstlerschaft" entkräftet Clara S. die eigene Aussage von einer "Symbiose" von "Künstlerschaft plus

---

32 Vgl. Pfister, *Konzepte der Intertextualität*, S. 26-30. Nur im Nachwort wird von Jelinek auch auf diesen Prätext als Bezugsquelle hingewiesen.

33 Endres, *Am Ende angekommen*, S. 97.

34 Ebd.

35 Brief- und Tagebuchtexte der authentischen Clara, historische Brieftexte Roberts und den Text Ria Endres'.

Mutterschaft". (C 66) Der Zugang zur Kunst scheint für die Frau aufgrund biologischer Umstände unmöglich zu sein. Um der Rolle der Mutter dennoch Positives abzugewinnen, sieht Clara S. in ihrer Tochter Marie - ebenso wie später Mutter Kohut in der *Klavierspielerin* - zumindest ein geeignetes Werkzeug zur Verwirklichung ihrer bürgerlichen Aufstiegsideologie, die künstlerische Ausbildung zum Dressurakt werden läßt. Mitleidlos wird Marie "langsam zu einer Spezialistin" (C 79) am Klavier getrimmt, in der Absicht, sowohl soziale Barrieren zu durchbrechen als auch Mehrwert zu erzeugen. Rücksichtslos auf Erfolg bedacht, greift die Mutter in das Leben ihres Kindes ein, treibt besonders deren "spezielle feinmechanische Begabung für das Drücken von Klaviertasten" (C 76) voran und reproduziert letztlich Sozialisationsstrukturen ihrer eigenen Kindheit. "Das Gehör meiner kleinen Marie weiß vieles zu unterscheiden, was andere überhaupt nicht merken! Ich entwickelte sie langsam zu einer Spezialistin wie mein Vater mich seinerseits prachtvoll entwickelte. Weiß sie doch von allen Tonarten die Unter- und Oberdominantakkorde rasch zu finden und moduliert auch wann, wohin und woher sie will!" (C 79) Ihre Tochter Marie kontrastiert diese schon in sich ironische Aussage Clara S. noch einmal deutlich:

> Daß ich sprechen lerne ... darum hast du dich nie gekümmert ... im Bestreben eine geniale Pianistin aus mir ... zu machen ... jetzt bin ich nichts ... als ein Paar Hände ... an dem ein ... Körper hängt. (C 77)

Im Gegensatz zu ihrer Tochter Marie, die der Mutter eine verfehlte Erziehung vorwirft, versucht Clara S. jedoch als Ernährerin der Familie dem potentiellen Mäzen, dem Commandanten, das Produkt dieser Erziehung als gelungen darzustellen. "Ich trete jetzt einem Gerücht entgegen, daß meine kleine Marie ihre Kindheit zu früh durch Üben verlor. Im Gegenteil: sie zeigt Gefühl! Dazu bedarf es bedeutender finanzieller Aufwendungen!" (C 80) Im Sinne der oben zitierten Aufstiegsideologie wird hier die Interpretation von Musik als Ware erzeugt und vermarktet, deren Wert vom möglichst günstigen Verhältnis zwischen Nachfrage und Angebot bestimmt ist. "In Form von wirklichen Tränen und Schweiß" hat der vom Zuschauer/Mäzen erbrachte Kapitaleinsatz "einen kontrollierbaren Ertrag".[36] Als "Geschäftsfrau" muß Clara deshalb auch auf dem von Marie erbrachten Gefühl insistieren, "sodaß auch die Leidenschaft eine Ware werde, ein Gegenstand des Handels, eingepaßt in ein Tauschsystem"[37]. Seine dominierende Rolle innerhalb dieses Tauschsystems stellt der Commandante unzweideutig klar. "Ich repräsentiere eine gigantische finanzielle und noch größere ideelle Macht. Auch mein Prestige bei den neuen Machthabern ist hoch, höher könnte es gar nicht sein." (C 81)

Im Gegensatz zu Clara S. praktiziert der Dichter Gabriele d'Annunzio, genannt Commandante, seine Kunst als Selbstinszenierung. Seine Rede ist fast ausnahmslos aus Elementen der authentischen Romane des gleichnamigen Dichters (1863-1938) montiert, in dessen Villa am Gardasee Jelinek auch die Handlung ihrer "musikalischen Tragödie" angesiedelt hat. Dessen Schwärmerei für das Fliegen[38] und seine Begeisterung für Maschine, Motor und technische Exotik werden mit den von Jelinek ausgewählten Prätextelementen ebenso deutlich ausgestellt, wie seine Überzeugung von der biologischen Bedingtheit der Frau transparent wird, durch die ihre Bestimmung als Dienerin des männlichen Eroberers und Künstlers, die nach Meinung des italienischen Dichters nichts voneinander unterscheidet, festgeschrieben ist. "Auch Frauen, jene Bewußtlosen, ertragen das Element des Automatismus, des automatisch Begwegtwerdens niemals. Nur der Mann ist gemacht, Maschine in der Maschine zu sein und also in einem Motorboot über das Wasser zu rasen oder in die Luft hinaufzusteigen." (C 91) Nur das Leben mit hohem Intensitätsgrad gilt ihm als das wahre, besonders wenn es der Bedrohung des Todes ausgesetzt ist. Die Möglichkeiten der Technik, den Körper zu erweitern, faszinieren den begeisterten Flieger, der moderne Technologie als ungebrochene Fortsetzung traditioneller Mythologie versteht. "Die

36 Barthes, *Mythen des Alltags*, S. 21.

37 Ebd., S. 20.

38 Im ersten Weltkrieg war d'Annunzio als Flieger im Einsatz.

motorisierte Fliegerei ist für ihn dädalisches Künstlertum, jedenfalls wird sie nicht im Kontext von Wissenschaft, Wirtschaft und Technik gesehen. In diesem Sinne ist d'Annunzios anscheinende Progressivität nichts anderes als der Ausdruck einer reaktionären Ideologie mit pseudoreligiösem Aufriß".[39] Die wahre Aufgabe der Dichtkunst sah d'Annunzio nicht darin, Kunstwerke zu schaffen, sondern dem universellen Ausgeliefertsein des Menschen Ausdruck zu verleihen. Genialität versteht er daher als "die Heraufbeschwörung gerade des Todes, dieses letzten Kriteriums menschlichen Ausgeliefertseins".[40]

> Mein Traum wäre als Dichter Gabriele d'Annunzio überhaupt: ein einziges Exemplar, der einzigen Frau gewidmet, auf jeden Benefiz verzichtend, außer auf die Liebe. Der wahre Connaisseur meiner Kunst kann nicht der sein, der sich meine Bücher kauft, sondern der mich liebt. Der Lorbeer dient nur dazu, die Myrthe anzulocken. (C 90)

Die Intensität des intertextuellen Bezugs ist im Falle der von Jelinek in ihren Text hineingewobenen Prätextelementen aus den Romanen d'Annunzios relativ stark, da der Zitatcharakter hervorgehoben und bloßgelegt wird, indem Jelinek den Prätext um die Angabe zur Autorenschaft desselben erweitert. Das Original beginnt: "Mein Traum wäre überhaupt das einzige Exemplar, der einzigen Frau gewidmet." D'Annunzio fährt fort: "In einer Gesellschaft wie der unsrigen, muß der Prosa- oder der Verskünstler auf jedes Benefiz verzichten, außer auf das der Liebe. Der wahre Leser ist nicht, der mich kauft, sondern der mich liebt. Der wahre Leser ist also die Herzensdame. Der Lorbeer dient nur dazu, die Myrthe anzulocken [...]".[41] Damit wird aber nicht nur auf das Zitat in seinem ursprünglichen Kontext verwiesen, sondern es entsteht gleichzeitig eine Form der "Metatextualität, die den Prätext kommentiert, perspektiviert und interpretiert" und die Distanznahme zu ihm thematisiert. Womit Pfi-

---

39 Ingold, *Literatur und Aviatik*, S. 32.

40 Földényi, *Es wird uns nicht verziehen, umsonst gelebt zu haben*, S. 437.

41 D'Annunzio, *Lust*, S. 23.

sters Kriterium der Referentialität erfüllt ist, da der eine Text den anderen zum Thema macht, indem er dessen Eigenarten bloßlegt.[42] D'Annunzios Selbstinszenierung wird durch Clara S. Repliken meist direkt in einen entlarvenden Kontext gestellt. "Aber der Ruhm! Die Welt!" (C 91) ist die ironische Bemerkung zu d'Annunzios selbstverliebten Floskeln, die sich in seinem 1889 erschienenen Roman *Lust* häufen, mit dem er sein eigenes, auf dem Weltgefühl der Renaissance gründendes Olympiertum zu verewigen suchte: "Ich bin ein Mitglied des Olymps der italienischen Dichter. Gabriele d'Annunzio." (C 71) Mit deutlichen Markierungssignalen verweist Jelinek auf den vorgegebenen Text, dessen ursprünglicher Kontext in starker semantischer und ideologischer Spannung zum neuen Text steht. Leser und Leserin werden direkt angesprochen und aufgefordert, sich in den entsprechenden Prätexten kundig zu machen: "[...] lesen Sie die einschlägige Literatur!" (C 73) Nach Pfister ist hier das Optimum des Kriteriums der Dialogizität erfüllt, das er gerade in der Dialektik von Anknüpfung und Distanznahme zum Prätext verwirklicht sieht.[43] Durch bewußte Markierung im inneren und äußeren Kommunikationssystem wird der Rezipient und die Rezipientin auf den Prätext verwiesen. "Ich kann jederzeit Dichtkunst sprechen, wenn ich es nur möchte. Jetzt zum Beispiel spreche ich sogleich Dichtkunst." (C 67), kündigt der Commandante intertextuelle Bezüge an, um seine Zitation mit einem provozierenden "na?!" (C 67) abzuschließen. "Es hat mir gar keine Mühe gemacht, von der normalen Sprache in die Sprache der Dichtkunst überzuwechseln, wie Sie gesehen haben." (C 67), prahlt der Dichter, um sich in der Rezitation ganzer Abschnitte aus d'Annunzios Romanen zu ergehen:

> Wir haben früher die schönsten Frauen der Gesellschaft dazu aufgefordert, Früchte anzubeißen. Für viel Geld wurde die angebissene Frucht dann für ein Waisenhaus oder ein Mütterheim versteigert. [...] Man hat auch Geld dafür verlangt, aus hohlen Händen schöner Frauen

42 Vgl. Pfister, *Konzepte der Intertextualität*, S. 26/27.

43 Vgl. ebd., S. 29.

> trinken zu dürfen. [...] Einmal bekam ich von der Gräfin Lucoli, ich weiß nicht, um welchen Preis, eine Havannazigarre, die sie zuvor unter ihrer Achselhöhle gehalten hatte. (C 90)[44]

Immer wieder spielt Jelinek mit ihren intertextuellen Bezügen auf dessen pervertierten Ästhetizismus an, um ihn im Anzitieren ironisch zu relativieren und dessen ideologische Voraussetzungn zu unterminieren.

Innerhalb des erwähnten Tauschsystems Körper/Gefühl gegen Geld sucht der Commandante in seiner Rolle als Mäzen der Familie Schumann das Prinzip des männlichen Künstlers als Eroberer zu perpetuieren.

> Der männliche Eroberungsdrang sagte mir damals: Fliege! Der männliche Todestrieb sagte zu mir: Stirb! Die Kunst sagte: Dichte! Der Eroberungsdrang hat gesiegt. (C 66)
> Der Mann drängt sich zur Eroberung, er erobert wahlweise ein fremdes Gebiet, möglichst weit weg, eine Frau oder einen Korridor im Luftraume. (C 88)

Mangelnde Körperkraft kompensiert der inzwischen greise Commandante mühelos durch die "gigantische finanzielle und noch größere ideelle Macht" (C 81). Sowohl Maries als auch Clara S. "Künstlerinnenkörper, der früher sogar selbsttätig komponiert hat" (C 68), ist dem Commandanten in seiner Ausbeutbarkeit als der einer Künstlerin, die auf finanzielle Unterstützung angewiesen ist, besonders willkommen. Er verweist daher auch deutlich auf das marktwirtschaftliche Grundprinzip von Nachfrage und Angebot, das auch für das Geschäft mit der Kunst seine Gültigkeit behält. "Wir haben hier noch mehr Künstlerinnenkörper außer Ihrem im Haus. Hier kommt zum Beispiel gleich ein Tänzerinnenkörper angewirbelt." (C 68) Claras Wert als Künstlerin wird als Wert ihres Körpers definiert; oder umgekehrt, ihr Körper, der im Kontext von Kunst und Markt als Ware und Währung funktioniert, ist als der einer Künstlerin besonders unwert. Die Bemessungsgrundlage setzt hierbei der Mann, der Commandante, als einer der Repräsentanten eines Diskurses über Kunst,

---

44 Im Original ist diese Beschreibung fast wörtlich wiederzufinden. D'Annunzio, *Lust*, S. 16-18.

den Jelinek in ihrer "musikalischen Tragödie" systematisch zu zersetzen trachtet.

Mit permanent wechselnden Selbst-Inszenierungen befaßt, erweist sich Clara S. zwar als begabte Simulantin, aber nicht als erfolgreiche Kunstproduzentin: hinter ihrer Surrogat-Tätigkeit tritt nichts Eigenes, keine erkennbare originelle Substanz hervor.[45] Sie ist **verkörpertes Zitat** verschiedener mythischer Weiblichkeitsbilder.

> Manchmal sind wir weniger Licht und Luft als ekstatische Priesterinnen unserer Kunst. [...] Man sucht uns auf wie ein Pilger ein fernes Altarbild. (C 69)
> Auch die Rolle der passiven, fernen Heiligen wird uns oft zugewiesen. Ich bin, wie schon erwähnt, mehr der Typus Elfenkind. Manchmal auch kurz Engelskind genannt. Am Flügel sitzt und auf Lieder sinnt. Und wie es in die Tasten greift, im Zauberringe vorrüberschweift, Gestalt an Gestalt und Bild nach Bild, Erlkönig alt und Mignon mild und trotziger Ritter im Waffenflitter und knieende Nonne in Andachtswonne. (C 84)

Stereotypen über das Weibliche, die Frau und die Kunst durchsetzen als Effekt der intensiven intertextuellen Bezüge hier als manifester Bestandteil der Sprache das gesamte Stück. Mit diesen 'Textkollisionen', die in der Kunstfigur Clara S. ebenso wie in allen anderen Figuren angelegt sind, stellt Jelinek die in ihrer Tragödie endlos reproduzierten Mythen vom männlichen Schöpfer und der Frau als Natur jedoch nicht nur als wechselseitigen Kommentar, sondern gar als die gegenseitige conditio sine qua non dar. Ironische Distanzierung entsteht immer dann, wenn anzitierte Ideologeme aufeinanderprallen und sich so selbst entlarven. So gibt ausgerechnet jener Robert, der noch im Sterben auf dem Mythologem von der Frau als Natur beharrt, "Künstlerische Leistung liegt außerhalb der Frau ... denn nur natürliche Körperleistung zählt für diese ... deshalb weil ... die Frau ... reine Natur ... ist." (C 97), einen "bekannten Schmachtfetzen der internationalen Konzertszene" (C 92) als den Anfang einer von ihm komponierten Sinfonie aus. Im gleichen Atemzug be-

45 Vgl. Erdle, *Die Kunst ist ein schwarzes glitschiges Sekret*, S. 328.

zeichnet er sich jedoch selbst als "Originalgenie", das allerdings die eigene fis-moll Sonate nicht mehr als Original erkennt. Als er diese Sonate als "Drecks-" bzw. "Teufelsmusik" (C 96) bezeichnet, wird er endgültig zur Parodie des männlichen Schöpfers. Seine Frau Clara, die ihn über seinen Irrtum aufzuklären versucht, beschimpft er als "Töterin des Komponistenprodukts" (C 96), worauf diese ihre geschickten und diszipliniert trainierten Finger nicht um Klavier zu spielen nutzt, sondern um ihren Gatten zu erwürgen.

Aus dem beschriebenen Ikonoklasmus vorgefertigter Weiblichkeitsbilder, den Jelinek in ihrer "musikalischen Tragödie" betreibt, ergibt sich kein 'anderes' Sein, das dem männlichen entgegengesetzt wäre, ergibt sich keine Vision einer weiblichen Künstlerin, die sich einen eigenen Ort in der Kunst erstreitet. "[...] der Mann ist die Norm. Er hat seinen Standort und er funktioniert, Ideologien produzierend. Die Frau hat keinen Ort.", schrieb Jelinek 1984 in ihrem Essay über Ingeborg Bachmann (BA 151). Daran hält Jelinek eben auch für ihre weiblichen Künstler-Figuren fest. Zitierend entwerfen sie ein Mosaik, das aus genau den patriarchalen Projektionen besteht, die ihre Schöpferin Elfriede Jelinek doch zu zersetzen trachtet.

Weibliche Kunstproduktion im Kontext patriarchaler Bestimmungen der Frau als Naturwesen stehen auch in Jelineks 1987 uraufgeführtem Theaterstück *Krankheit oder Moderne Frauen* im Mittelpunkt. Erstmals avanciert eine Schriftstellerin bei Jelinek zur Protagonistin, die jedoch nur mit Einschränkung von sich behaupten kann: "Ich bin eigentlich Schriftstellerin" (KM 21). Denn Emily führt eine Art Doppelexistenz, einerseits als Krankenschwester und Verlobte des Gynäkologen und Zahnchirurgen Heidkliff und andererseits als Schriftstellerin und Vampirin, die sich von Blutkonserven und von Patientenblut ernährt.

Eines der Opfer des Vampirs Emily ist die Hausfrau und Mutter Carmilla, die Ehefrau eines Steuerberaters mit dem klingenden Namen Benno Hundekoffer. Sie starb bei der Geburt ihres sechsten Kindes und wurde erst postum durch einen zärtlichen Biß von Emily im Reich der

Untoten aufgenommen, deren Existenzform Emily mit den Worten: "Wir sind nicht Tod nicht Leben!" (KM 42) beschreibt. Im weiteren Verlauf des Stücks teilen sich die Vampire Emily und Carmilla dann als Paar einen komfortablen Sarg und ernähren sich vorrangig von dem Blut der eigenen Kinder, die Carmilla zu Lebzeiten mit Herrn Hundekoffer gezeugt hatte. Immer enger schließen sich die beiden Frauen, die weder tot noch lebendig sind, in Anbetracht ihrer vor Männlichkeit überschäumenden 'Partner' zusammen, bis sie zu einem Doppelgeschöpf verschmelzen, das von der männlichen Allianz aus Arzt und Steuerberater am Ende des Stücks kalauernd "mir haben es voll gebracht" (KM 75) niedergeschossen wird.

In ihrem Theaterstück *Krankheit oder Moderne Frauen* zitiert Jelinek die Geschlechterlegende von der passiven Frau und ihrem aktiven männlichen Gegenstück nicht mehr nur, sondern pervertiert sie durch völlige Verkehrung ins Absurde.[46] Während des gesamten Stücks sind ihre Vampirinnen, die einst Mutter und Magd waren (KM 22), daher auch damit beschäftigt, ihre "natürliche" Bestimmung als Frau ins Gegenteil zu verkehren. "Natur bin ich, erinnere daher oft an Kunst" (KM 8), sagt Emily und verkehrt damit nicht nur den Satz von der Nachahmung der Natur in der Kunst zum Nonsens, sondern auch die Vorstellung von der Frau als Natur.[47]

Beide Frauen boykottieren als Vampirinnen ihre Rolle als Ehefrau und Mutter. Sie leben nämlich als Vampire vom Blut anderer Menschen und verkehren durch diese Form der Ernährung ihren 'natürlichen' Reproduktionsauftrag in sein Gegenteil. Statt zu gebären, saugen sie Carmillas Kinder aus und verleiben sich das ein, was die Frau im Sinne ihrer Fortpflanzungsfunktion aus dem eigenen Leib hervorgebracht hat. Bedauerlich findet Emily dabei höchsten, daß "das Blut der Neugeborenen leider frühestens ab der ersten Lebenswoche" (KM 22) halbwegs genießbar für

46 Vgl. Janz, *Falsche Spiegel*, S. 83.

47 Ebd.

sie ist. Daß ihre Existenzform außerdem gegen den männlichen Zeugungs- und Schöpfungsakt gerichtet ist, macht Emily durch das Wortspiel des "Gebärens" in "Begehren" deutlich. "Ich gebäre nicht. Ich begehre dich." (KM 21), sagt Emily zu Carmilla, nachdem diese ihr sechstes und letztes Kind geboren hat.

Auch als Schriftstellerin definiert sich Emily über ihre 'vampirische' Existenz, gemäß der Auffasssung ihrer Schöpferin Jelinek, die in einem Interview mit Sigrid Löffler behauptete: "Schriftsteller sind Vampire"[48]. Denn ihre Textpraxis ist böse, sie ist auf Zerstörung fremder Texte durch deren Aneignung und Entstellung ausgerichtet. Wenn sie als Schriftstellerin zitiert: "Ich denke, daher bin ich." (KM 19), eignet sie sich den männlich konnotierten Logos - Denken und Sprache - an, um ihn durch den Zusatz, "Ich trinke, daher geht es mir gut" (KM 19), nicht nur zu parodieren, sondern auch seines Sinns zu entleeren. Ihre entstellende Textpraxis geht soweit, die Sinnstruktur des Originaltextes zu zerstören. Sprachlich wird die Dekonstruktion des originalen Sinns meist durch eine Zitatpraxis erzielt, die mit geringfügigen syntaktischen und lexikalischen Vertauschungen oder mit der Permutation einzelner Buchstaben arbeitet. "Ich bin der Anfang und das Ende. Von dem ich esse, der wird ewig leben." (KM 22) Hier arbeitet Jelinek mit der Verschmelzung zweier Bibelzitate, die verfremdet werden. "Ich bin das Alpha und das Omega, der Anfang und das Ende" (Apok. 21,5) wird verbunden mit "[...] so wird jeder, der mich ißt, durch mich leben" (Joh. 6,57). In Jelineks Text ist nicht mehr von Jesus, sondern von Emily die Rede, die Subjekte sind vertauscht, so daß sich die Vampirin gewissermaßen mit Jesus gleichsetzt. Das zweite Bibelzitat wird durch Vertauschung von Subjekt und Objekt entstellt, wobei Jelinek hier mit der konnotierten Transsubstantiationslehre spielt, die sie auch in ihrem Text *Lust* zu dekompositorischer Textpraxis anregt.[49]

48 Löffler, *Der sensible Vampir*, S. 35.

49 Vgl. Kapitel IV dieser Arbeit.

"In allem und jedem: unerbittliche Opposition!" (KM 22), so formuliert Emily die Antriebsfeder ihrer künstlerischen Existenz. Als Schriftstellerin ist sie daher mit einer Form des Zitierens beschäftigt, die die Figur des Sinn schöpfenden Autors zerstört - in unseren Beispielen waren das Autoren mit einiger historischer Autorität, nämlich Descartes und die Evangelisten. Analog dazu zerstört diese weibliche Künstlerin auch das Konzept des originalen Textes. Denn durch falsches Zitieren entzieht sie dem Original seine ursprüngliche Autorität: von Emily wird es entstellt und parodiert. Emilys Zitatpraxis geht demnach weit über die Zitatkunst einer Clara S. hinaus: Sie zerschreibt den originalen Sinn im Prozeß einer entstellenden Imitation.[50]

Ohne neuen Sinn zu stiften, hintergehen Emily und Carmilla die christliche-patriarchale Logik, indem sie eine "vampirische" Gegenrede realisieren. Noch einmal dient Descartes Lehrsatz "Ich denke, daher bin ich" als Zitatmaterial, nämlich zur grundsätzlichsten aller Verkehrungen in diesem Stück. "Ich bin krank, daher bin ich [...] Ohne Krankheit wäre ich nichts." (KM 44) Krankheit wird zur Metapher für die Frau schlechthin. In ihrem Bemühen, nicht einfach "Nichts" zu sein, will die Frau wenigstens durch ihre Krankheit für existent befunden werden. "Ich bin eine Dilettantin des Existierens." (KM 15), sagt Carmilla in diesem Bewußtsein. "Ich bin restlos gar nichts" (KM 15) kokettiert sie mit dem Lacanschen "LA femme n'existe pas".

Der Weg, sich über Krankheit als "Etwas" zu erfahren, erweist sich jedoch als Form der Opposition, die eben jenen patriarchalen Weiblichkeitszuschreibungen verhaftet bleibt, die die Frau als das "Nichts" definieren. Mit diesem Ausbruchsversuch reproduzieren die Vampirinnen gerade jene Ausgrenzungsmechanismen, die der Diskurs der Moderne mit der Frau bereits vorgenommen hat.[51] Triumphierend führt das der

50 Vgl. Erdle, *Die Kunst ist ein schwarzes glitschiges Sekret*, S. 338. Von dieser entstellenden Zitatpraxis unangetastet bleibt einzig ein Gedicht Emily Brontes, das die Krankenschwester Emily als deren Reinkartion - mit deutlichen Markierungssignalen versehen - zitiert. (KM 46)

51 Vgl. Janz, *Falsche Spiegel*, S. 90.

Mann Benno den Frauen Emily und Carmilla vor Augen: "Ihr seid eine einzige Geschichte der Krankheit. Ihr gebt es ja zu!" (KM 66)

Weder Clara S. noch Emily bringen als Künstlerinnen Neues, Eigenes oder originalen Sinn hervor. Denn beide Künstlerinnen-Figuren entsprechen oder widersprechen einer vorgegebenen Rede, bzw. einem vorgegebenen Musik-Text. Das fremde, fast ausnahmslos männliche Produkt wird so zum Ausgangspunkt weiblicher Kreativität, worauf Jelineks weibliche Künstler-Figuren simulierend, variierend oder parodierend rekurieren. Die ausgeprägte referentielle Spannung, die durch die beschriebenen intertextuellen Bezüge zwischen den von Jelinek ausgewählten männlichen Prätexten und dem neuen Text entsteht, dient der Erzeugung einer ästhetischen und semantischen Differenz, die darauf abzielt, eine stigmatisierende Rede von Frau und Kunst zu decouvrieren: als eine Rede, die im Kontext der bürgerlichen Mythen von männlicher Originalität und männlicher Schöpferkraft die Identifikation von Frau und Natur festschreibt. Unablässig ist Jelinek daher in ihren Texten jenem von ihr konstatierten Ausschlußprozeß der Frau aus der Welt der Kunst auf der Spur, der auch ihren weiblichen Künstler-Figuren den Zugang zur Kunst verschlossen hält. Eine Funktion der Kunst sieht Jelinek daher in der Festschreibung der Unterschiede zum jeweils anderen, die zu "natürlichen" (Barthes) erklärt werden. Geschichte als Voraussetzung dieser Unterschiede wird dabei aufgehoben. Gegen diesen Prozeß des "Natürlichmachens" historisch gewordener und determinierter Unterschiede setzt Jelinek eine unendlich rotierende, schwerfällige Zitationsmaschinerie in Gang, deren Produkt ein aggressives, "ein schwarzes glitschiges Sekret" (W 133) ist, das sich mit destruktiver Energie gegen liebgewonnene Bilder und Mythen von Sexualität, Liebe, Kunst und Kultur richtet, die für echt gehalten und zu "Natur" erklärt werden. Aber auch diese Form der Kunst bleibt als künstlerisch produzierendes Subsystem Teil jener Wirklichkeit, die laut Jelinek ausnahmslos den Gesetzmäßigkeiten der Entfremdung unterliegt. Auch diese "vampirische" Kunst bleibt gebunden an das, wogegen sie sich wendet. Sie reproduziert das Gesetz der Verfügung.

2. Die Klavierspielerinnen: Die Frau als Kunst-Interpretin

Es müßte doch/eine ungeheuere Befriedigung sein/die Gewißheit/einen Mechanismus als Tochter/zu besitzen/oder eine Tochter als Mechanismus/berühmt/und unvergleichlich ...

Thomas Bernhard

Mit Anna Witkowski aus dem Roman *Die Ausgesperrten* (1980) und Erika Kohut aus dem Roman *Die Klavierspielerin* (1983) sind zwei weibliche Kunst-Interpreten zum literarischen Thema geworden. Anna Witkowski ist Jelineks erste Frau am Klavier. Sie ist sprachgestört, "was aus ihr allein spricht, ist die Sprache der Töne, die das Klavier von sich gibt." (A 19) Zusammen mit ihrem Bruder, dem achtzehnjährigen Rainer Witkowski gründet sie eine Bande, die im Wien des österreichischen Wirtschaftswunders ihr Unwesen treibt. Mit existentialistischen Phrasen von schrankenloser Selbstverwirklichung rebellieren die Geschwister gegen beengende Lebensverhältnisse und die Welt des ewig gestrigen Nazi-Vaters. Zusammen mit der von Rainer geliebten, für ihn aber unerreichbaren Großbürgertochter Sophie und dem Jungarbeiter Hans Sepp rauben, quälen und morden sie. Endstation ihres kriminellen Weges ist Rainers bestialischer Mord an Eltern und Schwester, begangen als etwas "Außergewöhnliches", um seine narzißtische Position zu retten. (A 263) "Wir sind monströs, wenn wir auch zur Tarnung wie Bürger aussehen. Wir sind innen zerfressen von bösen Taten, außen sind wir Gymnasiasten." (A 86)

Sowohl in den *Ausgesperrten* wie auch in ihrem Roman *Die Klavierspielerin* erzählt Jelinek von bildungs- und kunstbeflissenen Kleinbürgern wie Anna Witkowski, Erika Kohut und deren Familien. Mit Anna und Erika, Jelineks markantester Frau am Klavier, stehen Musikerinnen unter der Beobachtung einer auktorialen Verfügungsgewalt, die wie ein Vexierbild manchmal deutlicher, dann wieder nur verschwommen ihrer Urheberin ähneln. Parallel zu deren eigenem Werdegang wird ein Bildungsweg vorgeführt, indem Jelinek mit der Form des traditionellen Bildungs- bzw. Entwicklungsromans spielt. An ihren Figuren, Wiener Kleinbürger aus der Josephsstadt, stellt Jelinek die bürgerliche Verkehrung des humanistischen Bildungsideals ins Materielle bloß. Denn alle trachten sie nicht danach, in der Berührung mit einer kulturgeprägten Umwelt durch Lernen und Erfahren ihre geistigen und seelischen Anlagen zu entwickeln; sondern der soziale Aufstieg, der durch Bildung winkt, steht im Mittelpunkt ihres Interesses. Schule, Universität und auch das Konservatorium bieten Möglichkeiten, sich die Fähigkeiten anzueignen, die man braucht, um die Josephsstadt hinter sich lassen zu können. Doch beide von Jelinek ersonnenen Bildungskarrieren scheitern. Weder Anna noch Erika gelingt der Versuch, sich durch Bildung oder musikalische Ausbildung zu emanzipieren und ihre Klassenschranken zu überwinden. Entwicklung - Basistheorem des bürgerlichpsychologischen Romans - findet nicht mehr statt. Die Unmöglichkeit von Entwicklung und die Unfähigkeit, Geschichte zu haben, reproduziert der Text, indem er die Dimension der Zeit aus seiner Grammatik gestrichen hat. Er ist fast durchgängig im Präsens geschrieben.[52] "Erika ist ein Insekt in Bernstein, zeitlos, alterslos." "Erika hat keine Geschichte und macht keine Geschichten." (K 15/16) Deshalb ist ihre Geschichte auch schnell erzählt.

Erika lebt mit der Frau Mama, "Inquisitor und Erschießungskommando in einer Person" (K 5) in Wien, Stadt der Musik. Als groteskes Paar teilen sie Tisch und Bett, nachdem der Vater ins Irrenhaus abgeschoben wurde. "Erika trat auf, der Vater trat ab." (K 5) Lange bevor er starb, war er geistig verwirrt. Früh wird Erika von der Mutter "ins Geschirr der Musik gezwängt" (K 28). "Erikas Beruf ist gleich Erikas Liebhaberei: Die Himmelsmacht Musik. Die Musik füllt Erikas Zeit voll aus. Keine andere Zeit hat Platz darin." (K 8) Gleichaltrigen entfremdet, wird sie für ihre glanzvolle Karriere als Pianistin "zurechtgezartet". Doch Erika bringt es nur bis zur schlichten Klavierlehrerin. Nach verpatztem Debüt

52 Vgl. Mahler-Bungers, *Der Trauer auf der Spur*, S. 89.

findet sie sich als Frau Professor vor stammelnden Schülern wieder, die "grunzend in Czerny- Anfängeretüden herumwühlen" (K 29). "Ein dilettantisches und unmusikalisches Schicksal hat sich den Gulda herausgegriffen", aber "an der Kohut ging das Schicksal abgewandten Gesichtes beharrlich vorüber" (K 28). Von Mutter und Umwelt unfähig gemacht, menschliche Nähe zu erleben, zu genießen oder auch nur zu ertragen, erlebt sie Sexualität nur aus der Entfernung. Als Zuschauerin in Pornokinos, durch das Guckloch von Peep-Shows, durch das Gestrüpp der Praterauen, auf denen sie Prostituierte bei der Arbeit beobachtet.

Im zweiten Teil dieses linear erzählten Romans, der trotz realistischer Züge "jeden direkten Realismus" überholt, "der meint, auf einer 'subjektiv ungefilterten' Sachlichkeit bestehen zu können,"[53] erzählt Jelinek von den "Niederungen des Geschlechts" (K 17), in die sich Erika trotz ausdrücklicher Warnungen der Frau Mama denn doch begibt. Zeigt sie sich schließlich doch berührt vom sportlichen Werben eines jungen Schülers, Walter Klemmer. Ihn drängt es danach, sich mit seiner Klavierlehrerin "ins Leben einzuspielen" (K 162). Das ungleiche Paar trifft sich auf Klos oder in staubigen Putzkammern. Dieser letzte und verzweifelte Versuch Erikas , einen anderen Menschen zu lieben, endet mit ihrer Vergewaltigung. Nach diesem Debakel ist sie endgültig bereit, sich Verletzungen nur noch von der Mutter zufügen zu lassen. "Die Welt steht, unverwundet, nicht still." (K 283)

Von erfolgsbesessenen Müttern zu musikalischen Spitzenleistungen getrieben, finden weder Anna noch Erika zu eigenem Ausdruck. Sie bleiben gefangen im Notationssystem der Musik, eingeschnürt in diese fünf Linien, die andere für sie gezogen haben. Zur Nachahmung erzogen, sind sie zum Zirkustier degeneriert, haben sich keineswegs zur Künstlerin emanzipiert.

> Aber der gefinkelste Dompteur hat noch nicht die Idee gehabt, einen Leoparden oder eine Löwin mit einem Geigenkasten auf den Weg zu

53 Bormann, *"Von den Dingen, die sich in den Begriffen einnisten"*, S. 34.

senden. Der Bär auf dem Fahrrad ist schon das Äußerste gewesen, was ein Mensch sich noch vorzustellen vermag. (K 111)

Sowohl Mutter Witkowski wie Mutter Kohut trachten danach, mit der von ihnen geplanten Karriere der Töchter eigene unerfüllte Träume von Erfolg zu verwirklichen.

Das Mutterherz Witkowski in der Ferne weilt sehr bei Anna, die seine Jungmädchenträume endlich zum Tragen bringt, was man selbst nicht geschafft hat, heiratet man doch diesen Offizier, dessen Handwerk das Töten und dessen Kopfwerk die Freude daran war. (A 203)

Erika ist für die Mutter jedoch nicht nur Garant für die Erfüllung eigener unverwirklichter Träume sondern auch ihr Besitz auf Lebenszeit. "Was der Mutter in einer ihrer seltenen Verschnaufpausen Sorgen bereitet, ist ihr vielgestaltiger Besitz." (K 7) Erika ist ihr Kapital, das in Form von Ruhm als Virtuosin auf dem Klavier Mehrwert zu erbringen hat. "Und - angenommen sie verlöre sich - ihre Mutter, deren Besitzstand sie seit ihrer Geburt mehrt, würde sofort ihre Ansprüche anmelden gehen." (K 137) Als Warenproduzentin - die Ware ist die Interpretation von Musik - wird sie "daher lediglich auf ihren ökonomischen Gebrauchswert hin taxiert und erzogen. Die Erträge ihrer Arbeit kassiert die Mutter".[54] "Für Erika wählte die Mutter früh einen in irgendeiner Form künstlerischen Beruf, damit sich aus der mühevoll errungenen Feinheit Geld herauspressen läßt [...] ." (K 25) Um Produktion und Vertrieb der erzeugten Ware besser steuern zu können, folgt die Mutter dem Grundsatz "Vertrauen ist gut, Kontrolle ist besser" (K 7). Die Liebe zum eigenen Fleisch und Blut hindert sie nicht, sich gewalttätiger Praktiken zu bedienen. "Mit den unlauteren Mitteln der Erpressung, schweren Nötigung und gefährlichen Drohung" (K 68) wird Erika schon als Kleinkind ans Instrument gezwungen. Sie ist "der Abgott ihrer Mutter, welche dem Kind nur geringe Gebühr abverlangt: sein Leben." (K 28)

---

54 Vgl. Young, *Am Haken des Fleischhauers*, S. 77.

Durch das Aufdecken der Verflechtungen von Kunst, Ökonomie und Gewalt demontiert Jelinek den Mythos von der Kunstausübung als Ausdruck individueller Selbstfindung. Daß sich die Illusion vom genialen Individuum, das seinen Wert durch Kunstausübung steigert, in den Köpfen von Jelineks Kleinbürgern besonders beharrlich eingenistet hat, führt sie mit viel Ironie vor.

> Erika ist eine stark ausgeprägte Einzelpersönlichkeit und steht der breiten Masse ihrer Schüler ganz allein gegenüber, eine gegen alle, und sie dreht am Steuerrad des Kunstschiffchens. [...] Wenn ein Schüler nach ihrem Ziel fragt, so nennt sie die Humanität, in diesem Sinne faßt sie den Inhalt des Heiligenstädter Testaments von Beethoven für die Schüler zusammen, sich neben den Heros der Tonkunst mit aufs Postament zwängend. (K 14)

Das Künstlerische, was wir als ein je Besonderes zu bezeichnen pflegen, wird bei Erika als etwas Allgemeines entlarvt, dem jede indiviuelle und besondere Bestimmung fehlt. Sie ist eben kein Gulda, kein Brendel und keine Argerich geworden, sondern eine Klavierspielerin, "die prinzipiell das Gegenteil" (K 51) gut findet, denn nur so gelingt es ihr, zumindest für kurze Zeit, im Mittelpunkt des Interesses zu stehen. "Die Mutter rechnet Erika vor, sie, Erika, sei nicht eine von vielen, sondern einzig und allein. [...] Erika sagt heute schon von sich, sie sei eine Individualistin. Sie gibt an, daß sie sich nichts und niemandem unterordnen kann." (K 14) Der Schluß, den Erika aus ihren Überlegungen zieht, wird von Jelinek jedoch als Selbsttäuschung entlarvt. Denn "ihre scheinbare Individualität, die sich in ihrer Unbeugsamkeit auszudrücken scheint, beruht in Wirklichkeit auf der totalen Enteignung ihres Willens und ihrer Subjektivität durch ihre Mutter".[55]

> Aus allgemein künstlerischen und individuell menschlichen Erwägungen heraus extrahiert Erika die Wurzel: nie könnte sie sich einem Mann unterordnen, nachdem sie sich soviele Jahre der Mutter untergeordnet hat. [...] Bleibe lieber nur du selber, sagt die Mutter zu Eri-

---

55 Mahler-Bungers, *Der Trauer auf der Spur*, S. 82.

> ka. Die Mutter hat schließlich Erika zu dem gemacht, was sie jetzt ist. (K 14/15)

Sowohl Annas wie auch Erikas künstlerische Individualität ist im Text nur als Karikatur derselben existent. "Schließlich ist der Nachschöpfer auch noch eine Schöpferform. Er würzt die Suppe seines Spiels stets mit etwas Eigenem, etwas von ihm selbst. Er tropft sein Herzblut hinein." (K 16) Als sprachgestörte Schülerin und als ältliche Frau Professor "hacken", "kratzen" und "dreschen" sie gefühl- und besinnungslos auf ihre Instrumente ein (K 61), so daß selbst die ihnen geneigte Leserin Mitleid mit jenen Söhnen Wiens empfindet, denen die beiden Damen "künstelnd" (K 195) Zwang antun.

> Der gefolterte Geist Mozarts entringt sich ächzend und unter Würgen dem Instrumentenkörper. Der Geist Mozarts schreit aus einer Hölle hervor, weil die Spielerin nichts empfindet, sie muß daher unablässig Töne hervorlocken. Kreischend und knurrend entfliehen die Töne dem Instrument. (K 36)

Als Sklavin der Interpretation ist sie unfähig, ihr Spiel und ihre Begabung einzuschätzen. Musik unter den Primat der Karriere gezwängt, löst keinen Zauber aus. "Auch an der Notation von bereits geschriebener Musik toter Meister läßt sich nichts mehr ändern. Wie es ist, so ist es. In dieses Notationssystem ist Erika seit frühester Kindheit eingespannt. [...] Dieses Rastersystem hat sie, im Verein mit ihrer Mutter, in ein unzerreißbares Netz von Vorschriften, Verordnungen, von präzisen Geboten geschnürt [...] ". (K 191)

Statt selbst zu musizieren, beginnen Anna und Erika exzessiv über Musik zu reden. Das Musikmachen weicht einem sprachlichen Stimmenspiel. Selbst für Anleihen an faschistisches Gedankengut ist sich die Klavierlehrerin nicht zu schade, wenn es dazu dient, ihre Autorität den Schülern gegenüber zu unterstreichen. "Aber Bach ist mehr, triumphiert sie, ein Bekenntnis zu Gott, und das Lehrbuch der hierorts gebräuchlichen Musikgeschichte, Teil 1, österr. Bundesverlag, übertrumpft Erika noch, indem es lobhudelt, Bachs Werk sei ein Bekenntnis zum nordischen Spezialmenschen, der um die Gnade Gottes ringt." (K 103) Beide Romane, sowohl *Die Ausgesperrten* als auch *Die Klavierspielerin*, sind voll vom öffentlichen Gerede über Musik, das Jelinek in Programmheften, Feuilletons und Opernfoyers erlauscht hat, um es ihren Kleinbürgern in den Mund zu legen. Ganze Passagen aus den einleitenden Worten zu den Philharmonischen Morgenkonzerten im österreichischen Rundfunk und Originalzitate aus Musiklexika wurden von Jelinek in ihre Texte geflochten[56] und durchziehen diese beiden Romane als "Sprache des Mittelstandes, die die Kultur vor dem Zugriff des Proletariats schützen soll".[57]

> Ein philharmonischer Besucher nimmt die einführenden Worte seines Programms zum Anlaß, einem anderen Besucher zu erklären, wie sein Innerstes vom Schmerz dieser Musik erbebt. Gerade vorhin hat er das und ähnliches gelesen. Beethovens Schmerz, Mozarts Schmerz, Schumanns Schmerz, Bruckners Schmerz, Wagners Schmerz. Diese Schmerzen sind nun sein alleiniger Besitz, und er wieder ist der Besitzer der Schuhfabrik Pöschl oder der Baustoffgroßhandlung Kotzler. (K 21)

Jeder Schmerz hat seinen Preis und besonders der toter Tonkünstler, den sich - so Jelinek - nur bestimmte Teile der Mittelschicht und der Oberschicht leisten können, für die Kunst ihre Bestimmung in Dekoration und Repräsentation von Besitzverhältnissen hat. Für Jelineks Kleinbürger sind großbürgerliche Darbietungsformen von Kunst, wie beispielsweise das Hauskonzert, daher beliebte Formen der Selbstdarstellung. Den Anachronismus dieser musikalischen Form sehen sie im Zeitalter der absolut perfekten Reproduzierbarkeit von Klängen als eine Möglichkeit, sich auch von der eigenen sozialen Schicht abzuheben. Genüßlich versichern sie sich selbst, daß es heute kaum noch Familien gibt, die diese Tradition des Musizierens pflegen, "weil alle nur mehr Schlager, Pop und Rock hören wollen" (K 71). Während sie sich gar als Akteure dieser Form der

---

56 Vgl. Bei/Wehowski, *Die Klavierspielerin*, S. 6.

57 Ebd.

musikalischen Erbauung hinzugeben pflegen: nämlich in der plüschigen Atmosphäre einer Patrizierwohnung, die wie ihre Bewohner einst bessere Tage gesehen hat.

> Die Gäste stürzen sich auf die Tafel und schmatzen am barocken Ragout. [...] Nur der Tod wäre ein Grund, sich der Kunst zu enthalten. Erika Kohut brilliert. Zur Eröffnung das zweite Bachkonzert für zwei Klaviere. Das zweite Klavier wird von einem Greis bespielt, der in seinem früheren Leben einmal im Brahmssaal aufgetreten ist und dabei ein einziges Klavier für sich ganz allein gehabt hat. Diese Zeiten sind vorbei, doch die ältesten Leute können sich noch daran erinnern. Der nahende Sensenmann scheint diesen Herrn keineswegs zu größeren Leistungen anspornen zu können, wie er es noch bei Mozart und Beethoven vermochte, auch bei Schubert. Und dieser hatte nun wirklich nicht viel Zeit. Der Greis begrüßt seine Partnerin am zweiten Flügel, Frau Prof. Erika Kohut, mit einem galanten Handkuß in Landessitte, trotz Alter, bevor wir gemeinsam beginnen. (K 63)

In jämmerlicher Mittelmäßigkeit versichern sich Jelineks Kleinbürger unter ihresgleichen ihrer "künstlichen" Exklusivität. Die Lächerlichkeit und absolute Erfolglosigkeit dieser Bemühungen ihrer klavierspielenden Kleinbürger, die nicht sein wollen, was sie sind und nicht werden können, was sie sein wollen, wird von Jelinek ausgestellt. Kunst ist zur Künstlichkeit verkommen, zur Kunstgewohnheit, die im vermeintlichen Wiedererkennen und Nachäffen von Bekanntem besteht: Kunst als Distinktionsmerkmal der "Gebildeten".[58] Jelineks Klavierspielerinnen suchen zwar, durch Kunstausübung die sozialen Schranken ihrer kleinbürgerlichen Provenienz zu überwinden, ihre musikalische Ausbildung - sie war auf absolute Perfektion und Präzision ausgerichtet - hat jedoch nur ihre menschliche Substanz ausgehöhlt und sie zum Kunstmechanismus degradiert. Aus Kleinbürgern wurden Marionetten eines Kunstbetriebs, dessen Bestimmung von Kunst sich in dekorativer Funktion und der Repräsentation von Besitz erschöpft. Das Ergebnis ihres entbehrungsreichen Aneignungsprozesses von Kunst ist keineswegs die von ihnen erträumte großbürgerliche Selbstverständlichkeit im Umgang mit "Kultur". Denn

---

58 Vgl. Fliedl, *Natur und Kunst*, S. 102.

diese bleibt jenen vorbehalten, die die kulturellen Spielregeln nicht nur beherrschen, sondern auch aufstellen. "Obwohl Rainer die Gesetze der Kunst gut studiert hat und kennt, verfügt er doch über keinerlei Kunstgegenstände." (A 45) In Jelineks Roman *Die Ausgesperrten* führt die Großbürgertocher Sophie ihren kleinbürgerlichen Freunden die "Künstlichkeit" ihrer Bemühungen, über Kunstausübung soziale Gleichstellung zu erreichen, unermüdlich vor Augen: "Sie sagt wieder einmal, daß Rainer, wenn er materiell anders dastünde, kein Künstler sein müßte, ist die Kunst doch das einzige, was [...] für die Leute doch einiges wert ist." (A 128)

In die Sphäre der Reproduktiviät verbannt, blicken Anna und Erika mit Enttäuschung, Wut und Haß auf das, was ihnen versprochen war, was sie jedoch niemals erreichen werden: auf Kunstproduktion, auf Virtuosität, Erfolg und den sozialen Aufstieg. Was ihnen bleibt, ist die hilflose Reproduktion jener Allgemeinplätze von Kunst und Künstlertum, an denen sie zerbrochen sind. Ohne die Fähigkeit, diese Zusammenhänge zu durchschauen, wird die Klavierlehrerin Kohut als Erziehende zur Vollstreckerin jenes Systems, das sie selbst zum seelischen Krüppel werden ließ. "Erika erhebt, mit voller Absicht zur Demütigung des Schülers, Bachs Werk in Sternenhöhe; sie behauptet, daß Bach die Kathedralen der Gotik musikalisch dort, wo er jeweils erklinge, wieder neu aufbaue." (K 102) Ihre Schülerschar rekrutiert sich aus Kindern, die der Klavierlehrerin "raffiniert zugetrieben werden", "wenn nötig mit Gewalt" (K 62), die die Klavierspielerin am eigenen Leib erfahren hat. Denn auch sie sollen einmal "auf einer kulturell hohen Stufe" (A 232) stehen wie ihre Lehrerin, deren "Ausnahmesein" (K 69) an den oben geschilderten Konzertabenden einmal keine Schuld, sondern ein Vorzug ist. "Denn alle glotzen jetzt auf sie, auch wenn sie sie insgeheim hassen." (K 69). Wie bereits Mutter Kohut, wird auch Erika die Musik zur Komplizin der Repression, zum zentralen Medium autoritärer Gewalt. "Im Unterricht bricht sie einen freien Willen nach dem anderen." (K 103) Musik wird zum

"Giftgas", das sich "in die letzten Ecken und Winkel" (K 27) des kindlichen Lebens ausbreitet.

3. Exkurs zur Psychologie der Kleidung in Elfriede Jelineks Roman *Die Klavierspielerin*

Sein Geschlecht hat der Künstler zu vergessen, glaubt Erikas Mutter, "entgegen landläufiger Meinung von seiner Zügellosigkeit" (K 197). Seit der frühesten Kindheit Erikas wird keinem männlichen Subjekt nur im entferntesten gestattet, die Mutter-Tochter Symbiose in Gefahr zu bringen. Sofort nach Erikas Geburt "gab der Vater den Stab an seine Tochter weiter und trat ab". (K 5) "Seitdem bedeutet "Kind" in der Grammatik des mütterlichen Narzißmus deren Phallus: Autonomie, Macht, Geld und Ruhm".[59]

Die Verflechtung von Kunst, Ökonomie und Sexualität, von der Jelinek in ihrem Roman *Die Klavierspielerin* erzählt, gipfelt im völligen Triebverzicht, den die Mutter dem Kind verordnet hat. Sprachlich sinnfällig macht Jelinek diese mütterliche Herrschaftsform mit Hilfe einer Symbolik, innerhalb derer Erikas Kleidung besondere Bedeutung zukommt. Bereits in ihrer virtuos gestalteten Ouvertüre des Romans *Die Klavierspielerin* verweist Jelinek auf die besondere Rolle von Erikas Kleidung innerhalb des Beziehungsgeflechts der Damen Kohut. Mit den ersten Sätzen des Romans stellt Jelinek klar, daß außer den "ewigen dunkelblauen Faltenröcke[n] und Hemdblusen" (K 67), die die Mutter der Tochter verordnet hat, jedes andere Kleidungstück mütterlicher Wut oder deren Haß evoziert.

Auf ihrem täglichen Nachhauseweg hat sich Erika verspätet, weil sie gegen den Willen der Mutter, die die "unumschränkte Herrscherin" über

59 Mahler-Bungers, *Der Trauer auf der Spur*, S. 88.

"das Tragen der Kleider ist" (K 11), ein neues Kleid erworben hat. Ob ihrer Verspätung wird sie nun wutentbrannt von der Frau Mama empfangen, die ihr die "notenerfüllte Aktentasche" (K 5) entreißt und sie öffnet. Der Kleiderkauf ist entdeckt.

> Vier Bände Beethovensonaten teilen sich indigniert den kargen Raum mit einem neuen Kleid, dem man ansieht, daß es eben erst gekauft worden ist. Die Mutter wütet sogleich gegen das Gewand. Im Geschäft, vorhin noch, hat das Kleid, durchbohrt von seinem Haken, so verlockend ausgesehen, bunt und geschmeidig, jetzt liegt es als schlaffer Lappen da und wird von den Blicken der Mutter durchbohrt. (K 5/6)

Die mütterliche Lehre, daß jegliche dem Körper gewidmete Aufmerksamkeit der Seelenrettung schade (K 197), ist vom Kind sträflich mißachtet worden. Die strikte mütterliche Trennung von Körper und Seele nämlich hat Erika zu durchbrechen versucht, wenn sie neben die Zeugen reiner Kunst ein Kleid als "Zeuge ihrer geheimen Wünsche" (K 12) zu betten wagte. Doch diese Andeutung eines Verstoßes gegen das mütterliche Gesetz wird von Mutter und Tochter im Keim erstickt. Erika hat längst beschlossen, "ihre Kleider nie anzuziehen", denn schließlich bleibt die Mutter es, die darüber entscheidet, "wie Erika aus dem Haus geht". Nicht zuletzt, um verhindern zu können, "daß Erika fremde Häuser mit fremdem Männern darin betritt". (K 11)

Musikalische Erziehung scheint der Mutter in diesem Kontext das geeignete Mittel zu sein, die für sie bedrohliche Körperlichkeit der Tochter völlig abzutöten.

> Die Hauptsache ist, daß etwas erklingt, denn das ist das Zeichen dafür, daß das Kind über die Tonleiter in höhere Sphären aufgestiegen und der Körper als tote Hülle untengeblieben ist. Die abgestreifte Körperhülse der Tochter wird sorgfältig nach den Spuren männlicher Benützung abgeklopft und dann energisch ausgeschüttelt. Frisch kann sie nach dem Spiel wieder übergestreift werden, schön trocken und raschelnd steif gestärkt. Fühllos und keinem zum Fühlen preisgegeben. (K 36/37)

Wie schon in den vorangegangenen Textausschnitten wird auch hier die Substitution von Sinnlichkeit durch Kleidung transparent. Dieser sowohl von der Mutter wie vom Kind vollzogenen Bedeutungsübertragung, die durch die Begriffe der "Körperhülse" und der "Hülle" noch einmal unterstrichen wird, liegt eine in der Psychologie hinlänglich bekannte Symbolfunktion der Kleidung zugrunde.

Nahezu alle, die in der Psychologie zu dem Thema Kleidung geschrieben haben, sind sich darüber einig, daß die Kleidung drei Hauptzwecken dient: Schmuck, Vermeidung von Schamgefühlen und Schutz, wobei die Motive des Schmuckes und der Scham in mancher Hinsicht einander entgegengesetzt sind. Der wesentliche Zweck des Schmückens besteht darin, den Körper zu verschönern, um die bewundernden Blicke anderer Menschen auf sich zu ziehen und das Selbstwertgefühl zu stärken. Die Scham jedoch bewirkt, daß wir jene besonderen körperlichen Qualitäten verbergen, auf die sich die Aufmerksamkeit der anderen nicht richten soll. Mit Hilfe der Kleidung versucht der Mensch also zwei einander widersprechende Neigungen zu befriedigen, einerseits Reize zur Schau zu stellen, andererseits Schamgefühle zu vermeiden, d. h., gewisse Reize nicht wirksam werden zu lassen.[60] Auf diese grundlegende Ambivalenz, die die gesamte Psychologie der Kleidung an Klarheit gewinnen läßt, bezieht sich Jelinek in ihrem Text *Die Klavierspielerin* ausdrücklich. "Jeder Verkäufer weiß: auf die Verpackung kommt es an. Zehn Schichten übereinander, die Schutz gewähren und eine Lockung sind." (K 205) Auch für Jelineks Protagonistin Erika Kohut sind diese beiden Hauptmotive menschlicher Bekleidung, der Schutz und der Schmuck, gültig. Wobei Jelinek im Verlauf des Romans allerdings mit der wechselnden Priorität der Motive spielt.

Dem Motiv des Schmückens, das bei Erika auffälligerweise nicht durchgängig zu verzeichnen ist, gilt nun erst einmal das Interesse. Erst nach ihrer, durch die Liebe zu einem Mann ausgelösten "Verwandlung",

60 Vgl. Flügel, *Psychologie der Kleidung*, S. 209-211.

die Jelinek als "Metamorphose" (K 204) bezeichnet,[61] wird das Motiv des Schmückens bezüglich ihrer Kleidung für Erika relevant. Nach ihrem Entschluß, dem drängenden Werben ihres Klavierschülers Walter Klemmer nachzugeben, beabsichtigt sie, den Mann mit ihren Kleidern zu "betören [...] so gut sie es kann und weckt damit dessen schlechteste Neigungen" (K 204). Bunt und flott sind die Kleider, die Erika jetzt nicht mehr nur im Schrank hängen hat, voller Blumen, "Gedichte aus Stoff und Farben", "als fahre ein Frühlingswind" (K 12) in sie hinein. Jetzt, nach ihrer "Metamorphose", wagt sie es, diese "Zeugen ihrer Wünsche" (K 12), die sie nicht länger geheim halten will, öffentlich zu tragen.

> Warum nur hat sie ihre Schränke nicht schon früher erbrochen, um dieses komplizierte Liebesverhältnis zu beschleunigen? Immer neue Herrlichkeiten quellen hervor! Sie hat den Einbruch in ihre bunten, seidigen Vorratslager endlich gewagt und freut sich auf unverhüllt werbende Blicke, die sie nicht erhält [...] (K 204)

Mit der Vorrangigkeit des Schmuckmotives wird hier Erikas Verlangen, ihre sexuelle Attraktivität zu steigern und die Aufmerksamkeit auf ihre Sexualorgane zu lenken, deutlich.[62] Ihre sexuellen Wünsche will sie nicht länger in Form von Kleidern hinter der Tür ihres Kleiderschranks geheimhalten, während "die Frau Mama in himmlischer Ruhe von neuen Foltermethoden träumt" (K 12). Erstmals ist Erika bereit, "ihr Fleisch", "diesen undurchdringlichen Mantel", der keine Berührung zuläßt (K 128), zu lüften, ihren Körper zur Schau zu stellen. Die Mutter, die jedoch diesen Mantel "Erika dringend empfohlen hat" (K 136) ist auf den Plan gerufen. "Die Mutter empfiehlt sich selbst höchste Vorsicht in den nächsten Tagen und Wochen, ja Monaten." (K 159) Sie ergreift daher entsprechende Vorsichtsmaßnahmen. "Sie vergiftet Hülsen, Häute, Hüllen, Deckel, welche die Tochter sich bedachtsam auferlegt, mit dem bleichen Saft ihres Hohns. Sie spottet auf eine Weise, daß der Tochter nicht lang

---

61 In der Tierwelt bezeichnet der Begriff der Metamorphose die Wandlung vom Ei zum geschlechtsreifen Tier.

62 Vgl. Flügel, *Psychologie der Kleidung*, S. 216.

verborgen bleiben kann, daß die Mutter aus Eifersucht so höhnt." (K 205) Aber die Mutter erkennt schnell, daß sich die Tochter so nicht abschrecken läßt. Das Kind droht ihr mit seiner neuen Kleidertracht, als "prachtvoll schabrackierte[s] Tier" (K 205) zu entgleiten. Als sie begreift, daß Erika bereits sexuellen Kontakt zu ihrem Klavierschüler aufgenommen hat, vollzieht die Mutter einen grausamen Racheakt.

> Die Mutter beißt mit den Zähnen in ein altes Konzertkleid, das in seinen Falten noch die Hoffnung enthält, dereinst einem europäischen Spitzenstar auf dem Flügel zu gehören. [...] Die Mutter zieht mit einer Schere ins Feld der Unehre. [...] Die Mutter säbelt jetzt die Bordüre am Ausschnitt und die anmutigen Puffärmel [...] entschlossen herunter. Dann schneidet sie Überreste des angekrausten Rocks vom Oberteil herunter. [...] Das zerschnittene Kleid hat die Mutter, einer Katzenmutter darin gleichend [...] von hierhin nach dorthin getragen. [...] Die Tochter soll das Zerstörungswerk, an dem sie letztlich selbst schuld ist, sogleich sehen. [...] Sie präsentiert ihr legales Vernichtungswerk wie auf einem Tablett. (K 152- 155)

Wenn man die Forschungsdiskussion innerhalb der Psychologie der Kleidung verfolgt, stößt man auf eine These, die besagt, "daß die Kleidung nicht allein das sexuelle Interesse weckt, sondern ihrerseits selbst die Geschlechtsorgane symbolisiert".[63] Folgte man dieser Hypothese bei der Interpretation der mütterlichen Zerstörungshandlung, gewänne die zwischen Mutter und Tochter ausgetragene Auseinandersetzung um die Kleidung des Kindes endgültig die Dimension eines Kampfes um die Geschlechtlichkeit Erikas, den Jelinek symbolisch nachvollzieht. Die zitierte Szene nähme dann das Ergebnis eines erbarmungslos geführten Machtkampfes um das Recht auf Erikas Körper, den Sieg der Mutter nämlich, vorweg. Was vom Körper der Tochter bleibt, ist "ein kompaktes Gerät in Menschenform [...] sie verwest innerlich" (K 53).

> Zwischen ihren Beinen Fäulnis, gefühlose weiche Masse. Moder, verwesende Klumpen organischen Materials. [...] Im Gehen haßt Erika diese poröse, ranzige Frucht, die das Ende ihres Unterleibs markiert. [...] Bald wird die Fäulnis fortschreiten und größere Leibespar-

63 Vgl. ebd., S. 217.

> tien erfassen. Dann stirbt man unter Qualen. Entsetzt malt Erika sich aus, wie sie als ein Meter fünfundsiebzig großes unempfindliches Loch im Sarg liegt und sich in der Erde auflöst; das Loch, das sie verachtete, vernachlässigte, hat nun ganz Besitz von ihr ergriffen. Sie ist Nichts. Und nichts gibt es mehr für sie. (K 198/199)

Selbst in der Welt der Peep-Shows, Pornokinos und der Prater-Auen, auf denen sie koitierende Liebespaare beobachtet, selbst an diesen Orten, die ihr die Welt der Triebe bedeuten - nur so kann sie die von der Mutter diktierte Trennung zwischen Kunst und Geschlecht aufrechterhalten - selbst an diesen Orten bleibt Erika die Welt der Lust verschlossen. Sie ist und bleibt "für sich selbst tabu" (K 56). Dieses Schicksal teilt Erika mit den meisten Frauenfiguren Jelineks. Seit ihrem Roman *Die Liebhaberinnen* steht das faulende weibliche Geschlechtsorgan für Jelineks These, daß es der Frau unmöglich sei, zu einer weiblichen Identität finden zu können. Die Metapher der Verwesung versinnbildlicht die Unmöglichkeit einer sinnlichen Existenz der Frau. Jelineks Frauen verfaulen lebendigen Leibes. "wenn ein schmerz im unterleib trotzdem mal seinen kopf herausstreckt wie ein wurm aus dem apfel, dann ist es schon zu spät, das alte sprichwort sagt, daß frauen zum leiden geboren sind [...]" (LH 23).[64]

Durchgängig bedeutsam ist für Erika Kohut der Schutz, den ihr die Kleidung gewährt. Wobei diese Motivation, Kleidung zu tragen, für die Klavierlehrerin eine doppelte Funktion hat. Zum einen dient ihr die Kleidung als Schutz vor Berührung im allgemeinen und im besonderen vor der männlichen Berührung, die sie, obwohl sie sie wünscht, doch fürchtet. "Erika zieht einen Reißverschluß hoch. Auf diese Weise sperrt sie sich vor Berührungen ab. Auch vor einer zufälligen Berührung." (K 149/150). Mit Kleidung wehrt Erika also das ab, was sie sich wünscht, nämlich menschliche Nähe und Wärme. Mit dieser Schutzfunktion von

---

64 In allen Texten Jelineks ist in bezug auf den weiblichen Körper und das weibliche Geschlechtsorgan von Empfindungslosigkeit (K 37, 54, 77; A 22, 23), von Verwesung (K 53; C 85), Verstümmelung (K 88; A 24) und Krankheit (L 14, 23; W 19, 22; KM 44) die Rede.

Kleidung arbeitet sie so der von ihr beabsichtigen Wirkung der Schmuckfunktion entgegen.

Zum anderen übt Kleidung in einem ganz allgemeinen Sinne eine Schutzfunktion aus, als eine Art Schutz gegen die Unfreundlichkeit der Welt, oder, psychologisch ausgedrückt, als eine Rückversicherung gegen ein Zuwenig an Liebe. Diesen Mangel an Zuwendung verstärkt Erika selbst tatkräftig, nicht zuletzt durch ihre Haltung, als Künstlerin sei sie etwas Besonderes, wodurch sie sich von der Masse abhebe, die es zu verachten gilt. Die Auswirkung dieser Einstellung beschreibt Jelinek folgendermaßen: "Erika hat niemals etwas mit Wärme umschlossen, auch nicht ihren eigenen Leib. Aber sie ließe sich gerne umschließen." (K 116) Immer wenn Erika Männerbegegnungen hatte, wünscht sie "jedes dieser Male nur, so rasch wie möglich zu ihrer Mutter zurückzugelangen" (K 76). Thomas Carlyle, der Autor eines bekannten Buches über die Kleidung, hat in wenigen Worten die Analogie zwischen schützender Liebe und schützender Kleidung zum Ausdruck gebracht, als er von seiner verstorbenen Frau sagte, "sie umhüllte mich wie ein Mantel, um die ganze harte und kalte Welt von mir fernzuhalten".[65] Dieses Beispiel könnte als eine Erklärung gelten für die unbewußte Symbolik, die in vielen Fällen der Substitution von Liebe durch Kleidung zugrunde liegt. Der Wunsch nach einer beschützenden Mutter, die uns mit ihrer Liebe wärmt, scheint in das früheste Stadium menschlichen Lebens zurückzuführen. Eine der erstaunlichsten Aussagen der Psychoanalyse nämlich, daß Phantasien von der Rückkehr in das warme, einhüllende und schützende Zuhause, in dem der Mensch die ersten neun Monate seiner Existenz verbracht hat, im Seelenleben aller Menschen eine wichtige Rolle spielen, trifft auch für Erika Kohut zu. Ihr bedeutet der Mutterleib Sicherheit vor der Kälte und den durch eine mögliche Trennung von der geliebten Mutter verursachten Gefahren. Beispielsweise würde "jeder

---

65 Zitiert nach Flügel, *Psychologie der Kleidung*, S. 257.

Trennungsversuch von der Mutter beide Frauen in völlige Orientierungslosigkeit stürzen".[66]

> Er [Klemmer A. D.] wird doch nicht in ihre Behausung eindringen wollen? Erika will in ihre Mutter am liebsten wieder hineinkriechen, sanft in warmem Leibwasser schaukeln. Außen so warm und feucht wie leibinnerlich. (K 76)

Die Behausung, die Wohnung der Damen Kohut ist ein letztes Symbol in dieser Kette, das Parallelen zur Schutzfunktion von Erikas Kleidung aufweist. Denn in der Psychoanalyse wird das Haus wie die Kleidung als eines der deutlichsten und am wenigsten fraglichen Symbole für die Mutter bzw. für den Mutterleib gesehen.[67] Für Erika Kohut symbolisiert die gemeinsame Wohnung Schutz und Bedrohung gleichermaßen. Denn den Wunsch, in den warmen Mutterleib zurückzukehren, empfindet sie immer dann, wenn ihr von der Mutter direkt, oder durch die mütterliche Erziehung bedingt, Verletzungen zugefügt worden sind. Spätestens nach ihrer Vergewaltigung durch Klemmer ist sie bereit, sich endgültig hinter "die Pforte zum grauen und grausamen Land der Mutterliebe zurückzuziehen" (K 156). Ihre Wünsche, "sie sind gar nicht so geheim, diese Wünsche, sie schreien laut hinaus [...] Die Farben schreien die zweite und die dritte Stimme mit" (K 12), ist sie nun zu vergessen bereit. Denn die bunten Farben ihrer Kleider, die sie für einen Mann zu tragen beschloß, verlieren, sobald sie den mütterlichen Herrschaftsbereich - die gemeinsame Wohnung - betritt, schlagartig ihren Glanz.

> Das Haustor [des mütterlichen Hauses A. D.] weist auf ein düsteres Inneres, in dem jedoch eine seltene Pflanze lange unbemerkt wuchs. All die Farben, die draußen eben noch aufblühten, sterben hier. (K 205)

66 Vgl. Mahler-Bungers, *Der Trauer auf der Spur*, S. 83.

67 Vgl. Flügel, *Psychologie der Kleidung*, S. 259.

4. "Die Liebe liebt das Wandern" (Schubert) Musik in der Schreibweise Elfriede Jelineks

Wie ein Stigma haftet darum die Musik den Dichtungen, zu denen sie Liebe hat, an ...

Ingeborg Bachmann

Aus der Entdeckung heraus, daß Jelinek in ihren Texten der Musik eine ganz besondere Rolle zuschreibt, erwuchs der Ausgangspunkt für eine andere Lesart, für eine mögliche andere Perspektive auf Jelineks Werk, die im Rahmen literaturwissenschaftlicher Diskurse bisher unbeachtet blieb. Musik als eine Spur, an der sich Jelineks Texte auszurichten scheinen. Musik als eine Spur, die den Blick auf das Spannungsfeld lenkt, innerhalb dessen die Autorin Jelinek als ausgebildete Musikerin[68] mit ihren Künstlerinnen-Figuren steht. Das meint die Polarität zwischen einer starken Hingezogenheit und einer ungebrochenen Faszination durch Musik einerseits und zwischen dem Wunsch nach Demontage eben jener bürgerlichen Vorstellungen von Kunst andererseits, in die Jelinek mit ihren Komponistinnen und Klavierspielerinnen hineingewachsen ist.

Nach Abschluß ihres Romans *Die Klavierspielerin*, der neben anderen Themen von der eigenen musikalischen Geschichte Jelineks handelt, bleibt Musik nicht mehr nur literarisches Thema. Die Autorin Jelinek wendet sich erneut der Musik als künstlerischem Ausdrucksmittel zu, machdem sie sich als zornige junge Frau nach einer langjährigen musikalischen Ausbildung, die auf eine berufliche Zukunft als Musikerin ausgerichtet war, von der Musik abgewendet hatte. Denn ihre musikalische Ausbildung hatte sie vorrangig als Drill erlebt, der keinen Raum für eigenes Denken und Fühlen ließ. "Wenn ich von der Schule nach Hause bin, mußte ich sofort in die erste Musikstunde gehen. Und dann noch Orchester und Kammermusik [...] Ich habe einen Arbeitstag gehabt ab mei-

68 Während der Schulzeit hatte Jelinek am Wiener Konservatorium Instrumentalunterricht in den Fächern Orgel, Klavier und Blockflöte, daneben in den Fächern Geige und Bratsche an der Musikschule. 1971 schloß sie am Konservatorium als staatlich geprüfte Organistin ab.

nem siebten Lebensjahr wie ein mittlerer Manager."[69] Auf der Suche nach anderen künstlerischen Ausdrucksformen, die weniger negativ besetzt sein sollten, bedeutete Jelineks Abwendung von der Musik Emanzipation von den mütterlichen Plänen für das Leben des Kindes. "Ab meinem dritten Lebensjahr bekam ich Ballettunterricht, mit sieben Klavier- und bald darauf Geigen- und Orgelunterricht. Sie hat mich zur Musikerin erzogen. Um mich gegen meine Mutter abzusetzen, habe ich natürlich eine Kunstsparte gewählt, die eigentlich nicht für mich vorgesehen war - Literatur zur großen Überraschung meiner Mutter."[70] Die Brücke zurück zur Musik schlug Jelinek vorsichtig über musikalische Themen in ihren Essays, Dramen und Romanen. Musik und Literatur im Werk Elfriede Jelineks, das läßt jedoch auch an die fruchtbare Zusammenarbeit mit der Komponistin Patricia Jünger denken, die 1984 begann. Entstanden sind als Gemeinschaftsproduktionen die Hörtexte *Muttertagsfeier oder Die Zerstückelung des weiblichen Körpers* (1984), *Es brennt die Labsal vielleicht nicht mehr ganz so hell wie früher* (1986/87) und *Die Klavierspielerin* (1988), die alle auf Prosatexten von Jelinek als akustischem und semantischem Material für Jüngers musikalische Arbeit basieren.

Doch weder diese Zusammenarbeit der Schriftstellerin mit der Komponistin noch Autobiographisches, das an mancher Stelle sichtbar werden mag, stehen im Mittelpunkt meines Interesses. Ohne jedoch Jelineks Äußerungen zur Arbeit Patricia Jüngers zu vernachlässigen, möchte ich hier die Frage nach der Funktion von Musik im Schreiben Jelineks stellen, wozu ich die Autorin auch in einem Interview 1988 zum Thema *Sprache und Musik* befragt habe. "Alle musikalischen Komponenten sind beim Schreiben für mich sehr wichtig," führte Jelinek damals aus, um zu ergänzen: "Auch der Klang des Wortes. Die Veränderung einer Silbe, eines Wortes sind ein selbstsuggestives Spiel mit deren Klang, das jedoch nie Selbstzweck ist. Denn ich verfolge dabei immer auch eine didakti-

---

69 Bei/Wehowski, *Die Klavierspielerin*, S. 7.

70 Presber, *Die Kunst ist weiblich*, S. 120.

sche, eine politische Intention."[71] Unlängst verwies Jelinek in einem Gespräch noch einmal auf die musikalische Qualität ihrer sprachlichen Techniken.

> Meine Texte sind ja eher nach kompositorischen Prinzipien gebaut, wo das Wort selbst eben das Klangmaterial ist. Das sind eigentlich Sprachkompositionen, was viel zu wenig erkannt worden ist in der Rezeption. Die wenigen Leute, die das erkannt haben, sind alle Komponistinnen oder Komponisten, die das von sich aus natürlich sofort merken, weil sie einfach damit vertraut sind. [...] Meine Kalauer oder Sprachspiele, wo ich das Wort selbst als Ausgangsmaterial nehme und dann verändere, das alles kriegt dann so etwas wie eine tektonische Zusammenfaltung, eine tektonische Gebirgsfaltung.[72]

Mein Interesse zielt im folgenden daher auf die Beschreibung von Mikrostrukturen der Texte Jelineks, die auf der sprachlichen Ebene musikalischen Funktionsgesetzen analog wirksam werden. Zwei unterschiedliche musikalische Verarbeitungstechniken werden beschrieben. Zum einen die der thematisch-motivischen Arbeit und zum anderen die der entwickelnden Variation sollen als sprachliche Techniken exemplarisch für eine Vielzahl von anderen musikalischen Verarbeitungsmöglichkeiten von Sprache aufgezeigt werden. Onomatopoetische Effekte sollen hierbei jedoch nicht bemüht werden. Mein Interesse ist dabei auf verschiedene Themen oder Motive gerichtet, die Jelinek mit ihren Texten aufgreift, benennt oder variiert. Besonderes Augenmerk wird daher ihrem Lieblingskomponisten Franz Schubert zukommen, dessen Musik in Form von Bruchstücken als kryptische Zitate in alle Texte Jelineks eingelagert sind, die jedoch erst nach wiederholter Lektüre als Textzitate Schuberts zu entdecken sind. Dem Text des von Jelinek besonders geschätzten Liederzyklus *Die Winterreise* (1827, op. 89) kommt im Roman *Die Klavierspielerin* dabei als eine Art "fremder Stimme" eine besondere Funktion zu, die es zu klären gilt. Obwohl diese Fragestellung in ein unsicheres, nicht abgestecktes Gebiet führen kann, ermöglicht sie dennoch, proviso-

---

71 Doll, *Sprache und Musik*, S. 3.

72 Wendt, *Es geht alles prekär aus - wie in der Wirklichkeit.*

risch Linien nachzuzeichnen, auf der Suche nach dem Reiz, der für Jelinek in der Verbindung von Sprache und Musik verborgen zu sein scheint.

"Musik und Dichtung", schreibt Ingeborg Bachmann in ihrem gleichnamigen Essay von 1959, "haben nämlich eine Gangart des Geistes. Sie haben Rhythmus, in dem ersten, dem gestaltgebenden Sinn. Darum vermögen sie einander zu erkennen. Darum ist da eine Spur."[73] Die hier von Bachmann angesprochene intertextuelle Berührung von Musik und Literatur greift Jelinek an verschiedenen Stellen auf, besonders deutlich jedoch in ihrem Essay über Patricia Jünger *Die Komponistin* (1987), den sie mit dem folgenden Zitat aus Ingeborg Bachmanns Aufsatz *Musik und Dichtung* beginnt:

> Vielleicht kann ich nicht darüber reden, aber schweigen will ich auch nicht. Auch wenn sich vieles der Sprache entzieht dadurch, daß es eben nicht Wort ist, nicht Wort werden will, sondern etwas *anderes*. Aber sich mit dem Wort verbünden kann zu etwas darüber hinaus. Über Musik, über Dichtung, über ihrer beider Wesen, muß man beiseite sprechen. (JÜ 211)

In Jelineks Essay *Die Komponistin* finden sich sowohl andere direkte Zitate und Verweise auf Bachmanns Essay *Musik und Dichtung* als auch strukturelle Bezüge zu wesentlichen Voraussetzungen der Bachmannschen Dichtungskonzeption, wie sie sie Ingeborg Bachmann in ihren *Frankfurter Vorlesungen* formuliert hat.[74] Ein kurzer Seitenblick auf die

---

73 Bachmann, *Werke*, Bd. IV, S. 192.

74 Aus Bachmanns Essay *Musik und Dichtung* zitiert Jelinek an drei weiteren Stellen. "Über Musik, über Dichtung, über ihrer beider Wesen, muß man beiseite sprechen. Das vorlaute Reden darüber sollte aufhören, denn was, wenn nicht jede neue Hervorbringung, legte den wirklichen Wandel und das Unwandelbare dar. Aber manchmal mutmaßen wir, daß sie etwas von Grund auf ändern könnte, daß nichts beim alten bleibt. Und dann haben wir ein Recht, zu rätseln, uns Verstörung anmerken zu lassen und, wenn wir abseits stehen, uns wieder einen Gedanken gestatten über Zusammenhänge." (JÜ 211); Bachmann, *Werke* Bd. IV, S. 59. "Das Wort, aus der Musik verbannt, würde sich abzufinden wissen. Wir, befaßt mit der Sprache, haben erfahren, was Sprachlosigkeit und Stummheit sind - unsre, wenn man so will, reinsten Zustände! -, und sind aus dem Niemandsland wiedergekehrt mit Sprache, die wir fortsetzen werden, solang Leben unsre Fortsetzung ist." (JÜ 215); Bachmann, *Werke* Bd. IV, S. 60. "[...] für den Zeitpunkt, an dem Dichtung und Musik den Augenblick der Wahrheit miteinander haben." (JÜ 218); Bachmann, *Werke* Bd. IV, S. 62.

Rolle der Musik innerhalb der Bachmannschen Dichtungskonzeption mag daher hilfreich für meinen Versuch sein, Jelineks Suche nach einem "Anderen", das für sie gerade in der Verbindung von Sprache und Musik zu liegen scheint, eine Kontur zu geben.

Bachmann versteht die Beziehung zwischen Sprache und Musik als Berührung, die über den alten Streit zwischen der Musik als Dienerin der Sprache, der Musik als Vertonung eines Textes oder dem Text als Illustration von Musik hinausweisen kann. In der Verbindung beider Künste verbirgt sich mehr als ein wechselndes Abhängigkeitsverhältnis. Die Worte suchen nicht "die Begleitung, die die Musik ihnen nicht geben kann. Nicht dekorative Umgebung aus Klang. Sondern Vereinigung. Den neuen Zustand, in dem sie ihre Eigenständigkeit opfern und eine neue Überzeugungskraft gewinnen durch die Musik."[75] Die utopischen Voraussetzungen, die Bachmann in der Literatur erkennt, weil sich die Literatur "nicht aufs Sterben" versteht, nicht "auf den Himmel, auf keine Erlösung, sondern auf die stärkste Absicht, zu wirken in jeder Gegenwart, in dieser oder der nächsten",[76] diese Voraussetzungen sieht sie in der Verbindung von Dichtung und Musik um ein Vielfaches gesteigert. Denn immer wenn Bachmann über Musik geschrieben oder sich zu dem besonderen Verhältnis zwischen Sprache und Musik geäußert hat, wird deutlich, daß sie Musik einem nicht benennbaren utopischen Bereich zugeordnet hat, von dem aus der Musik eine Überlegenheit gegenüber der Sprache zukommt. Sprach Ingeborg Bachmann also von dem von Jelinek zitierten "Augenblick der Wahrheit", in dem Musik und Dichtung einander erkennen, formulierte sie nicht nur einen wesentlichen Aspekt ihrer Auffassung von der Verbindung zwischen Dichtung und Musik, sondern legte gleichzeitig eine Grundbedingung ihres eigenen Schreibens offen. Den Glauben an die utopische Kraft von Literatur, der ihr trotz ausgeprägter Sprachskepsis und Sprachkritik immer geblieben ist.

---

75 Bachmann, *Werke*, Bd. IV, S. 60/61.

76 Ebd., S. 260.

Miteinander und voneinander begeistert sind Musik und Wort ein Ärgernis, ein Aufruhr, eine Liebe, ein Eingeständnis. Sie halten die Toten wach und stören die Lebenden auf, sie gehen dem Verlangen nach Freiheit voraus und dem Ungehörigen noch nach bis in den Schlaf. Sie haben die stärkste Absicht zu wirken.[77]

Bei der nun anschließenden Suche nach der Funktion von Musik in der Schreibweise Jelineks bleiben ihre deutlichen Verweise auf die Bachmannsche Dichtungskonzeption in bezug auf das Verhältnis von Dichtung und Musik nicht unberücksichtigt. Von besonderem Interesse wird die utopische Kraft sein, die Jelinek mit Bachmanns Stimme der Musik zugesteht, was besonders deutlich wird, wenn sie über ihre Zusammenarbeit mit Patricia Jünger spricht. "Ich kenne niemanden, der mehr Kraft hat als Patricia Jünger. Ich hoffe, sie wird weiterhin meine Worte für ihre Arbeit annehmen, für den Zeitpunkt, an dem Dichtung und Musik den Augenblick der Wahrheit miteinander haben werden." (JÜ 218)

Jelineks Technik der entwickelnden Variation eines sprachlichen Motivs soll im folgenden nun durch eine Reihe unterschiedlicher Textabschnitte verfolgt werden. Dem Motiv des Wanderns, auf das man in verschiedenen Texten Jelineks stößt, wird dabei exemplarischer Charakter zukommen. Als Motiv sehe ich in diesem Zusammenhang, in Abgrenzung etwa zum leitmotivischen Verständnis Thomas Manns, "lineare Ströme, die impulshaft den Satz durchdringen".[78] Friedrich Herzfelds Definiton des musikalischen Motives wird in der folgenden Untersuchung ebenfalls mitassoziiert. Er versteht das Motiv als "die kleinste musikalische Einheit. Es ist eine Art Baustein, denn im Motiv lebt eine Kraft, die zur Erweiterung drängt. Das Motiv muß wiederholt oder durch andere Tonfolgen kontrastiert werden. Es wirkt wie ein ins Spiel geworfener Ball."[79] Der Begriff der entwikkelnden Variation geht auf Clemens Kühn zurück, der davon besonders in bezug auf Arnold Schönberg

77 Ebd., S. 61.

78 Kühn, *Formenlehre der Musik*, S. 35.

79 Zitiert nach Lindemann, *Die Gangart des Geistes*, S. 67.

spricht. Die "[...] entwickelnde Variation muß umso dringlicher Zusammenhalt stiften, je schwächer andere formgebende Mittel wurden: je mehr die Tonalität, die Bindung an ein tonales Zentrum gelockert wurde [...] Für neue Musik wurde entwickelnde Variation darum zu einer zentralen Technik. Denn die Preisgabe der Tonalität um 1910 nahm der Musik ihre wohl wesentliche formstützende Kraft."[80]

Motive und Motivteile, bestehend aus Sätzen, Satz oder Satzpartikeln, werden nun aus ihrem erzählerischen Umfeld gelöst, um deren kompositorischen Entstehungsakt nachzuzeichnen. Der jeweilige situative Kontext, in den das Motiv gebettet ist, wird zunächst dekonstruiert, um das Motiv freizulegen, das auch an anderer Stelle erscheint. Aus dem isolierten Motiv bzw. Motivpartikel wird dann eine Erinnerungsreihe rekonstruiert, die dem Leser und der Leserin bei der ersten Lektüre verschlossen bleibt. Jelineks spielerisches Springen innerhalb der verschiedenen Sinnschichten des Textes soll als zutiefst musikalisches, ludisch kompositionelles Element ihres Schreibprozesses nachvollzogen werden.

Das Motiv des Wanderns, bzw. des Wanderers, erfährt im Werk Jelineks vielfältige Variationen, so daß es lohnend scheint, der Spur dieses Wanderers, die Jelinek in unterschiedlichen Texten legte, nachzuspüren "**Fremd** ist Michael **eingezogen, fremd zieht** er ihn **wieder** her**aus.**" (L 203), ist Jelineks zynischster intertextueller Verweis auf den von ihr sehr geschätzten "Wanderer" Franz Schubert, den sie als ihren "Lieblingskomponisten" bezeichnet. "Schubert ist für mich die vollkommenste Verbindung von Sprache und Musik, was in der *Winterreise* ja sehr deutlich wird. In allen meinen Texten kommen Schuberttexte in Fetzen, in Bruchstücken vor."[81] Das Original, auf das Jelinek im destruktiven

80 Kühn, *Formenlehre der Musik*, S. 82.

81 Doll, *Sprache und Musik*, S. 12.

Umfeld ihres Romanes *Lust* verweist,[82] ist in Schuberts ersten Zeilen seines Anfangsliedes der *Winterreise* zu finden und lautet: **"Fremd bin ich eingezogen/Fremd zieh' ich wieder aus"**.[83] Der Wanderer ist in Schuberts Liederzyklus, dessen 24 Lieder er 1827 auf Gedichte seines Zeitgenossen Wilhelm Müller komponierte, in die Fremde gestoßen. Eine Liebe ist zu Ende gegangen. Einer der beiden Liebenden muß nun für sich allein den schweren Weg der Trennung und der Trauer gehen. Das von Jelinek verfremdete erste Lied des Zyklus ist mit *Gute Nacht* überschrieben und erzählt davon, wie aus dem Liebenden ein trauernder Wanderer geworden ist. "Das Mädchen sprach von Liebe/Die Mutter gar von Eh'-/Nun ist die Welt so trübe/Der Weg gehüllt in Schnee./Ich kann zu meiner Reisen/nicht wählen mit der Zeit/Muß selbst den Weg mir weisen/In dieser Dunkelheit."[84]

Auch Erika Kohut begibt sich auf eine Wanderschaft in die Dunkelheit hinein. "Die Lichter bleiben langsam zurück. Das Dunkel öffnet seine Pforten [...]" (K 139) Mit warmem Mantel, Wanderschuhen (K 138) und vom Vater ererbten Feldstecher (K 140) ausgestattet, ist Erika Kohut auf einem ihrer voyeuristischen Streifzüge durch die Wiener Praterauen. Sie spürt kopulierenden Liebespaaren nach, während die Frau Mama an ein privates Kammermusikspiel glaubt. Im pervers-voyeuristischen Kontext findet sich der erneute Verweis auf den "Wanderer" Schubert, eine weitere Variation des motivischen Materials des Wanderns.

> Sie ist ganz Auge und Ohr. Ihr verlängertes Auge ist das Fernglas. **Sie vermeidet die Stege, wo die andren Wandrer gehn.** Sie sucht die Punkte, wo die andren Wandrer sich vergnügen - immer zu zweit. **Sie**

---

82 Die Textstelle lautet weiter: "Verächtlich tropft er mit seinem Halbsteifen noch ein wenig in Gertis Gesicht, das sich nicht rechtzeitig in Sicherheit bringen konnte." (L 203/204) Mahler-Bungers spricht hier von einem für die Rezipientin, die den intertextuellen Verweis nachvollzieht, verletzenden Kontext, in den Jelinek den Text der *Winterreise* stellt. Vgl. Mahler-Bungers, *Der Trauer auf der Spur*, S. 92.

83 Dieskau, *Texte deutscher Lieder*, S. 182.

84 Ebd.

hat ja doch nichts begangen, daß sie Menschen scheuen sollte. Sie späht unter Zuhilfenahme des Sehgeräts nach Paaren aus, vor denen andre Menschen zurückscheuen würden. [...] Es wächst jetzt, einem großen Lagerfeuer gleich, das Geschrei eines sich liebenden Paares vor Erika Kohut aus der Wiesensohle hervor. Endlich Heimat für die Schauende. (K 140/141)

Spielerisch wird wiederum das Motiv des Wanderers und des Wanderns aus Schuberts *Winterreise* zitiert, deren zwanzigstes Lied mit dem Titel *Der Wegweiser* überschrieben ist, in dessen erster und zweiter Strophe es heißt: "**Was vermeid' ich denn die Wege,/Wo die andren Wand'rer geh'n./Such**e mir versteckte **Stege**/Durch verschneite Felsenhöh'n?/ **Ha**be **ja doch nichts begangen./Daß** ich **Menschen sollte scheu'n**/Welch ein törichtes Verlangen/treibt mich in die Wüstenei'n?“[85]

Was beim ersten Lesen durch das Aufeinanderstoßen von Phänotext und Prätext höchstens als veränderte Stilebene auffällt, wird im direkten Textvergleich evident. In die gesamte Episode über die voyeuristischen Neigungen Erika Kohuts (K 130-149) sind nicht nur Fragmente aus Schuberts *Winterreise* eingeflochten, sondern die Atmosphäre dieser Schilderung verdankt sich in ihrer Gesamtheit der Stimmung jener Reise des Schubertschen Wanderers, der sich nach einer verlorenen Liebe auf eine winterlich kalte Reise macht. Wobei das Motiv des Wanderns die Verbindung zwischen beiden Texten herstellt. Erika begibt sich wie Schuberts Wanderer "in die Landschaft hinein", "in fremde Länder" (K 139), wobei die anagrammatische Signalisierung eine Rätselstruktur schafft, die durch ein kombinatorisches rück- und vorverweisendes Lesen dekodiert werden muß. Das Modell des fremden Textes schimmmert in der Art des Palimpsests immer erneut durch. Die zweispurige Lektüre, die diese Doppelstruktur vom Leser und der Leserin Leserin verlangt, ermöglicht zugleich eine zweifache Lesart beider Texte.

Die "fremde Stimme", die Jelinek mit verschiedenen Schubertfragmenten in ihre Schilderung des zwanghaften Schauens von Erika Kohut

85 Ebd., S. 189. Hervorhebungen von A. D.

einlagert,[86] Schuberts *Winterreise*, erzählt von einer zerbrochenen Liebe, von existentieller Einsamkeit und Ortlosigkeit, von dem romantischen Lebensgefühl eines Menschen, für den es Heimat in dieser Welt nicht gibt. Diese 24 Lieder entwickeln eine intuitive Psychologie der Trauer, markieren die unausweichlichen Stationen der Ablösung von einem geliebten Ojekt. In Naturbildern erzählen sie von der Wanderschaft durch eine verwüstete und öde Landschaft, aus der alle Farben gewichen sind, in der alles Lebendige zu Eis erstarrt ist. Erika Kohuts Weg über die Wiener Praterauen ist ebenfalls durch winterliche Kälte geprägt. "Sie geht und geht. Kleine gefrorene Inseln. Spitzendeckchen aus Schnee, das Gras noch vom Winter erfroren." (K 139) Das vierte Lied des Schubertschen Zyklus *Erstarrung* schildert die Sehnsucht des Liebenden nach dem verlorenen, geliebten Objekt. "Ich such im Schnee vergebens/Nach ihrer Tritte Spur/ [...]/Ich will den Boden küssen,/Durchdringen Eis und Schnee/Mit meinen heißen Tränen/Bis ich die Erde seh".[87] Bevor Schuberts Wanderer im siebten Lied *Auf dem Flusse* mit der Überschreitung des Flusses die Trennung symbolisch vollzogen hat,[88] fließen im sechsten Lied *Wasserflut* Tränen der Trauer und des Trostes, die den Abschied ermöglichen. Dieses Lied beschreibt den Beginn der Ablösung vom geliebten Objekt. "Schnee, du weißt von meinem Sehnen./Sag', wohin doch geht dein Lauf,/**Folge nach nur meinen Tränen/Nimmt dich bald das Bächlein auf.**/Wirst mit ihm die Stadt durchziehen,/Munt're Straßen ein und aus:/Fühlst du meine Tränen glühen,/Da ist meiner Liebsten Haus."[89] Die Trauer und Sehnsucht dieser Tränen des Wanderers, die mit dem Wasser des schmelzenden Schnees zur geliebten Frau gebracht werden, finden sich nach einem rekonstruierenden Lesevorgang, der quer zur ei-

86 "Erika schaut ganz genau. In ihr rührt und regt sich weiter nichts." (K 70)

87 Dieskau, *Texte deutscher Lieder*, S. 183.

88 "Mein Herz in diesem Bache/Erkennst du nun dein Bild?/Ob's unter seiner Rinde/Wohl auch so reißend schwillt?" Ebd., S. 184.

89 Ebd., S. 185. Hervorhebungen von A. D.

gentlichen Erzähllogik steht, auch in Jelineks Text *Die Klavierspielerin* wieder. Das Medium der Trauer ist wie im Schubertlied von flüssiger Beschaffenheit. Blut statt Wasser bringt Erika Kohut mit Hilfe einer Rasierklinge des verstorbenen Vaters[90] zum Fließen.

> Aus einem vielschichtigen Paket wickelt sie sorgfältig eine Rasierklinge heraus. Die trägt sie immer bei sich, wohin sie sich auch wendet. Die Klinge lacht wie der Bräutigam der Braut entgegen. [...] Die ganze Zeit rieselt und rinnt hellrotes Blut aus den Wunden heraus und verschmutzt alles auf seinem Lauf. [...] Auf dem Fußboden und auch schon auf dem Bettzeug vereinigen sich die vier kleinen Bächlein zum reißenden Strom. **Folge nach nur meinen Tränen, nimmt dich bald das Bächlein auf.** (K 45)[91]

Der Schilderung von Erika Kohuts zwanghaftem Schauen und den damit verbundenen Selbstverstümmelungen wird durch die intertextuelle Verknüpfung mit der Trauerarbeit des Schubertschen Wanderers eben jene Trauer konnotiert, die Jelineks Text in seinem tödlichen Präsens verweigert. Tränen als Zeichen der Trauer, Tränen als die Freisetzung von Gefühlen, die Schmerzen verursachen, die jedoch notwendig sind, um Abschied nehmen zu können, läßt Jelinek für Erika nicht fließen. Denn Erika Kohut läßt die Trauer aus. Ihre Unfähigkeit zu lieben, entspricht ihrer Unfähigkeit zu trauern. Anstelle von Tränen fließt Blut. Was Jelinek bei der Einlagerung des Fremdtextes in ihrem Roman *Die Klavierspielerin* ausläßt, ist die letzte Strophe von Schuberts zwanzigstem Lied *Der Wegweiser*. Diese Zeilen nimmt sie nicht in ihren Text auf: "Einen Weiser seh' ich stehen/Unverrückt vor meinem Blick;/Eine Straße muß ich gehen,/Die noch keiner ging zurück."[92]

---

90 "Kaum verhallt die Türklinke, wird schon die väterliche Allzweck-Klinge, ihr kleiner Talisman, hervorgeholt. [...] Im Umgang mit Klingen ist sie geschickt, muß sie doch den Vater rasieren, diese weiche Vaterwange unter der vollkommen leeren Stirn des Vaters, die kein Gedanke mehr trübt und kein Wille mehr kräuselt." (K 88)

91 Hervorhebungen von A. D.

92 Dieskau, *Texte deutscher Lieder*, S. 189.

In einer weiteren Variation des Motivs des Wanderns betont Erika Kohut - freilich mit ironischem Unterton, daß der Wanderer Schubert "ihrem geschundenen Herzen am nächsten" stünde. Denn "der Sensible mußte verbrennen, dieser zarte Nachtfalter." (K 73) Um daran anknüpfend vom Tod des Vaters zu erzählen, den sie den "unentwegten Spaziergänger" (K 97) nennt, der "vollständig umnachtet in Steinhof gestorben sei" (K 73). Die früheste Variation dieses Motivs des Wanderers ist in Jelineks einzigem - mir bekannten - Text zu finden, in dem die Person des authentischen Vaters literarisch verarbeitet ist. *Erschwerende Umstände oder Kindlicher Bericht über einen Verwandten* ist dieser kurze Text betitelt, der 1977 in einem Sammelband zum Thema *Familiengeschichten* erschienen ist.

> Der Verwandte, welcher über all die Jahre hinweg als einzige große Leidenschaft das Spazierengehen gekannt hatte, welches bekanntlich nichts kostet als Schuhsohlen, und welches daher ein vergleichsweise billiges Vergnügen darstellt [...], durfte im letzten Jahr seines Daseins nicht mehr aus dem bewahrenden Gitterbette kraxeln. Es war dies zu seinem eigenen Besten. Verletzungsgefahr! Renitenzgefahr! Der Familienangehörige ist daher keinen ganz leichten Tod gestorben, er hat sich sicher nicht leicht von seinem Erdendasein getrennt, dort drinnen, in seinem Käfig aus schwer zerreißbarem Netz.[93]

Ob die von mir vollzogene Rekonstruktion der Verweisstruktur zwischen Jelineks Text und dem Schubertschen Prätext nun mehr dem Bedürfnis der Rezipientin und/oder dem der Autorin entspringt, eben jenem tödlichen Präsens durch die Möglichkeit der Trauer um das Fehlen der dritten Dimension im Text - das Fehlen des Vaters - zu entgehen, bleibt zu entscheiden. Der Zitatcharakter der Einlagerungen des Schubertschen Prätextes bleibt jedenfalls weitgehend verborgen. Es handelt sich daher um einen eher esoterischen Prätext, der entweder verborgen bleiben soll oder nur für eine Coterie als intendiertes Lesepublikum unmittelbar kommu-

93 Jelinek, *Erschwerende Umstände oder Kindlicher Bericht über einen Verwandten*, S. 111.

nikativ relevant wird. Mit dem pointiert ausgewählten Detail[94] wird jedoch der Gesamtkontext des Prätextes abgerufen, um ihn in die neue Sinnkonstitution einzubeziehen. Wird der Verweis als solcher erkannt, entsteht eine Dialogizität zwischen Phänotext und Prätext, die der Schilderung von Erika Kohuts Unfähigkeit zu trauern eine Dimension der Trauer einwebt, die der Oberflächentext verweigert. Das doppelt kodierte Element verweist dabei auf die Syntax, die es konstituiert, das heißt, auf eine präsente Zeichenreihe textueller Konsistenz, und gleichzeitig als Isotopiebruch auf einen absenten Text.[95]

Was Hans Werner Henze für sein musikalisches Kompositionsverfahren formuliert hat, trifft sehr genau auf Jelineks literarisches Verfahren zu: "[...] was ich öfters in Instrumentalmusiken getan habe: an bestimmten Stellen durch Zitate Wegweiser setzen, Denkweiser, mittels derer der Hörer in die richtige Richtung hört und denkt. Zitieren ist ein Faktor in der Strategie meiner Arbeit, bei der davon ausgegangen wird, daß Musik einer Sprache gleicht, einer Sprache, von deren semantischen Gesetzen wir noch wenig wissen."[96]

Läßt man sich auf die hier vorgeschlagene Rekonstruktion der Spuren des Wanderers von Schubert in den Texten Jelineks ein, die im Sinne Henzes als Wegweiser verstanden wurden, wird ein Spannungsverhältnis deutlich, innerhalb dessen Jelinek schreibt. Die Polarität zwischen einer starken Faszination durch Musik einerseits und der unablässigen Dekonstruktion bürgerlicher Mythen von Kunst andererseits. So ist Musik für ihre Figuren zwar "Giftgas" und Medium autoritärer Gewalt (K 27), aber zugleich eben auch Trost. "Die Musik tröstete Erika oft in Notlagen." (K 165) So wütet Jelinek zwar gegen Musik als Distinktionsmerkmal der "Gebildeten", verbindet jedoch mit dem Bündnis von Sprache und Musik

94 Pfister sieht im selektiven intertextuellen Verweis die Struktur und Funktion einer Synekdoche. Vgl. Pfister, *Konzepte der Intertextualität*, S. 29.

95 Vgl. Lachmann, *Intertextualität als Sinnkonstitution*, S. 77.

96 Henze, *Der Komponist als Interpret - Gegen Materialdisziplin*, S. 240.

die Hoffnung, daß "etwas anderes" entstehe, das "sich mit dem Wort verbünden kann zu etwas darüber hinaus" (JÜ 211). Jelinek verwehrt als Autorin sich und den Lesern und Leserinnen das Positive: "Ich kann sozusagen, nur das negative Schlaglicht auf die Dinge werfen."[97] Sie deutet jedoch andererseits mit ihrer Hoffnung auf das Bündnis von Sprache mit Musik eine fast nicht mehr glaubhafte Verkehrung der von ihr auch oft metaphorisch erzeugten Kälte und Negativität an. "Auch wenn sich vieles der Sprache entzieht dadurch, daß es eben nicht Wort ist, nicht Wort werden will, sondern etwas *anderes*. Aber sich mit dem Wort verbünden kann zu etwas darüber hinaus." (JÜ 211) Ein letztes Mal sei dem "Wanderer" das Wort erteilt, dessen Stimme sich Jelinek zu leihen scheint für die "für unzeitgemäß und trivial gehaltene *Klage über die Abwesenheit von Wärme*",[98] mit dessen Stimme sie aus seinem Liederzyklus *Schwanengesang* von menschlicher Sehnsucht nach wärmender Liebe erzählt: "Die Frau fleht aus der Ferne leise Lieder." (K 146)[99]

97 Hoffmeister, *Interviews*, S. 111.

98 Meyer-Gosau, *Aus den Wahnwelten der Normalität*, S. 32.

99 Bei Schubert heißt der Text: "Leise flehen meine Lieder/Durch die Nacht zu dir." Dieskau, *Texte deutscher Lieder*, S. 352.

III. Natur statt Geschichte

1. Die "Konvertierung der Natur in Unnatur"

Ich habe immer gedacht, daß die blühende und sich erneuernde Natur etwas Schamloses und Widerwärtiges an sich habe.

Charles Baudelaire

Der steiermärkische Holzknecht Erich hat einen langen Weg durch den Roman *Die Liebhaberinnen* (1975) hinter sich, bevor er uns auf den ersten Seiten von Jelineks Prosatext *Oh Wildnis, oh Schutz vor ihr* 1985 wieder begegnet. Von Natur, Heimat und dem 'Grünen', von kurrenten Stichworten der 80er Jahre also, handelt dieser Text, mit dem Jelinek inhaltlich und formal an ihre frühe experimentelle Prosa anknüpft. Mit antirealistischem Konzept wird ein Text montiert, der keine Geschichte als fortführende Handlung entwickelt. 'Oh Wildnis' spielt an auf eine "postmoderne" Natur- und Ursprünglichkeitsschwärmerei, handelt von einer Kunst, die Natur sagt, wo sie nostalgische Gefühle meint und von einer Natur, die die Verwandlung in ihre eigene Nachahmung längst vollzogen hat.[1] 'Oh Schutz vor ihr' impliziert, Wildnis sei etwas Bedrohliches und nicht etwa in ihrem Bestand bedroht. Die Machenschaften derer, die an der Zerstörung der Natur verdienen und eine neoromantische Naturauffassung, ein neuer Rousseauismus als intellektueller Angriff auf das 'Projekt der Moderne' sind die Themen Jelineks in diesem Prosatext.

"Aussentag" ist das erste absatzlose Kapitel überschrieben. Ort und Zeit sind so aufs Allgemeinste angegeben. Beschrieben wird der Gang des Holzfällers Erich aus dem Tal hinauf in die steirischen Berge, der wie alle anderen Figuren 'Ideogramm' ist, montiert aus Wahrnehmungen, Erinnerungen, Wünschen, Klischees und Floskeln, und daher wenig per-

1 Vgl. Cramer, *Die Natur ist schmutzig.*

sonale Umrisse gewinnt, sich eher ins Kollektive auflöst, in Assoziationsketten zu Natur, Kunst und Gesellschaft. Jelineks Figuren sind Teil eines Dissoziationsprozesses; statt handlungsfähiger Personen entstehen Vexierbilder: Jelinek hat den Abschied vom bürgerlichen Subjektkonzept erzähltheoretisch wie erzähltechnisch vollzogen.

Der zweite Teil "Innen. Tag." ist voller satirischer Hiebe gegen den modernen Kulturbetrieb. Im Mittelpunkt steht die Aichholzerin, eine "fette alte Gedichtbäckerin, die Zucker auf den ruhig dahinfließenden Lebkuchen Natur pinselt" (W 99). Auf dem Berg hütet sie das Erbe ihres verstorbenen Lebensgefährten, dem als Philosoph nach dem Krieg die österreichische "Weltmeisterschaft im Vergessen" zupaß kam, die es den "Waldheimen und Haidern"[2] dieses schönen Landes erlaubte, "ihre fesche alte Niedertracht" (W 158) wieder zu tragen.

Im dritten Teil "Aussen. Nacht." wird das Kapital als Komplize dieser sklerotischen 'Gipfelgeister' österreichischer Kulturgeschichte entlarvt. Als Dichterin ist die Aichholzerin "auch immer vom Schönen ergriffen [...] die Eigentümer der Jagd sollen sich daran freuen" (W 200).

Jelinek schildert eine Zeit, in der die Unterwerfung der Natur als Folge der technischen Beherrschbarkeit durch den Menschen bereits vollzogen ist. Ein harmonistisches Naturgefühl ist an die Stelle eines harmonischen Naturbildes getreten, in dem sich nur scheinbar mehr alles zum Ganzen webt, eins nur scheinbar noch in dem andern wirkt und lebt.[3] Natur hat die Attribute "der Harmonie, der Ichhaftigkeit, der Zweckmäs-

---

2 Jelinek, *Rede zur Verleihung des Heinrich-Böll-Preises.*

3 Nirgendwo kommt eine harmonische Auffassung von Natur besser zum Ausdruck als in Goethes *Faustmonolog*, der sich ganz aus dem sympathetischen Verstehen der Welt als eines wunderbaren, vom Schöpfergott in prästabilierter Harmonie geordneten Sinnzusammenhangs versteht. "Wie alles sich zum Ganzen webt,/Eins in dem andren wirkt und lebt!/Wie Himmelskräfte auf und nieder steigen/Und sich goldnen Eimer reichen!/Mit segenduftenden Schwingen/Vom Himmel durch die Erde dringen,/Harmonisch all das All durchklingen!" Goethe, *Werke* Bd. 8, S. 164.

sigkeit, des vernünftig Geschichtlichen und organisch Heilen"[4] verloren. "Dort oben auf jenem Berge, da steh ich tausendmal mit meiner Herde." (L 60/61) So klingt Goethes *Schäfers Klagelied*[5] nur noch ironisch verkürzt durch Jelineks Text. Das existenzielle Erlebnis des Subjekts in Goethes Gedicht, das als klassisches Beispiel für den Durchbruch von Rollenpoesie zum Erlebnisgedicht gilt,[6] hat sich bei Jelinek in der Masse ("tausendmal") verloren. Das Bild der "Herde" durchzieht den gesamten Text *Lust* geradezu als Gegenentwurf zum lyrischen Ich des Goethe Gedichts, das sich dort als singuläres behauptet, bei Jelinek aber völlig der Massenerfahrung gewichen ist. Ob Mann oder Frau, arm oder reich, die durchgängige Erlebnisform ist durch Vermassung gekennzeichnet. "Viele tausende [...] Gefühllose" (L 220) und "die Bewußtlosen" (L 119) durchziehen als die "wirren Herden" (L 78) der Konsumenten den Prosatext *Lust*. Ihnen tritt eine häßliche, feindselige Natur entgegen, die sich nur noch auf dem Bildschirm von ihrer guten alten Seite zeigt: "Prächtig glänzt die Natur noch einmal, zum letzten Mal von draußen herein, und die Herden ihrer Benützer ziehen mit geduldigem Rücken herein [...] hier wohnt die Herde mitsamt ihrem guten Leithirten, das Programm entnehmen sie bitte der Fernsehseite!" (L 210) Jenseits des medialen Bilderwirbels kommt Jelineks "Menschenbündeln" (L 219) und "Menschenhaufen" (L 61) aber "der vom Regen giftig aufgeschwollene Bach [...] bereits entgegengerannt" (W 8), "schreckliche Schwerkraftgesetze werfen Bäume auf Leute" (W 23), "alles ist Laune an der Natur, nichts ist Gesetz und schon gar nichts sanft" (W 24). Die Natur hat als ästhetischer Gegenstand par excellence ausgedient, ebenso wie sie als Landschaft aufgehört hat, für den empfindsamen Beobachter das beseelte Ganze des entschwundenen, ptolemäischen Kosmos zurückzurufen. "Das Land kennt

4 Marquard, *Transzendentaler Idealismus*, S. 199.

5 Da droben auf jenem Berge,/Da steh ich tausendmal,/An meinem Stab gebogen,/Und schaue in das Tal./Dann folg ich der weidenden Herde,/Mein Hündchen bewahret mir sie [...]" Goethe, *Werke* Bd. 1, S. 61.

6 Vgl. Fliedl, *Natur und Kunst*, S. 97.

nur den Mißbrauch seiner Bewohner an der Natur und den Schrecken der Natur für ihre Bewohner: diese kleinen, zurechtgehobelten Gestalten, diese Fehlfarben, und jetzt verfault ihnen auch noch ihre natürliche Umgebung unter den Füßen!" (W 221/222) In der Tradition Thomas Bernhards, der insbesondere mit seinen Romanen *Frost* (1963) und *Verstörung* (1967) ein positives Naturverständnis aufkündigte, ist auch Jelinek der Rückgriff auf einen positiven Naturbegriff unmöglich. Bei Jelinek zerstört die Natur den Menschen, und der Mensch zerstört die Natur. "Die Natur ist schmutzig, wo man mit ihr in Berührung kommt" und "schlägt zurück, wie ein hartes Kissen ohne Daunen" (W 9). Als häßliche, vergiftete und sterbende Natur hat sie ihre einstige Symbolqualität, die das Göttliche und das Menschliche widerspiegelte, eingebüßt. Jelinek erzählt von einer Zeit, die Abschied genommen hat von einer unmittelbar erfahrbaren, von Gott bzw. den Göttern sprechenden Natur, von einer Zeit, in der sich als zentrale Kategorie der Moderne (d. h. hier seit 1800) der Begriff der Künstlichkeit herausbildete.

> Diese als Verlust (Schiller) beklagte oder als Zugewinn (Baudelaire) besungene Künstlichkeit wurde die Voraussetzung für einen neuen Mythos, den der Stadt und den der Dichtung selbst; von Baudelaire über Walter Benjamin bis zu den New-York-Filmen Woody Allens wäre dies als das Apriori des jüngeren modernen Prozesses anzusehen. Es ist nicht mehr rückgängig zu machen, es sei denn in einem dezisionistischen Sprung über alle Barrieren der Reflexion.

Baudelaires Absage an die romantische Ästhetik der Korrespondenz von Ich und Natur setzte bei der 'grünen', bei der organischen Natur ein. In einem weithin unbekannt gebliebenen Brief an einen Verleger namens Desnoyer, der Baudelaire um einen Beitrag für eine Festschrift zu Ehren C.F. Denecourts (ein heute vergessener Pionier der Ökologiebewegung) gebeten hatte, läßt er seinem Spott über "die geheiligten Gemüse", in denen vermeintlich "die Seele der Götter wohnt"[7], über die obsolet gewor-

---

7 Zitiert nach Jauß, *Studien zum Epochenwandel der ästhetischen Moderne*, S. 133.

dene pantheistische Religion freien Lauf. Die unversiegliche, schöpferische Kraft der natura naturans wird von ihm als "schamlos und widerwärtig" empfunden. Das Wirken der Natur wird nicht länger als Paradigma des eigentlich Kreativen hingenommen. Fünf Jahre später erfüllte Baudelaires berühmter Zyklus *Rêve parisien* erstmalig die Vision einer poetischen Entmächtigung der organischen Natur. Das Gedicht gilt als erster, provokativer Gipfel der Ästhetik einer Moderne, die aus einer radikalen Umwertung der Natur hervorging.

> Damit ist zunächst gemeint, was die Avantgarden seit Baudelaire verneinten. Zum einen ihre Absage an die Idealität der Natur in ihrer letzten ästhetischen Gestalt: der Schwundstufe des Naturschönen im Erhabenen. Zum zweiten der Verwerfung der rousseauischen Antithese von Natur und Zivilisation, der Überzeugung, daß der Mensch von Natur aus gut und erst durch die Vergesellschaftung depraviert worden sei. Zum dritten die Preisgabe der romantisch-sentimentalischen Korrespondenzen von Subjekt und Natur, von sinnlicher und übersinnlicher Erfahrung.[8]

Der radikalen Abwertung des Natürlichen - angesichts der industriellen Revolution und des Siegeszuges von Technik und Naturwissenschaft - wurde in der Ästhetik eine Aufwertung des Artifiziellen entgegengesetzt. Seinen Gegenentwurf zur organischen, sich selbst reproduzierenden Natur wollte Baudelaire jedoch nicht in die vorbehaltlose Bejahung des Fortschrittsglaubens des modernen Homo Faber einmünden lassen,[9] der durch Bearbeitung der Natur, die er als bloße Materie sah, eine zweite als sein eigenes Werk zu schaffen suchte. Mit der von Baudelaire betriebe-

8 Ebd., S. 136.

9 Baudelaires Gegenentwurf, der in dem Rêve parisien 1857 als eine Landschaft aus Metall, Marmor und Wasser dargestellt ist, deren berauschende Monotonie "die romatische Musik der Natur" (E.T.A. Hoffmann) erlöschen läßt, dieser Pariser Traum endet mit einer "fürchterlichen Neuheit", nämlich mit der "Stille aus der Ewigkeit". Baudelaire, *Werke* Bd. 6, S. 212. Das Spezifische von Baudelaires naturfeindlicher Ästhetik besteht jedoch darin, daß sie das eigene "Dementi enthält und mit der Utopie des Schönen", was hier des Artifiziellen heißt, "zugleich das Entsetzen über die Möglichkeit dieser Utopie artikuliert". Pfeiffer, *Art social/Art industriel*,, S. 310.

nen Depotenzierung der kosmischen Natur ging jedoch eindeutig eine fortschreitende Depotenzierung der menschlichen Natur einher, so daß für die nachromantische Moderne gilt, "daß kein identisches Subjekt gegenüber der depotenzierten Natur durchgehalten wird, sondern die Depotenzierung sich eben auf beide: auf Subjekt und Objekt erstreckt".[10]

Jelinek hält das ideologische Problem Natur versus Geschichte, Antike versus Moderne, mit dem Camus noch beschäftigt war, und das den literarischen Diskurs von Stendhal über Nietzsche bis Gide prägte, für inhaltlich nicht wiederholbar. Die göttliche Natur ist nicht mehr anerkannt und kann keiner historischen Teleologie mehr dienen. Die desavouierte Geschichtsphilosophie läßt einen neuen Naturbegriff auch nicht zur Hintertür ein. Jelinek versteht einen Naturbegriff, wie er besonders in den 80er Jahren wieder gehandelt wurde, als einen unzulässigen ästhetischen Entlastungsversuch des Verlustes der "Natur".[11] Sowohl ihr Text *Die Liebhaberinnen* (1975) wie auch der 10 Jahre ältere Text *Oh Wildnis, oh Schutz vor ihr* stehen in radikalem Gegensatz zu einer Naturerfahrung, deren Ausdruck eine antimoderne Wende ist, die das depotenzierte Subjekt wie Objekt in einer neu konstruierten 'archaischen' Natur zu verbergen sucht. "Einer sagt, daß eine Wolke zu ihm spricht, ein Berggipfel klingt, Wetter tobt, ausgerechnet zu ihm! Das nenne ich Dichtung!" (W 54)

Entschieden wendet sich Jelinek daher beispielsweise gegen Handkes Versuch, den Verlust der Natur durch den Namen der Erinnerung zu bannen. Ihm ist Natur "das Vorbild" geblieben, welches "das Maß" gibt, das "nur täglich genommen werden muß".[12] Böse ruft Jelinek deshalb ihren Lesern und Leserinnen zu, "Denkt richtig! Seid zuhaus! Geht über die Dörfer hinweg, denn sie gehören euch längst!" (W 159). Sie karikiert

---

10 Iser, *Poetik und Hermeneutik II*, S. 435.

11 Vgl. Bohrer, *Nach der Natur*, S. 220.

12 Vgl. Handke, *Über die Dörfer*, S. 97/98.

damit jede Literatur, die Mystifikation von Natur betreibt und sich damit zur Komplizin derer macht, die sie zerstören.

> IHRE Gedichte sind schön wie Schonkost: etwas für Kenner, Liebhaber und Kranke. Die Natur ist eine rasch verstreichende Möglichkeit, und hier wird sie in Gedichte eingesammelt, ein klägliches Ende, wie unter der Axt des Rodungsbeamten. An der Natur naschen und profitieren zu viele. (W 181/182)

Jelinek widerspricht diesem Geist, dem sich wie bei Handke "alle Räume, der einzelne, neu erprobte mit dem früheren, zu einer Himmel und Erde umspannenden Kugel zusammenfügen, als ein nicht nur privates, sondern auch den anderen sich eröffnendes Heiligtum".[13] Ebenso lehnt sie das Naturerlebnis ab, welches von Handke als "mystischer Augenblick" beschworen wird, in dem er "ein allgemeines Gesetz" beschlossen sehen will.

> Die Uferbüsche unten wehen jetzt in einer wunderbaren Übereinstimmung mit dem kurzen Kinderhaar im Vordergrund. Der Augenzeuge fleht einen Segen auf dieses Bild herab [...] Er weiß, daß in jedem mystischen Augenblick ein allgemeines Gesetz beschlossen ist, dessen Form er zum Vorschein bringen soll [...].[14]

In seinem Aufsatz *Nach der Natur* hat Bohrer Handkes *Gedicht an die Dauer* (1986) als eine Gegenbewegung zu dem bei Hölderlin beginnenden und bei Benn abgeschlossenen Verlustes der Natur dargestellt; als einen mythologisierenden Akt, in dem Naturerfahrung das moderne Subjekt unter den Archaismen eines sozusagen klassischen Griechentums

---

13 Vgl. Handke, *Langsame Heimkehr*, S. 14/15.

14 Handke, *Kindergeschichte*, S. 28. Handkes Bekenntnis zu Stifters "sanftem Gesetz" stößt in der Literaturwissenschaft aber auch durchaus auf Begeisterung. Paul Konrad Kurz beispielsweise schreibt in Bezug auf die zitierte *Kindergeschichte* von "sakramentaler Gemeinschaft" und "einer in wunderbaren Augenblicken mystisch erfahrenen Gegenwart". Handkes Arbeiten seien "eine fortgesetzte Provokation aller bloß informatorischen, dokumentarischen, experimentellen, flächig gesellschaftskritischen Literatur". Handke würde dadurch zum "Widerständler eigener Art". Kurz, *Apokalyptische Zeit*, S. 328/329.

vergessen machen will.[15] Natur, in der sich das Subjekt spiegelt und zurückholen könnte, gibt es in Jelineks Texten jedoch nicht. Auch im "Schein der Natur" findet "das Ich" nicht den Weg aus der Entfremdung mit der Natur. Denn "das ich, das in der Lyrik laut wird, ist eines, das sich als dem Kollektiv, der Objektivität entgegengesetztes bestimmt und ausdrückt; mit der Natur, auf die sein Ausdruck sich bezieht, ist es nicht unvermittelt eins. Es hat sie gleichsam verloren und trachtet, sie durch Beseelung, durch Versenkung ins Ich selber, wiederherzustellen. Erst durch Vermenschlichung soll der Natur das Recht abermals zugebracht werden, das menschliche Naturbeherrschung ihr entzog."[16]

> Was soll das eigentlich heißen: die Natur besiegen oder besingen? Wo sieht man hier noch Natur? Nicht einmal genügend für die Dichtkunst ist vorhanden. Wo ist hier Natur wie die Dichtung sie strengstens verzerrt sieht, aber teuer verkaufen möchte? (W 121)

Das Bestreben, im Naturgedicht die Einheit mit der Natur wiederherzustellen, lehnt Jelinek als einen mystifizierenden Akt ab. "Wald", "Baum", "Meer", "See", "Himmel", und "Blume" sind Jelinek keine Sehnsuchtsvokabeln mehr. An die Stelle des Vertrauens in die Berechenbarkeit der Naturvorgänge ist eine chaotische, unberechenbare Natur getreten. "Daraus, wie der Mond heute wieder aussieht, kann ich meine Schlüsse nicht ziehen, denn morgen kann es komplett anders sein. Dorfkollegen irren sich wiederholt. Zufällig behält einer das Recht und gibt es nicht weiter." (W 18) Auch dem in der Natur tätigen Holzarbeiter Erich ist die Natur "ein Rätsel" (W 8), denn "alles ist Laune an der Natur" (W 24). Das "Buch der Natur" ist nicht mehr lesbar, womit auch die Kunst als Dechiffrierkunst obsolet geworden ist. Der schon von Hegel konstatierten dreifachen Entfremdung des Individuums - von der Natur, der Gesellschaft und sich selbst - will Jelinek weder mit Ausblendung des Poli-

---

15 Vgl. Bohrer, *Nach der Natur*, S. 215.

16 Adorno, *Noten zur Literatur*, S. 53.

tischen noch mit erneuter Hinwendung zur Natur begegnen. Der Weg zurück in die Naturlyrik ist für Jelinek eine Sackgasse. "Die Natur, der man unbesehen alles andichten darf, schwankt wie ein Kamm aus glühender Lava durch das Innen von einem Zimmer. Sie trägt in sich: die schwächlichen Äste, die dürren Zweige von Beschreibungen und Überschreitungen. Ohne sich zu zügeln sagt einer was. Er wird nicht bestraft." (W 57) Als "Kopien der Natürlichkeit" hat Friedrich Schlegel 1797 schon zeitgenössische Versuche, die Kluft in der Moderne zwischen Kultur und Natur in naiven Naturschwärmereien zu überbrücken, bezeichnet.[17] Der "Geist der Kleingärtnerei"[18] erzeugt eine falsche Innerlichkeit, eine gefühlige Naturschwärmerei, kürt Natur erneut zum transzendentalen Ort, was Max Scheler schon 1919 als "etwas Tragisches, Rührendes und irgendwie tief Verächtliches" beschrieb. Als eine Strategie, "wie das deutsche Bürgertum auf immer neuen Wegen seine politische Passivität und seinen gefährlichen Knechtsinn "transzendental" zu rechtfertigen, zu einer Tugend zu machen wußte. Immer neue Himmel und neue Orte wußte es zu entdecken, um dasjenige darin anzusiedeln, was in der Wirklichkeit das Leben nicht sah, nicht entbehren konnte und zu verwirklichen nicht wagte."[19] Die Sehnsucht des Menschen nach Unberührtem und Reinem wird von Jelinek nur noch persifliert. Denn Jelineks Figuren sind längst schon auf der Suche nach dem "Echten vom Bildschirm" (W 7). "Auf dem Land zählt ja das Original nichts, wenn die Kopie besser ist. Die Kopie ist glatter als das Vorbild." (W 14) Daher ist auch das Original ihrer Figuren längst schon verloren, von Erich dem Protagonisten in den *Liebhaberinnen* und *Oh Wildnis, oh Schutz vor ih*r heißt es deshalb: "Er ist selbst nur eine Vierfarbenreproduktion von nichts [...] Dieser Mann ist kein Original. Sein Original ist vielmehr verschollen. Er stammt von der

17 Schlegel, *Über das Studium der griechischen Poesie*, S. 176.

18 So Rühmkorf in bezug auf die Naturlyrik der Nachkriegszeit. Rühmkorf, *Das lyrische Weltbild der Nachkriegsdeutschen*, S. 92.

19 Scheler, *Werke* Bd. 6, S. 214.

Reproduktion einer Nachahmung ab [...] (W 80). Die vorfabrizierten Bilder sind endlos reproduzierbar. "Fest steht nur eins: das Simulakrum steht im Dienste der Konsumgesellschaft. "Vom Wahren zur Ware" degradiert."[20] Daher sind auch Jelineks "natürliche" Bilder bereits in Künstlichkeit erstarrte Bilder:

> Das blank gerodete Firmament, das wir gerade im Fernsehen zum ersten Mal an diesem Tag erblicken dürfen ("das Österreichbild, also ein Land, das einmal echt und einmal als Bild vorkommt"), erschlägt sie einen Augenblick fast vor Glück, als sie jetzt vors Haus tritt, um zu atmen. Herrlich! (W 208)

Jelineks Einsicht in die medial vermittelte Echtheit der Natur, in die Herstellung von Natur durch Kunst, welche das Artefakt mit Natur verwechselt, wird von Jelinek ironisch vorgeführt. Als "ihre ureigenste Aufgabe" bildet die künstelnde Aichholzerin in Jelineks Prosatext *Oh Wildnis, oh Schutz vor ihr* "die Natur naturgetreu ab", denn "noch ist es möglich, Vorbild Natur und Ergebnis Gedicht miteinander zu vergleichen" (W 95). In ihrem Theaterstück *Krankheit oder Moderne Frauen* wird diese Natur- bzw. Kunstauffassung noch einmal pointiert von der Vampirin Emily resümiert: "Jetzt, da die Natur endgültig hin ist, wird sie flott besungen. Ein unübersehbarer Haufen Gedichte und Romane fällt fettig von den Schanzen herunter, die sie aufgebaut haben." (KM 42) Das Verhältnis zwischen Mensch und Natur beschreibt Emily als "ein Sprechen über Zerstörungen, die ihnen aber nur unklar vorschweben." Das "Schreiben" über diese Zerstörungen "tut gut" (KM 45), aber eben nur jenen, die aus der Natur Profit zu schlagen wissen. Denn der wahre Naturgenuß besteht im Besitzen von Natur. "Es stimmt, daß die Armen den Boden nicht besitzen, auf dem sie stehen, doch wäre das nötig, um zu genießen? Nein, sie genießen eben anders als wir." (W 208) *Oh Wildnis* steht für eine Politik, die jenen, die bereits Macht haben, auch das Haben

---

20 Hoffmann, *Hier lacht sich die Sprache selbst aus*, S. 44.

von Natur garantiert.[21]

> Von oben sieht man besser, ist eine uralte Erkenntnis. Millionen unterschreiben unterdessen Volksbegehren für eine schöne Natur, die den Millionären gehört, die ebenfalls unterschreiben, es geht um ihren angestammten Besitz! (W 276)

Als Abhängige "von ihren eigenen, nie genesenden Bildern, die ihnen, als wären sie nichts als Gehilfen der Wirklichkeit, jeden Tag aufs neue gezeigt werden, nur größer, schöner, schneller" (L 62), bleibt Jelineks Figuren jedoch der Einblick in die Machenschaften derer, die an der Zerstörung der Natur verdienen, verwehrt. Denn ihre Wahrnehmung speist sich aus dem Diskurs der Werbung, den Jelineks Texte unermüdlich simulieren. Die Managerin ist "am ganzen Körper abwaschbar" (W 216), will sich "bügelfrei erhalten" (W 217) und erscheint Erich wie eine "fein blumengemusterte Tapete" (W 217). Für Erich verkörpert sie daher die begehrenswerte Welt der Medien schlechthin, denn "nie sieht sie amerikanische Familien im Fernsehen an, denn sie ist ja selbst das Fernsehen." (W 39) Jelinek sieht keine Möglichkeit der "Versöhnung" des Menschen mit der Natur, wie sie Habermas in Anlehnung an Adorno geradezu poetisch einklagt, "daß Natur die Augen aufschlägt - daß wir in versöhntem Zustand mit Tieren, Pflanzen, Steinen reden".[22] Auch Adornos Rettungsversuch von metaphysischen Resten vorkritischer Naturphilosophie, die er in die Sprache der Kunst überführen möchte, schließt sich Jelinek nicht an. Kunst ist für sie - im Gegensatz zu Adorno - kein gültiges Medium ästhetischer Naturerfahrung mehr. Natur drängt sich in Jelineks Texten ihren Figuren als Opfer der Menschen als häßliche, vergiftete, unbewohnbare, sterbende Natur auf. Adornos Theorie vom Naturschönen klingt nur noch in stark verfremdeten Bruchstücken in Jelineks Texten nach, um dessen Theoreme als inhaltsleeres "Distinktions-

---

21 Vgl. Wagner, *Österreich eine S(t)imulation*, S. 84.

22 Habermas, *Urgeschichte der Subjektivität und verwilderte Selbstbehauptung*, S. 196.

merkmal der Gebildeten"[23] vorzuführen. So ironisiert sie beispielsweise Adornos Bermerkung zur impressionistischen Malerei, daß das Bewußtwein "der Erfahrung von Natur nur dann gewachsen " sei, wenn es "deren Wundmale in sich einbegreift".[24]

> So verstehen diese an höheren Schulen Gezüchteten, was die Natur sagt und was in ihren Lüften und Gewässern vorgeht. [...] Proben von verzogenem, strampelndem Wasser werden vom Umweltschutz sorgsam aufgezogen, doch irgendwo wird schon eine neue Wunde in der Natur aufbrechen, zu der sie alle hineilen müssen. (L 99)

Jelinek führt Natur als Objekt der lebenspraktischen wie der ideologischen Nutzung vor. "Der Künstler zwingt die Natur zur Übereinstimmung mit sich, sie soll gefälligst klingen lernen für den Indiviualisten (Individualtouristen), der sie recht verstehen könnte! Und der Besitzer der Landschaft zwingt den Künstler dann, wenn dieser tief versunken ist, mit ihm einer Meinung zu sein." (W 157) Der Holzfäller, die Dichterin und die Managerin stehen jeweils im Mittelpunkt eines der drei Kapitel von Jelineks Text *Oh Wildnis, oh Schutz vor ihr*. Ihrer sozialen Zugehörigkeit entsprechend erweist sich der jeweilige Naturbegriff als klassenspezifisch verschieden. Der Holzfäller sieht in der Natur die Grundlage seiner Existenz; ihm war der Wald schon in dem Roman *Die Liebhaberinnen* "eine arbeitsstätte" (LH 82). "Er entnimmt der Natur seit Jahren Bäume" (W 54), und "bei der Berufswahl folgte dieser junge Mann seiner ganz speziellen Neigung: Holzarbeiter" (W 23), wie Jelinek ironisch anmerkt. Zwischen dem Baum und dem Holzfäller Erich gibt es jedoch längst nicht mehr nur "seine Arbeit, das heißt einen Akt", der für ihn Natur repräsentiert, sondern auch für ihn hat der Mythos von der Natur den Umgang mit den Dingen abgelöst.[25] "Dieser Mann ist an Holz geschult worden in der Schule des Lebens. Ärmliches Moos, kümmerliche

23 Fliedl, *Natur und Kunst*, S. 102.

24 Adorno, *Ästhetische Theorie*, S. 107.

25 Barthes, *Mythen des Alltags*, S. 134.

Flechte, nirgends das Echte vom Bildschirm." (W 7) Seine ehemals operative, transitive Sprache in bezug auf die Natur, mittels derer er mit dem Objekt (Baum) umging, ist lange schon durch die Sprache der Medien ersetzt, in der sich der Mythos niedergelassen hat.[26] "Ein kleiner Kasten hat ihm erklärt, was er von der Natur zu sehen hat und was nicht." (W 77)

Der Dichterin, "dieser Künstlerin in Anführungsstrichen" (W 132), liefert die Natur Vorwand für ihre Verse, die ihr jene Anerkennung eintragen sollen, auf die sie verzichten mußte, als sie noch in dem "seitlich getragenen Bildungsbeutel" (W 111) ihres Lebensgefährten aufgehoben war. Auf Einmaligkeit ist diese Frau nun bedacht, die sie der Natur abzuringen versucht. "In ihrer Bescheidenheit will diese Frau jedoch [...] alle ihre Gedichte in die Manege führen, selbst Gestaltetes, locker Gestricktes, Schrei! eines zu heftig gelebten Frauenlebens, als Kunst kostümiert." (W 108) Um ihre Einmaligkeit zu manifestieren, nimmt sie "kleine Bissen Natur in sich auf [...] Sie dreht an ihren zarten Knöpfen, und die Gefühle fließen. Die Dichterin stellt sich auf Empfindungen ein und beschreibt damit den Fels. Der Bergsteiger liest es verständnislos. Sie arbeiten doch beide an der Natur, die sie als ein Turngerät mißbrauchen. Sie gehen beide in die Irre. Die Natur hält still." (W 93)

Der Managerin ist die Natur Ort der Entspannung, der Sorglosigkeit, wo sie tut, "was alle tun, die zum Glück Jäger sind und nicht die Gehetzten [...], denn in ihrem Berufsleben sind sie immer sehr abgehetzt" (W 241). "Die Landschaft wird dieser Frau zum Theater. Holzknechte als Fußvolk und Geschlechtshelfer [...]"(W 35), die Berge sind ihr ein "Luxusgegenstand" (W 55). Doch auch diese anscheinend zweckfreie Naturbetrachtung entlarvt Jelinek als ein strategisches Instrument, das in den Dienst der 'Identitätsfindung' gestellt wird. Natur ist der einen Turngerät und der anderen Theater. Zwei gegeneinander austauschbare Metaphern, obwohl sie verschiedenen Wortfeldern angehören. Sowohl im

26 Vgl. ebd.

Sport als auch im Theater ist die individuelle Leistung gefordert, ist es das Individuum, das sich einem Publikum präsentiert. Die Mangerin läßt daher auch das "Gesetz der Serie" (W 85) für sich nicht gelten.[27]

Ob Managerin, Dichterin oder Holzfäller, alle drei haben als Repräsentanten ihrer jeweiligen sozialen Schicht in unserer bürgerlichen Gesellschaft eines gemein: sie sind "in jedem Augenblick in falsche Natur"[28] getaucht. Alle drei leben gemäß einer Empfehlung, die 1975 schon Erichs Mutter in Jelineks Roman *Die Liebhaberinnen* aussprach: "sage ja, lasse der natur ihr recht und ihren natürlichen lauf, das andre findet sich dann schon selber [...]" (LH 100). Jelineks zentrales Thema ist daher sowohl in diesem Roman wie auch in ihrem Prosatext *Oh Wildnis, oh Schutz vor ihr* nicht die Klage um den Verlust der Natur, sondern der Schein von Natürlichkeit, der die Wahrnehmung ihrer Figuren überschattet und deren Einsicht in gesellschaftliche Zusammenhänge und Bewegungen verhindert.

> [...] mitten in dieses schöne land hinein haben gute menschen eine fabrik gebaut. geduckt bildet ihr aluwelldach einen schönen kontrast zu den laub- und nadelwäldern ringsum. die fabrik duckt sich in die landschaft [...] sie sieht so aus, als ob sie hier gewachsen wäre, aber nein! [...] gute menschen haben sie errichtet. (LH 7)

An der Oberfläche vollzieht Jelinek die mythischen Erlebnisstrukturen ihrer Figuren nach, um das "Natürlichmachen" des Begriffs als eine wesentliche Funktion des Mythos (hier des Mythos von der Natur) vorzuführen. Natur, Mensch und Technik scheinen versöhnt, weil sich die Fabrik - stellvertretend für industrielle Produktionsweise - in ein Naturprodukt gewandelt zu haben scheint. Denn die Aussage, die Fabrik "sieht so aus, als ob sie hier gewachsen wäre", wird nur von der Erzählerin und nicht von den Figuren als künstliches und falsches Erklärungsmuster durchschaut. "Aber nein!" setzt die Erzählerin aus überlegenem Bewußt-

27 Vgl. Gruber, " ... *auf Geblüh und Gedeih*", S. 111.

28 Barthes, *Mythen des Alltags*, S. 148.

sein hinzu, um gleichzeitig vorzuführen, daß den Figuren des Romans diese Perspektive verwehrt bleibt. Denn beispielsweise die Arbeiterinnen dieser schönen Fabrik "nähen nicht, was ihnen liegt, sondern das nähen an sich liegt den frauen schon im blut" (LH 8). Arbeit und Natur setzen Jelineks Figuren gleich und betrachten auch die vom Menschen bearbeitete Landschaft als "Natürliches", von selbst Gewachsenes, ohne den eigenen historischen und gesellschaftlichen Ort mitzudenken. "Die Schöpfung der Arbeit" gilt selbst wieder als Naturprozeß. Damit ist ein selbstimmunisierendes System geschaffen: Natur ist, was die Menschen im Gang der Geschichte arbeitend vergegenständlichen; der Prozeß der Vergegenständlichung wird selbst Natur.[29]

> Auch unsere soziale Umwelt betrachten wir als ein Stück Natur, fast als Landschaft. Das Geld, das Zins bringt, sehen wir an wie den Birnbaum, der Birnen bringt [...] Sehen wir so etwas an wie die Ehe, so sagen wir: das ist das Natürliche[30],

meint Brechts Philosoph im *Messingkauf*, dessen Auffassung noch bis in Jelineks Text *Oh Wildnis, oh Schutz vor ihr* hineinwirkt, in dem "DAS GELD" eine "schillernde Frucht auf einem Baum" (W 233) ist. Sowohl in diesem Text wie auch in ihrem Roman *Die Liebhaberinnen* versucht Jelinek, ähnlich wie Brecht in seinem Gedicht *Über die Gewalt*, deutlich zu machen, daß mit dem Begriff der "Naturgewalten" gesellschaftliche Verhältnisse verschleiert werden.[31]

> wenn paula geahnt hätte, was durch ihre zwar bedachte aber falsch gemachte eheverfehlung zerbrechen würde, sie hätte mit dem zerbruch gar nicht erst angefangen. es ist mit der gewalt einer naßschneelawine geschehen. mit der natur lebt man hier auf du und du, man kann sich nicht dagegen wehren, weil sie stärker ist. (LH 120)

29 Vgl. Moscovici, *Versuch über die menschliche Geschichte der Natur*, S. 57 ff. und 464 ff.

30 Brecht, *Werke* Bd. 16, S. 575.

31 "Der reißende Strom wird gewalttätig genannt/Aber das Flußbett, das ihn einengt/Nennt keiner gewalttätig." Brecht, *Werke* Bd. 9, S. 602.

Scheinbar folgt Jelinek deshalb in ihrem Roman *Die Liebhaberinnen* dem gängigen Konzept des Trivialromans, indem sie die dort behauptete Analogie, die Vertauschung von "Naturgewalten" und gesellschaftlichen (Gewalt-)Strukturen abbildet. Das Subjekt der Handlung - Paula - wird konsequent in das schicksalhafte "es" überführt, um Paulas gesellschaftlich determinierte Verhaltensweisen - was als Ehebruch bezeichnet wird, ist Paulas Versuch, die Familie durch Prostitution zu ernähren - als "natürliche" vorzuführen. "es ist mit der gewalt einer naßschneelawine geschehen." (LH 120) Doch die auktoriale Erzählerin bricht die mythische Erlebnisstruktur der Protagonisten und Protagonistinnen mit ironischen Einschüben wie, "wenn paula im sinne des fortsetzungsromans vernünftig geblieben wäre, wäre sie nicht auf die schiefe bahn gekommen, die ihr untergang sein sollte" (LH 115). Jelineks Absicht dabei ist, die im Analogieschluß implizierte Unveränderbarkeit gesellschaftlicher Verhältnisse in Frage zu stellen. Sowohl formal als auch inhaltlich übernimmt Jelinek daher zwar Strukturen der Trivialliteratur, ohne jedoch deren Verschleierungstechnik zu folgen. In den *Liebhaberinnen* greift sie beispielsweise sprachliche Muster von Heimat- und Liebesromanen auf, verfährt dabei jedoch bewußt konstruierend, um mit der Künstlichkeit des Arrangements die Ideologie von der natürlichen Bestimmung des Menschen oder vom natürlichen Kreislauf des Landlebens sichtbar zu machen. "über das abgemähte feld zieht ein schwarm vögel in den wald hinein, einer hinter dem andren, bald kommt der herbst. für Ihr geld können Sie hier nicht auch noch naturschilderungen erwarten! wir sind doch nicht im kino." (LH 81) "wir sind doch hier nicht in einem heimatroman!" (LH 82), ruft Jelinek ihren Lesern und Leserinnen zu, um auch die literarischen Formen, mit denen dieser Schein des Natürlichen erzeugt wird, in Frage zu stellen. "dies ist kein liebesroman, selbst wenn das so aussieht, obwohl dies scheinbar von der heimat und von der liebe handelt, handelt es doch nicht von der heimat und der liebe. dieser roman handelt vom gegenstand paula." (LH 101)

Mit gleicher Intention übernimmt Jelinek für die Gestaltung ihrer Hauptfiguren paula und brigitte scheinbar die strenge Bipolarität des Trivialromans, der gute und schlechte Protagonisten und Protagonistinnen kennt. "und weiter geht das schlechte beispiel paula" ist beispielsweise ein Kapitel überschrieben, das Jelinek folgendermaßen beginnt: "immer abwechselnd mit dem guten beispiel brigittes schleppt sich das schlechte beispiel paulas dahin." (LH 22)

> paula hat ihr schicksal an erich gehängt, was ihr noch wie ein mühlstein um den hals hängen wird.
> brigitte hat ihr schicksal an heinz gehängt, was auch richtig war und ihr ein eigenes geschäft sowie ein schönes auto einbringen wird.
> zufällig hat paula pech gehabt und wird einen schlimmen untergang erleiden.
> zufällig hat brigitte glück gehabt und wird einen kometenhaften aufstieg erleben.
> dafür hat brigitte viel investiert, ihre ganzen körper- und geisteskräfte.
> dafür hat paula viel investiert, ihre ganzen körper- und geisteskräfte.
> brigitte sind glück und erfolg günstig.
> paula sind glück und erfolg nicht günstig. (LH 108)

Die anfängliche Dichotomie zwischen Paula und Brigitte läßt sich jedoch auch unter Berufung auf die Macht des Schicksals nur scheinbar bis zum Ende des Romans aufrechterhalten. Denn das Glück der guten Brigitte - Glück ist für Jelineks Figuren immer Synonym für sozialen Aufstieg - wird durch kleine Einschübe der Erzählerin empfindlich gestört; durch den knappen Kommentar der Erzählerin, "der haß hat sie innerlich schon ganz aufgefressen, aber die freude am besitz ist ihr geblieben", wird dem harmonistischen Oberflächenbild der Preis konnotiert, den Brigitte für ihren sozialen Aufstieg zahlt.

> brigitte, die hausherrin, die gerade mit dem haushalten beschäftigt ist, kommt verabschieden, sie ist ein sauberes, ein wenig fülliges frauchen geworden. die ehe schlägt ihr gut an, das sieht man. sie strahlt mit ihren küchenkästen um die wette. der haß hat sie innerlich schon ganz aufgefressen, aber die freude am besitz ist ihr geblieben. daran klammert sie sich mit eiserner faust. (LH 111)

Beide Frauen haben ihren Körper als Kapital gewinnbringend angelegt: dies wird jedoch einmal als Ehe gelobt und einmal als Prostitution getadelt. Diese scheinbar widersprüchliche Haltung wird von Jelinek als ideologischer Vorgang entlarvt. Brigitte erfüllt als "sauberes frauchen" (LH 111), das aus der Unterschicht kommt und dessen "vagina gierig nach dem jungen unternehmer schnappt" (LH 45) die vorgegebenen bürgerlichen Normen. Denn sie leistet ihren Beitrag zum Erhalt des Mythos von der ehelichen Liebe. "brigitte hat endlich eine wirkliche ergänzung zu ihrem leben gefunden: einen partner in freude und leide." (LH 106) Paula "die hure" (LH 118) verrät diesen Mythos durch ihre Arbeit "mit ehefremden menschen" (LH 119). Beide Frauen "tun ihre Pflicht" und werden dafür entlohnt. Aber Paula "nimmt geld von fremden männern, und im auto, auf dem rücksitz oder im gras steckt ihr dann ein ortsfremder mann das hinein, was ihr nur erich hineinstecken darf. das falsche ding am falschen ort." (LH 119) Paula hat nicht nur "ihren Mann verraten" (LH 119), sondern sie hat auch "die offenbaren Gesetze" von "der natürlichen Ordnung"[32] in der bürgerlichen Gesellschaft verraten. "die umwelt aber versagt" deshalb "paulas körper ihr wohlwollen." (LH 119)

Als sauberes frauchen" (LH 111), das der Monotonie der Miederwarenfabrik zu entkommen sucht, pflegt Brigitte ihren Körper besonders fleißig, denn "der körper zählt für brigitte als mittel zum besseren zweck" (LH 45).

> eines tages beschloß brigitte, daß sie nur mehr frau sein wollte, ganz frau für einen typ, der heinz heißt. [...] wenn man eine frau ist, dann kann man von diesem weg nicht mehr zurück, dann muß man sich auch pflegen. brigitte möchte, daß die zukunft es ihr einmal durch ein jüngeraussehen danken wird. [...] wenn man älter ist, dann ist es sowieso zu spät. wenn man dann nicht jünger aussieht, dann heißt das erbarmungslose urteil für die umwelt: kosmetisch in der jugend nicht vorgesorgt! [...] wenn man keine gegenwart hat, muß man für die zukunft vorsorgen. (LH 9)

32 Barthes, *Mythen des Alltags*, S. 128.

"Hygiene ist auch Hoffnung auf weibliches Überleben in den Augen der Männer", schreibt Elfriede Jelinek in ihrem Aufsatz über *Die gewöhnliche Gewalt der weiblichen Hygiene.* "Die Frau hat die unschätzbare Möglichkeit, durch Sauberkeit vieles, auch schlechte Eigenschaften wieder wettzumachen. [...] Weiblich sein heißt appetitlich sein." (SG 139) Das Spiel mit der modischen Maske ist aber auch "eine Funktion des Ekels", schreibt Jelinek weiter, "was man putzt, das will man nicht so, wie es ist. Putzen ist die hilflose Suche nach dem anderen Körper, dem ersehnten. Es ist aber zugleich der Vollzug der männlichen Gewalt." (SG 138) Und so ruft Heidkliff in Jelineks Theaterstück *Krankheit oder Moderne Frauen* Emily und Carmilla zu: "Seid nicht wie ihr seid! Seid hygienisch! Folgt eurer Natur! Putzt! Putzt! Putzt! Putzt!" (KM 52)

Das von Jelinek als "weibliche Hygiene" bezeichnete Bedürfnis nach Kleider-Schmuck und Schminke wählte der Psychoanalytiker Flügel als Beispiel, um die Perversion der Natur durch die Kunst zu exemplifizieren und um gleichzeitig vor deren verderblichen Folgen zu warnen.[33] Der Dichter Baudelaire hingegen bekundete in seiner *Lobrede auf die Schminke* unmißverständlich seine Begeisterung dafür, mit künstlichen Mittel - wie beispielsweise mit der Schminke - die Natur zu übertreffen.

> Wer sähe nicht ein, daß der Gebrauch des Reispulvers, der von redlichen Philosophen so schnöde verdammt wird, zum Zweck und Ergebnis hat, alle die von einer schändlichen Natur über die Haut ausgesäten Flecken zum verschwinden zu bringen und sie in Farbe und Glätte zu einer bedeutungsvollen Einheit zu gestalten [...] und so ein menschliches Wesen unmittelbar einer Statue, d. h. einem göttlichen und höheren Wesen ähnlich zu machen? [...] Wer mich recht verstanden hat, wird sich daher hüten, das Gesicht mit der gemeinen, verborgenen Absicht zu bemalen, die schöne Natur nachzuahmen und mit der Jugend zu wetteifern. Die Erfahrung beweist außerdem, daß Kunstgriffe die Häßlichkeit nicht verschönern und nur der Schönheit dienlich sind. Wer möchte es wagen, der Kunst die leere Aufgabe zuzuerkennen, die Natur nachzuahmen?[34]

---

33 Vgl. Düttmann, *Die Ehrfurcht vor der Maske*, S. 438/439.

34 Baudelaire, *Werke* Bd. IV, S. 315-317.

Wie für Baudelaire reicht auch für Jelinek die Zuständigkeit der Mode bzw. der Schminke bis in Bereiche hinein, in denen man die Gestaltungskraft der Natur vermuten müßte. Baudelaire bezeichnete die Mode als eine "déformation subtile de la nature",[35] die daher auch vom Zeitgeschmack abhängige Nasen-, Stirn- und Mundformen schaffe.[36] Analog dazu beschreibt Jelinek in ihrem Essay, der mit dem Titel *Das zweite Gesicht* überschrieben ist, das Gesicht der Schauspielerin Marlene Dietrich:

> Eine Film-, eine Photofläche, die wiederum auf eine Fläche aufgetragen ist und die jeder als erhaben, als erhöht empfinden muß. Aber diese Erhöhung ist nicht charmantes, mondänes, nebensächliches Detail, sondern es ist immer nur sie, die sich aus dem Bild wieder herausarbeitet: diese hochgezogenen Brauen, die dort von Natur aus nie gewachsen waren! Der berühmte weiße Strich auf dem Nasenrücken, um die Entenschnabel-Nase klassisch erscheinen zu lassen. Die endlosen Wimpern! Aber all diese Künstlichkeiten, nur dazu geschaffen (aber nicht von Mutter Natur!), um das Verborgene herauszureißen aus der Unverborgenheit [...] all diese Farbpinsel, einmal sogar die Goldfarbe am ganzen Körper, sie haben diese Frau nur immer wirklicher gemacht. (MD 75/76)

Als eine Art allegorischer Requisite scheint erst die Mode bzw. Schminke dem weiblichen Körper Bedeutung zu verleihen. Denn erst "in seiner extremen Künstlichkeit" sei Marlene Dietrichs Gesicht "ein Menschen-Gesicht" (MD 75), schreibt Jelinek in ihrem Aufsatz *Das zweite Gesicht*. Die Einheit von Innerem und Äußerem dient daher in keinem der Texte Jelineks als Offenbarung der "eigentlichen" Person, denn deren "Persönliches" ist ganz den äußeren Vorgaben ausgeliefert. Wie Sternheims Christian Maske werden Jelineks Figuren gerade auf dem Weg einer extremen Anpassung an objektiv Genormtes - auch auf dem Gebiet der Mode - zu einer "Persönlichkeit". Eine Umkehrpointe: "Das Äußere wird nicht mehr in Einklang mit dem Inneren gebracht, sondern das Innere muß sich dem jeweiligen äußeren Zustand anpassen, wobei sugge-

---

35 Baudelaire, *Werke* Bd. IV, S. 318.

36 Baudelaire, *Werke* Bd. IV, S. 288.

riert wird, daß sich Individualität, wenn überhaupt, *nur* auf dem Wege der Überanpassung herstellen läßt. Individualität wird nunmehr als ein Annäherungswert gesehen."[37] Selbst Georg Simmel, der die Mode nicht unter die Haut gehen lassen wollte, gestand den Einfluß der jeweiligen modischen Bekleidung auf Gestik und Verhaltensweisen der Menschen ein. Die Auffassung, daß es eine Gefährdung der Identität eines Menschen bedeute, sein Äußeres mit Signalen auszustatten, die seinem Inneren nicht entsprächen, mag ein Reflex auf die alte Sehnsucht nach Harmonie der geistigen, seelischen und körperlichen Erscheinung sein. Simmel machte daher den Vorschlag, schamhaft "das Äußere der Versklavung durch die Allgemeinheit preiszugeben", um so die Potentialität "innerer Freiheit" zu retten.[38] Sternheim, der in bezug auf die von Simmel implizierte Möglichkeit einer "inneren Freiheit" des Menschen recht skeptisch war und das Harmonieideal aufgekündigt hatte, macht in seinem Theaterstück *Der Snob* den Vorschlag, sich durch eine "offensive, gewollte und angstfreie Assimilation an die Bildvorgaben durch und mit Mode erfahrbar zu machen." Hinter jeder Maske ist nur eine weitere zu finden, weshalb die Möglichkeit, die zweite modische Haut könnte auf die erste abfärben, hier nicht gefürchtet, sondern erhofft wird. "Die Person kann sich demzufolge nur dann bestätigen, wenn sie als Bündel bildhafter Markierungen und Signale durch den erkennenden Blick der Anderen Kontur erhält, wenn sie sich den modischen Symbolsystemen überantwortet."[39] Zu ihrer persönlichen Auffassung über das Schminken des weiblichen Gesichtes befragt, formulierte Jelinek: "Man greift sozusagen in die Natur ein und versucht, die Züge zu betonen, die einem wichtig sind. Wenn man sich Makeup auf die Haut gibt, ist das [...] immer auch ein Zudecken [...] man macht das Gesicht charakteristischer, gleichzeitig aber entpersönlicht man es. [...] Ich habe eine Tendenz, die

---

37 Bovenschen, *Über die Listen der Mode*, S. 16/17.

38 Simmel, *Die Mode*, S. 198.

39 Bovenschen, *Über die Listen der Mode*, S. 19.

Dinge flächig zu machen und ihnen besondere Konturen zu geben. Das ist ein Entmythologisierungsvorgang."[40]

Analog dazu formuliert Jelinek in dem Essay *Ich möchte seicht sein* dann auch ihre Theaterprogrammatik:

> Vielleicht will ich einmal nur Tätigkeiten ausstellen, die man ausüben kann [...] ohne höheren Sinn.[...] Zivilisten sollen etwas auf einer Bühne sprechen!
> Vielleicht eine Modeschau, bei der Frauen in ihren Kleidern Sätze sprechen. Ich möchte seicht sein!
> Modeschau deswegen, weil man die Kleider auch allein vorschicken könnte. Weg mit den Menschen, die eine systematische Beziehung zu einer ersonnenen Figur herstellen könnten![41]

Roland Barthes spricht in seinem Text *Die Sprache der Mode* davon, daß "die Frau in der Mode eine Ansammlung einzelner Charaktermerkmale" sei, "die ziemlich analog den "Rollenfächern" des klassischen Theaters unterschieden werden."[42] Das Spiel der Kleidung sei jedoch kein Spiel mit "höherem Sinn" mehr: "So sieht man die Mode mit dem ernstesten Thema des menschlichen Bewußtseins - Wer bin ich? - "spielen;".[43] Und genau dieses Spiel macht sich Jelinek zum Programm: "Den Wunsch, Leben zu erzeugen auf dem Theater, der fast alle Schriftsteller angezogen hat, lehne ich ab. Ich will genau das Entgegengesetzte: Unbelebtes erzeugen."[44] Daher vollzieht Jelinek mit ihren Texten die von Roland Barthes beschriebene "Konvertierung der Natur"[45] in Kunst-Stoff literarisch nach. Die Mythen vom Naturwesen Frau und von einer ehemals unberührten Natur führt Jelinek gewissermaßen als Artefakte vor: als künstlich erzeugte Bilder, die die kulturelle Rede von "der Frau" und

---

40 Hüfner, *Warum ist das Schminken für Sie wichtig, Frau Jelinek?*, S. 94.

41 Jelinek, *Ich möchte seicht sein*, S. 158.

42 Barthes, *Die Sprache der Mode*, S. 262.

43 Ebd., S. 64.

44 Roeder, *"Ich will kein Theater Ich will anderes Theater"*, S. 31.

45 Barthes, *Mythen des Alltags*, S. 79.

"der Natur" entworfen hat, als Produkte einer kulturell verordneten Wahrnehmung.[46] Teil ihres poetischen Programms ist daher nicht allein die Simulation des Mythos selbst, sondern ebenso dessen Übersteigerung "in extreme Künstlichkeit" (MD 75).

> Die uralte Funktion der Natur wird modifiziert: sie ist nicht mehr die Idee, die reine Substanz, die wiedergefunden oder imitiert werden muß; ein künstlicher Stoff, ergiebiger als alle Lager der Welt ersetzt sie, bestimmt sogar die Erfindung der Formen. [...] Die Hierarchie der Substanzen ist zerstört, eine einzige ersetzt sie alle: die ganze Welt kann plastifiziert werden und sogar das Lebendige selbst.[47]

Weder "die Frau" noch "die Natur" sind Jelinek natürliche Orte. Im Gegenteil: als synthetische Abbildungen sind sie immer bereits das Ergebnis der "Konvertierung von Natur und Unnatur" (W 44). Die Schauspielerin Marlene Dietrich beschreibt Jelinek daher als ein "mit Gold überzogenes Wesen", "das in endloser Wiederholbarkeit auf einer Leinwand gezeigt wird", als ein Wesen aus Kunst-Stoff, als ein "Kunstwesen" (MD 76).[48] In musikalischer Form und weich skandierter Syntax inszeniert Jelinek ebenso bekannte Naturbilder, die sie jedoch in Künstlichkeit erstarren läßt. Das Genre-Bild des Waldes in seiner Pracht ist nur mit Mühe wiederzuerkennen.

---

46 Vgl. Fliedl, *Natur und Kunst*, S. 100.

47 Barthes, *Mythen des Alltags*, S. 81.

48 In diesem Essay weist Jelinek besonders auf die reaktionäre Ausbeutbarkeit des Mythos vom Naturwesen Frau hin, denn "die Frau ist ja das reine biologische Sein, sie IST Natur und deshalb jedem Zugriff preiszugeben" (MD 76). Die Rede von der Frau als ein Stück Natur, das es zu erobern, zu besitzen, zu formen und zu nutzen gilt, haben besonders Horkheimer und Adorno in Zusammenhang mit einem gestörten Verhältnis des Menschen zur Natur gestellt. "Die Frau ist nicht Subjekt. Sie produziert nicht, sondern pflegt die Produzierenden [...] Sie wurde zur Verkörperung der biologischen Funktion, zum Bild der Natur, in deren Unterdrückung der Ruhmestitel dieser Zivilisation bestand. Grenzenlos Natur zu beherrschen, den Kosmos in ein unendliches Jagdgebiet zu verwandeln, war der Wunschtraum der Jahrtausende [...] Wo Beherrschung der Natur das wahre Ziel ist, bleibt [...] die von Natur geprägte Schwäche zur Gewalttat herausforderndes Mal." Horkheimer/Adorno, *Dialektik der Aufkärung*, S. 264/265.

> Motore röhren auf, die dazugehörigen Jeeps und BMWs stellen sich quer, Hund züngeln, von ledernen Bändern kaum noch gezügelt. Unter vereinzelte Vogelschreie mischen sich sofort die schnarrenden Spielzeuglaute von Walkie-Talkies. Der Wald erstarrt in seiner Rüstung von Videokameras in Baumkronen, blinkenden Ferngläsern, zärtlich schimmernd wie verliebte Tieraugen; Uniformen werden durchs Dickicht getragen, das neckisch und wirkungslos an ihnen rupft wie das Reh an seinem Strauch. Im Schrittempo tänzeln die wenigen Wagen zwischen den verseuchten Stämmen herum. (W 275/276)

Motorgeräusche ersetzen Tierlaute, künstliche Augen (Videokamera und Fernglas) ersetzen die Blicke der Tiere, Wagen tänzeln anstelle der Tiere zwischen verseuchten Stämmen: der Wald ist eine Reproduktion. "Sein Original ist verschollen". (W 80) Die Konvertierung von Natur in Unnatur ist endgültig vollzogen. Nur in jenem Umkehrvorgang, den Barthes als "Verkehrung der Antinatur in Pseudonatur"[49] bezeichnet hat, kann die Geschichte dieser Konvertierung getilgt, kann die Unschuld des Mythos Natur suggeriert werden.

49 Barthes, *Mythen des Alltags*, S. 130.

IV. Dissonanzen

1. Häßlichkeit und Gewalt im Werk Jelineks

Ambivalenz ist ganz allgemein eine Vorbedingung kulturellen Fortschritts.

Kurt R. Eissler

"Dissonanz ist der technische Terminus für die Rezeption dessen durch die Kunst, was von der Ästhetik sowohl wie von der Naivetät häßlich genannt wird."[1] Anknüpfend an die *Ästhetik des Häßlichen* (1853) von Karl Rosenkranz, ist für Adorno der Begriff des Dissonanten aus der modernen Kunst nicht mehr wegzudenken. Doch sowohl "die Kategorie des Häßlichen und notwendig ebenso ihr Gegenbild, die des Schönen" spotten beide "einer definitorischen Fixierung, wie sie jeglicher Ästhetik vorschwebt, deren Normen [...] an jenen Kategorien orientiert sind."[2] In der Dissonanz ist alle Ambivalenz enthalten.

Von Aristoteles wurde das Häßliche in die Komödie verwiesen. "Die Komödie ist [...] Nachahmung von Gemeinerem, aber nicht in bezug auf jede Art von Schlechtigtigkeit, sondern nur des Lächerlichen, das ein Teil des Häßlichen ist."[3] Im Mittelalter wurde das Häßliche und das Niedrige in der Stilmischung des 'sermo humilis', der in der Bibel, und besonders in der Erzählung vom Leiden und Sterben des Messias, vorherrschend ist, ebenfalls zum Thema.[4] Die 'moderne' Reflexion des Häßlichen beginnt im 18. Jahrhundert: die Einheit des Wahren, Guten und Schönen wird zum Problem. Die künstlerische Beschäftigung mit Unan-

1 Adorno, *Ästhetische Theorie*, S. 74.

2 Ebd., S. 75.

3 Aristoteles, *Poetik* 1449 a 32, S. 29.

4 Vgl. Michels, *Formosa deformitas*, S. 67.

genehmem wird zum ernsthaft diskutierten Phänomen.[5] In Lessings *Laokoon oder Über die Grenzen der Malerei und Dichtung* (1766) und in Friedrich Schlegels *Über das Studium der griechischen Poesie* (1795) finden sich die ersten ausführlicheren Diskussionen des Häßlichen:

> Da also die Häßlichkeit der Formen, weil die Empfindung , welche sie erregt, unangenehm, und doch nicht von derjenigen Art unangenehmer Empfindungen ist, welche sich durch die Nachahmung in angenehme verwandeln, an und vor sich selbst kein Vorwurf der Malerei, als schöner Kunst, sein kann: so käme es noch darauf an, ob sie ihr, nicht ebensowohl wie der Poesie, als Ingrediens, um andere Empfindungen zu verstärken, nützlich sein könne.[6]

Wenngleich sowohl in Lessings wie in Schlegels Schrift noch die Perspektive des europäischen Klassizismus vorherrschend ist, der eine eher ablehnende Haltung gegenüber dem Häßlichen bedingt,[7] deutet sich dennoch die dialektische Behandlung des Häßlichen als eigentlicher Gegensatz des Schönen an.[8] Lessings "Theorie der vermischten Empfindungen" wurde im 18. Jahrhundert zum bevorzugten Argumentationszusammenhang, um die Darstellung des Häßlichen zu rechtfertigen:

> Eben weil die Häßlichkeit [...] von der Seite ihrer Wirkung, Häßlichkeit zu sein aufhöret, wird sie dem Dichter brauchbar; und was er vor

5 Vgl. Dieckmann, *Das Abscheuliche und Schreckliche in der Kunststheorie des 18. Jahrhunderts*, S. 274.

6 Lessing, *Werke* Bd. II, S. 137/138.

7 Kant wie Hegel insistieren, was den formalen Aspekt des Kunstwerks betrifft, auf der Regelmäßigkeit als einer notwendigen, wenn auch nicht hinreichenden Bedingung der Schönheit, wodurch implizit alles Unregelmäßige als das Nichtschöne und damit als das Unästhetische schlechthin bestimmt wird. Alles Unbestimmte und Unförmige, alles Maß- und Grenzenlose, alles Absurde, Bizarre und Groteske hat keinen Anspruch darauf, als schön zu gelten. Vgl. Bischof, *Souveränität und Subversion*, S. 60. Dazu Hegel: "Das Böse jedoch ist im allgemeinen in sich kahl und gehaltlos, weil aus demselben nichts als selber nur Negatives, Zerstörung und Unglück herauskommt, während uns die echte Kunst den Anblick einer Harmonie in sich darbieten soll. Hegel, *Werke* Bd. 13, S. 317.

8 Vgl. Oesterle, *Friedrich Schlegels Entwurf einer Theorie des ästhetisch Häßlichen*, S. 432.

> sich selbst nicht nutzen kann, nutzt er [...] um gewisse vermischte Empfindungen hervorzubringen und zu verstärken [...]. Diese vermischten Empfindungen sind das Lächerliche, und das Schreckliche.[9]

Mit der Theorie der vermischten Empfindungen und mit der Kritik des ut-pictura-poesis-Satzes[10] wurden die Prinzipien des Klassizismus ausgehöhlt, "wie denn auch in der folgenden Zeit bis in unsere Gegenwart die Darstellung des Häßlichen immer wieder ein Mittel ist, um wiedererstehenden Klassizismus in der Kunsttheorie zu desavouieren".[11] Daß von nun an die Ästhetik nicht mehr nur die Wissenschaft der schönen Kunst sein könne, zeigte aber erst Karl Rosenkranz mit seiner *Ästhetik des Häßlichen* 1853 an:

> Es ist traurig, daß bei uns auch für die Wissenschaft sich eine gewisse Prüderie einschleicht, indem man namentlich bei Gegenständen der tierischen Natur und Kunst die Dezenz zum exklusiven Maßstab macht. Und wie erreicht man diese Dezenz heutzutage am besten? Man spricht gar nicht von gewissen Phänomenen. Man dekretiert ihr Nichtdasein. Man sekretiert sie gewissenlos, um salonfähig zu bleiben [...] und sagt vom ganzen Generationsapparat und von allen sexuellen Funktionen kein Wort. Gewiß recht dezent. Unsere deutsche Literaturgeschichte ist durch das Zurechtmachen derselben für Mädchenpensionate und höhere Töchterschulen schon ganz kastriert worden, um nur immer das Edle, Reine, Schöne, Erhebende, Erquickende, Gemütliche, Liebliche, Veredelnde und wie die Stichworte weiter lauten, für die zarten Jungfrauen- und Frauenseelen herauszustellen. Es ist dadurch eine unglaubliche Falschmünzerei der Geschichte der Literatur in Gang gekommen [...].[12]

---

9 Lessing, *Werke* Bd. II, S. 132.

10 In Lessings *Laokoon*-Schrift ist kunsttheoretisch ja besonders die Durchbrechung des seit der Antike gültigen ut-pictura-poesis-Prinzips interessant, wobei Lessing auf die unterschiedlichen Möglichkeiten und Grenzen der Malerei und der Dichtung hinweist. "In der Poesie, wie ich angemerket, verliert die Häßlichkeit der Form, durch die Veränderung ihrer koexistierenden Teile in sukzessive, ihre widrige Wirkung fast gänzlich; sie höret von dieser Seite gleichsam auf, Häßlichkeit zu sein [...]. In der Malerei hingegen hat die Häßlichkeit alle ihre Kräfte beisammen, und wirket nicht viel schwächer, als in der Natur selbst." Lessing, *Werke* Bd. II, S. 138.

11 Kliche, *Pathologie des Schönen*, S. 405.

12 Rosenkranz, *Ästhetik des Häßlichen*, Einleitung.

Rosenkranz machte sich Christian Hermann Weißes Auffassung von der Untrennbarkeit des Häßlichen vom Schönen zu eigen, auf dessen 1830 vorgelegtes *System der Ästhetik als Wissenschaft von der Idee der Schönheit* er sich bezog. Das Häßliche wird in das Kategoriengefüge des Schönen, Erhabenen und Komischen, in dem das Häßliche durch das Komische überwunden wird, eingefügt. Diese Auffassung, die in der Hegel-Schule von Weiße über Rosenkranz, Ruge und Vischer zu finden ist, bleibt bis weit in das 19. Jahrhundert die gültige ästhetisch-theoretische Auffassung des Häßlichen. Das Komische, der Humor und die Komödie werden zu ästhetischen Versöhnungsfiguren für die häßliche Wirklichkeit; besonders bei Rosenkranz rettet das Komische bei allen Erscheinungsformen des Häßlichen vor der reinen Negativität. Die gehaltsästhetische Begrenzung der Kunst auf das Schöne wird überwunden.[13] Die Kategorie des Häßlichen wird theoretisch wie praktisch relevant. Wenngleich die poetische Praxis besonders mit Baudelaires *Les fleurs du mal* (1857) weiter geht, wirkte Rosenkranz Theorie, die in der Nachfolge Hegels das Häßliche aus dem Schönen ableitet, ihm also keine Eigenständigkeit zugesteht,[14] dennoch später gerade dort fortschrittlich,

> [...] wo sie im Einverständnis mit dem Manierismus das 'Negativschöne', alles im Klassizismus für häßlich Erkannte von der Abwertung und Zensur durch das idealistische Schönheitsideal reinigt und neben den normativen Schöpfungen Canovas und Thorvaldsens die Möglichkeiten einer phantastischen Karikatur des Schönen zur Kenntnis bringt. Sie liegen im Gestaltungsbereich zum Beispiel der Groteske, des Sittenbildes, der Satire, der Posse, der Komödie und der Karikatur im besonderen. Sie vollziehen als die *Desorganisation des Schönen* den Übergang von der Ästhetik zum Leben, vom Erhabenen und Vollkommenen zum Komischen und Fragmentarischen und

---

13 Vgl. Kliche, *Pathologie des Schönen*, S. 408.

14 Selbst noch befangen in der idealistischen Ästhetik, gesteht Rosenkranz dem Häßlichen keine ästhetische Dignität zu, wenngleich er seine Existenz akzeptiert. Das Obszöne insbesondere ist ihm ein Unästhetisches, da in ihm die Freiheit des sittlichen Willens sich vom Sinnlichen abhängig mache. Vgl. Glaser, *Wollüstige Phantasie*, S. 10/11.

damit implizit den Übergang zur Häßlichkeit der Sexualität.[15]

Aus einer harmonistischen Ansicht vom Häßlichen werden in der Moderne Schreckensbilder des Protests. In Kafkas *Verwandlung* lösen sie Ekel aus, bei Rimbaud und Benn "Anatomiegreuel", bei Beckett zeigen sie "das physisch Widerwärtige und Abstoßende" ebenso wie sie bei Jelinek Gewalt und Häßlichkeit moderner Gesellschaften widerspiegeln. Mit der Bauernderbheit holländischer Bilder des siebzehnten Jahrhunderts haben sie nichts mehr gemein. "Das anale Vergnügen und der Stolz der Kunst, überlegen es sich einzuverleiben, dankt ab; im Häßlichen kapituliert das Formgesetz als ohnmächtig."[16] Um so verfehlter erscheint mir daher der Versuch, gerade zur Deutung des Phänomens des ästhetisch Häßlichen im Werk Jelineks auf die häßlichen Bilder des Barocks zu rekurrieren. Besonders in bezug auf Jelineks Prosatext *Lust* wird auf ihr "Barock" und ihre "barocken Allegorien" hingewiesen: "Die Perspektive ihres Buches ist nicht einmal das konkrete Geschlechterverhältnis, sondern dessen Allegorisierung in barocken Todesbildern, in denen Himmel und Hölle auf Erden dargestellt werden."[17] Deutlich wird jedoch schnell, daß die Befunde nicht an der vergleichenden Untersuchung von Texten beider Epochen gewonnen wurden, sondern daß für eine Epoche Begriffe deduziert wurden, die in ihrer Allgemeinheit und Vieldeutigkeit zur Anwendung auf eine andere Epoche verleiten. Der Bildlichkeit im 17. Jahrhundert kommt entscheidend die Aufgabe zu, dem Modell der göttlichen Schöpfung folgend, in den Dingen ihre potentielle Abbildlichkeit geistiger Gehalte zu aktualisieren. Den Dingen wohnt als Teilen der Schöpfung Zeichencharakter inne, der in der Natur oder in der Heiligen Schrift verifiziert ist. Ein Barockpoet würde also nicht, wie Jelinek es tut, seinen Gegenstand zum Vehikel subjektiven Ausdrucks machen, um ihn nach Maßgabe seiner eigenen Vorstellung zu verändern. So erfüllen die Bilder

15 Gorsen, *Sexualästhetik*, S. 10.

16 Adorno, *Ästhetische Theorie*, S. 75.

17 Koch, *Sittengemälde aus einem röm. kath. Land*, S. 141.

des Häßlichen in der Kirchhofslyrik, nämlich Bilder der Verwesung unter Einbeziehung der Tiere, die die fleischliche Zerstörung fördern, die wir als widerwärtig empfinden, genau die Absicht des Barockpoeten: hinzuweisen auf die ewige Bedeutung der Tatsache des fleischlichen Vergehens.[18] Diese häßlichen Bilder sind in den Poetiken des 17. Jahrhunderts gerechtfertigt. Ihre verweisende Funktion sichert die Distanz des Lesers und der Leserin von den häßlichen Vorstellungen, es wird eine heilsgeschichtliche Wahrheit aktualisiert. Nicht Realität, sondern signifizierende "res" werden dargestellt. [19] Jelineks häßliche Bilder dagegen affizieren die Leser und Leserinnen als artistische Metaphern der Moderne, als autarke Bilder, die nur die Autorin mit Sinn versieht. Die Bildebene verweist keineswegs auf ein Weltganzes als geordnetes. Jelineks Bilder des Häßlichen, des Gewalttätigen, der Krankheit, der Verwesung und des Todes weisen auf die Gegenwart unserer Gesellschaft, auf sich selbst zurück.

> Zwischen ihren Beinen Fäulnis, gefüllose weiche Masse. Moder, verwesende Klumpen organischen Materials. [...] Erika läuft dahin. Bald wird diese Fäulnis fortschreiten und größere Leibespartien erfassen. Dann stirbt man unter Qualen. Entsetzt malt Erika sich aus, wie sie als ein Meter fünfundsiebzig großes unempfindliches Loch im Sarg liegt und sich in der Erde auflöst; das Loch, das sie verachtete, vernachlässigte, hat nun Besitz von ihr ergriffen. Sie ist Nichts. Und nichts gibt es mehr für sie. (K 198/199)

Auch Alexander von Bormann verweist auf Jelineks Hang zur Abstraktion, der "zu barocker Formgebung führt". "Der Sinn scheint im voraus verfügt, die Subjekte sind, wie einst im christlichen Trauerspiel oder höfischen Roman, so weit entmächtigt, daß sie wie Spielmaterial übergeordneter Mächte erscheinen."[20] Bormann jedoch weist zu Recht darauf hin, daß Jelinek durch sprachliche Verfahrensweisen wie die

---

18 Vgl. beispielsweise Gryphius, *Gedanken/Über den Kirchhoff Und Ruhestädte der Verstorbenen*, Werke Bd. III, Strophe 31, S. 13.

19 Vgl. Luther, *Barocker Expressionismus*, S. 114/115.

20 Bormann, *Dialekt ohne Trost*, S. 61.

"Metonymisierung der Allegorie" die mittelalterliche oder barocke Lesart bewußt vermeidet. Denn Jelinek verbindet "die Allegorie nicht (wie sonst in der modernen Poetik üblich) mit der Metapher [...] sondern mit der Metonymie, was sich für eine historisch-materialistische Geschichtsauffassung sozusagen gehört".[21] Die Relativierung des Subjektanspruchs, die einer - auch mittelalterlichen - allegorischen Darstellung zugrundeliegt, wird von Jelinek kritisch vorgeführt. "paula [...] bittet die liebe sofort herein und schenkt ihr eine gute tasse kaffee ein und legt ihr ein großes stück kuchen dazu." (LH 33) Der Kontext dieser allegorischen Darstellungsweise macht jedoch deutlich, daß Erich die "liebe" ist, die zu paula auf Besuch kommt. "erich ißt kuchen." (LH 33) Jelinek macht ihren Lesern und Leserinnen genau jenen Übergang zwischen realer und zeichenhafter Bedeutung der Bilddarstellung am Beispiel Paula deutlich, den keine ihrer Figuren nachvollziehen kann. Sie greifen auf vorgegebenes Bildmaterial zurück, das sie als Ausdruck individueller Empfindungen mißverstehen, um darauf rekurrierend ihre innere und äußere Welt zu gestalten. Für Paula ist Erich "eine fremdartige, gefährliche gestalt wie ein panther, ein wenig wie ein panther". Denn Paula hat schließlich einmal in einer Wochenzeitschrift "über bestimmte männer gelesen, die in einer gewohnten umgebung wie ein panther im dschungel gelebt haben. [...] wenn einer das sein könnte, dann erich, der panther." (LH 33) Jelinek erzählt von adaptierten Wirklichkeitsmustern, die ihre Figuren als Individualgeschichte mißverstehen. Die Metonymisierung der Allegorie vollziehen die Rezipienten und Rezipientinnen nach als kritische Perspektive auf die Wahrnehmungsfähigkeit der Figuren, für die Abstraktion und Konkretheit identisch sind, was die allegorische Darstellung abbildet.[22]

Jelineks sprachliche Bilder sind gerade in ihrem Prosatext *Lust* sicherlich " oft unmittelbare Transits in Leichenbilder oder auch Folterbil-

---

21 Bormann,*"Von den Dingen, die sich in den Begriffen einnisten"*, S 44.

22 Vgl. Bormann, *Dialektik ohne Trost*, S. 68/69.

der, wie sie aus der mittelalterlichen Malerei in feinen Pinselstrichen und geschmeidiger Transparenz überlagerter Farbschichten zur kulturellen Überlieferung gehören", aber einen "Garten der Lüste"[23] stellen sie keineswegs dar. Im Gegenteil: der wahrscheinlich Ende des 16. Jahrhunderts von Hieronymus Bosch geschaffene Flügelaltar, der im Deutschen unter dem irreführenden Titel *"Der Garten der Lüste"* bekannt wurde, stellt nicht die Lüste, sondern die Überwindung des Fleischlichen dar, nicht das verlorene, sondern das gewonnene Paradies. Der rechte Flügel des Triptychons, dargestellt ist dort die Hölle, warnt vor dem Abkommen von der gottgefälligen Bahn. Freilich in grotesk theatralischer Form, mit der die lärmenden, niedrigen "Freuden" des kleinen Alltags dargestellt werden·[24] Jelineks Körper-Bilder, mit denen sie dem Fleisch die Geschichte des Abendlandes wiederzugeben sucht, sind durchaus grotesk. Die beanspruchten Leser und Leserinnen mögen auch Höllenqualen assoziieren, aber auf ein Paradies, auf Erlösung, z. B. auf die von der Entfremdung des modernen Menschen, verweisen Jelineks Bilder nicht. Sie spiegeln vielmehr Gewalt und Häßlichkeit moderner Gesellschaften wider. Denn die allen sozialen Beziehungen inhärente Gewalt ist eines der Hauptthemen im Werk Jelineks. In der Dissonanz bringt Jelinek alle Ambivalenz zum Ausdruck.

Geradezu in Umkehrung einer These Karl Heinz Bohrers folgt Jelinek einer Ästhetik des Häßlichen, die das Böse als Funktionsprinzip des gesellschaftlichen Zusammenhangs darstellt. Keinesfalls läßt sich die Kategorie des Häßlichen im Werk Jelineks einer "genuin modernen Ästhetik des Bösen" zuordnen, welche Bohrer gar als "Grundstein einer Poetologie der Moderne" auffaßt,[25] die "unabhängig von historisch-sozialen Ursachen als Bedingung der Kunst selbst"[26] sei. Jelineks Bilder schweigen

23 Koch, *Sittengemälde aus einem röm. kath. Land*, S. 139.

24 Rothe, *Hieronymus Bosch*, S. 7.

25 Bohrer, *Das Böse - eine ästhetische Kategorie?*, S. 467.

26 Bohrer, *Erwartungsangst und Erscheinungsschrecken*, S. 385.

ebenso wenig, wie sie "in einem Arrangement ästhetisch verschlossener böser Vorstellungen verharren, ohne daß ein Sinn, welcher auch immer, vermittelt würde".[27] Im Gegenteil: Jelinek führt vor, wie auf Rationalität gründende Gesellschaften das, wovor sie Angst haben, durch Abtrennung und Ausschließung produzieren. Sie zeigt, daß in dem Prozeß, der den Normalmenschen entstehen läßt, auch das Monstrum als dessen Komplement entsteht. Und in gewisser Weise ist der Normalmensch selbst dieses Monstrum, da er, um normal zu sein, gezwungen ist, seine eigene heterogene Wirklichkeit auf unblutige Weise zu vernichten. Jelinek ist der Gewalt, die allen homogenen Systemen zugrundeliegt, als einem unauflösbarenn Zusammenhang von Sadismus und Macht, mit ihrer Sprache auf der Spur.

Vor den Versprechungen Jelineks in ihrem Roman *wir sind lockvögel baby!*,[28] der 1970 in schwarzem Knautschlack veröffentlicht wurde, sei daher gewarnt:

> das soll kein ernstes werk sein wie so viele sondern mehr beschwingten karakters. eine leichte fröhliche urlaubslektüre für unbeschwerte ferien fürs sommerliche urlaubsgepäck. ein büchlein [...] das sie gewiss nicht belasten wird mit hoher politik grausamkeiten in der welt oder im inland mit schweren problemen. ein buch das endlich nicht anstrengt sondern entspannt und unterhält. (LV 30)

Denn diese Art sommerlicher Reiselektüre liest sich beispielsweise so:

> seine instinkte reagiert herr stoessli der osterhase ab indem er ein loch in elisabeths wuschelkopf bohrt und mit der kopfflüssigkeit die herausrinnt vergraute und vergilbte gardinen und herrenwäsche reinigt. sind auch sie der ansicht dass frische duftige wäsche zum wohlbefinden der ganzen familie beiträgt? [...] elisabeth fühlt sich auch gleich viel wohler diese unanständigen bilder quälen sie nicht mehr so. herr stoessli will elisabeth demnächst in seiner trommelwaschmaschine ausprobieren. (LV 11)

27 Bohrer, *Das Böse - eine ästhetische Kategorie?*, S. 468.

28 Die Bezeichnung *Roman* im Untertitel muß eher als parodistisches Zitat der Gattung verstanden werden. Zeit, Ort, Personen und Erzählerperspektive, die üblichen Kategorien der Romananalyse, sind auf den Text alle nicht anwendbar.

Die von der Erzählerin als "unanständig" und nicht etwa als grausam bezeichneten Bilder, die Herr Stoessli mit der "kopfflüssigkeit" Elisabeths aus deren Gedächtnis löscht, sind folgende:

> ihre mutter im chinchilla hausanzug der sich verschiebt ein stück ihrer blassen marmorkühlen elisabeth hat eine kühle mutter haut preisgebend und ben ihr ben der ihr gerade mit der rasierklinge ihres verstorbenen vaters ein kreisrundes loch in den pelz zwischen den beinen schneidet[29] du tust mir weh flüstert trude in der dunkelheit des schlafzimmers und er kann das schmerzhafte einsaugen ihres atems hören. ist ja schon gut erwidert er und dreht sich auf die andere seite. das bett knarrt dann ist es still toten still. (LV 10/11)

Die Erwähnung von Elisabeths Qual - als deren Ursache wird nicht die ihr, sondern die ihrer Mutter Trude zugefügte physische Gewalt angeführt - und von Trudes Schmerz kündigen eine Erzählerperspektive an, die das Geschehen aus der Neutralität der übrigen Schilderung zu holen verspricht. Doch die auktoriale Erzählerin verhindert ebenso bewußt die Perspektive eines möglichen Mit-Leidens, wie sie jede psychologische oder individuelle Deutung des Geschehens zu verhindern sucht. Den zitierten Textpassagen ist an der Oberfläche jede Kausalität entzogen. Es gibt kein *weil*, kein *darum* oder *deshalb*, das dazu angetan wäre, zu erklären, weshalb Herr Stoessli Elisabeth oder Ben Trude malträtieren. Indem Jelinek Herrn Stoessli Elisabeths Kopfflüssigkeit - als Teil fürs Ganze - zum Reinigen seiner vergilbten Wäsche benutzen läßt, wird Elisabeth in der rhetorischen Figur der Synekdoche zum Gebrauchsgegenstand (Waschmittel), zur Ware. Die sexuelle Konnotation dieser Szene - sie funktioniert über die Schlüsselwörter "Instinkte", "Loch" und "bohren" - wird scheinbar verleugnet; durch die direkte Ansprache der Leser und Leserinnen wird deren Blick vielmehr auf die friedliche Bürgerwelt der Reklame gelenkt, in der der Ausschluß aller Verhaltenswei-

29 In dieser Szene sind schon die späteren Selbstverstümmelungen von Jelineks Figuren Anna Witkowski und Erika Kohut angelegt, die ebenfalls mit der Rasierklinge des Vaters durchgeführt werden. Was Anna und Erika sich später selbst zufügen werden, fügt hier jedoch ein Mann einer Frau zu. Vgl. A 24 und K 88/89.

sen und Denkrichtungen bereits vollzogen ist, die dem vernünftigen Bild der Gesellschaft von sich selbst widersprechen.

> sind auch sie der ansicht dass frische duftige wäsche zum wohlbefinden der ganzen familie beiträgt? sicher finden sie es angenehm in einem frisch bezogenen bett zu schlafen. sorgen sie dafür dass ihre lieben wenigstens alle 3 wochen in frisch bezogenen betten schlafen. elisabeth fühlt sich auch gleich viel wohler [...] (LV 11)

Ein idyllischer Duft von frischer und sauberer Wäsche wird hier verströmt, der den Gestank der Gewalt überdeckt. Häusliches Glück und Brutalität gehen eine fröhliche Koexistenz ein.

> die deutschen sind rupert stoessli ein dorn im auge besonders wenn sie so schön sind wie die fünfzehnjährige mit dem erfahrenen gesicht einer achtzehnjährigen und dem körper eines kindes. seine instinkte reagiert herr stoessli der osterhase ab indem er ein loch in elisabeths wuschelkopf bohrt [...]. (LV 11)

Die Mißhandlung der Mutter und des Kindes werden parallelisiert. Gewalt (Verletzung der Mutter) wird scheinbar mit Gegengewalt (Mißbrauch des Kindes) getilgt, denn "elisabeth fühlt sich auch gleich viel wohler". Herr Stoessli mag die Deutschen nicht. Seine "Instinkte" reagiert er an Elisabeth als Repräsentantin dieser Nation ab. Indem Jelinek jedoch beide Aussagen nicht verknüpft und unkommentiert läßt, verweist sie auf deren gewalttätiges Grundmuster, das sich allenfalls aus Scheinkausalitäten speist - wie z. B. Rassismus, der als Legitimation von gewalttätigen Verhaltensweisen gedacht wird.

Diese formale Organisation des Widersprüchlichen durch Nichtverknüpfung oder falsche Verknüpfung, die gesellschaftliche Widersprüche nicht als zum Handeln provozierende, aufzuhebende Widersprüche, sondern als miteinander verträgliche und vereinbare behandelt, übernimmt Jelinek von der Trivialliteratur als ein Grundmuster für ihre frühen Prosatexte. Beharrlich sucht Jelinek die kulturelle Grenze zu den trivialen Stoffen ihrer Zeit auf, um in deren Spiegelungen massenhafte Sehnsüchte und Ängste zu ergründen. Deren Wahrnehmungsmuster werden ihr zum literarischen Material, das sie durch intertextuelle Verweise in ihre Texte flicht: "ohne fleiss kein preis. ich bekomme aber auch mit fleiss nur wenig, weil du eben zuwenig fleissig bist." (M 8) Solchen, wie vielen anderen simplifizierenden sprachlichen Erklärungsmustern ist Jelinek unermüdlich auf der Spur, die man in Anlehnung an Roland Barthes Begrifflichkeit als eine Strategie des über die Welt Redens bezeichnen könnte, mit Hilfe derer historische Intention als Natur angezeigt wird. Durch ein tautologisches Urteil verlieren historisch reale Zustände - im zitierten Beispiel intendierte gesellschaftliche Ungleichheit - die Erinnerung an ihre Herstellung. Soziale Unterschiede und Ungerechtigkeiten werden nicht erklärt, sie werden nur festgestellt. Der Einspruch, den Jelinek vordergründig erhebt, "ich bekomme aber auch mit fleiss nur wenig", wird entkräftet mit der Feststellung, dann funktionierst du eben innerhalb bestehender Regeln der Leistungsgesellschaft nicht entsprechend. "weil du eben zuwenig fleissig bist." Jelineks Figuren leugnen das Reale nicht, sondern wenden es um, indem sie es von Geschichte entleeren und mit Natur anfüllen. Ihre Sprache leugnet die Unterschiede zum jeweils anderen nicht, sondern stellt sie fest."Wie es ist, so ist es. Das gibt Sicherheit und Sicherheit erzeugt Angst vor dem Unsicheren." (K 191) Die Komplexität menschlicher Handlungen scheint abgeschafft, jede Dialektik unterdrückt. Jelinek vollzieht in ihren Texten jene mythische Sprache nach, die eine Welt ohne Widersprüche organisiert.[30] "es gibt keine sieger und besiegte es gibt nur noch menschen." (M 30) Durch kurze, auf den ersten Blick fast unmerkliche Einwürfe wird die mimetische Anverwandlung harmonisierender Sprachmuster wie, "es gibt keine sieger und besiegte", gestört. Die Signifikantenfolge bleibt dabei auf den ersten Blick zwar intakt, in ihrer Oberflächenstruktur zwar erhalten, Bedeutung wird aber nur vorgetäuscht. Denn durch den Einschub "noch" wird die Aussage widersinnig. "[...] es gibt nur noch Menschen." Wen gab es denn vorher außer Menschen? In ihren Prosatexten *Oh Wildnis, oh*

30 Vgl. Barthes, *Mythen des Alltags*, S. 131/132.

Schutz vor ihr und *Lust* verlagert sich diese Technik Jelineks bis hinein in einzelne "Wortkrüppel":

> Da ich sehr mit dem einzelnen Wort arbeite, bleibt die Syntax oberflächlich unverletzt. Der Herrschaftsdiskurs wird eben geführt, indem die Wortkrüppel aufmarschieren und auf den Täter zeigen. Erst auf den zweiten Blick öffnet sich die Verfremdung des Gewohnten für den Leser. D. h., er erkennt die Elemente, mit denen gearbeitet wird wieder, aber er kann sie nicht wie gewohnt zusammensetzen.[31]

So ist in Jelineks Text *Oh Wildnis, oh Schutz vor ihr* beispielsweise in einem oberflächlichen Plauderton von Politikern die Rede, deren Herrschaftsdiskurs jedoch bis ins einzelne Wort nachgespürt wird, um ihn zu entlarven. Sie "ziehen ihre fesche alte Niedertracht an, um eine Autobahn oder eine Brücke zu eröffnen." (W 158) Durch Metathesen in einzelnen Worten erzeugt Jelinek verfremdende Effekte. Der buchstabentreue Signifikant wird spielerisch eingesetzt, um eine metasprachliche Ebene zu erzeugen. Der "Kaufhauskönig" setzt sich "für die Natur und deren Fortbestand ein, seit er seine Kaufhäuser abgestoßen hat. Am heftigsten setzt er sich für seinen Forstbestand ein." (W 218) Wenn Jelinek in ihrem Prosatext *Lust* von den "friedliche(n) Wege(n)" der "Bergsöhne" erzählt, ist auch deren Realität gewaltgetränkt, die Jelinek durch die Auftrennung der Einheit des Zeichens erreicht, die sich in kleinsten sprachlichen Einheiten ereignet. "In den Hitlerzimmern der Tankstellen schlagen sie jetzt wieder aufeinander ein, diese kleinen Geschlechter an ihren Gängelbändern [...]" (L 12/13). Jelineks Theaterstück *Burgtheater*, eine *Posse mit Gesang*, lebt geradezu von einer Kunstsprache, die sich häufig durch die Permutation einzelner Phoneme, oder der Vertauschung zweier oder mehrerer Elemente eines Satzes oder Wortes, konstituiert.

> Istvan: [...] Grieß enk Gott alle miteinander, alle miteinander, alle miteinander! **I hab zwa harbe Rappen,** mei Zeugerl steht am Grabn! **I seh da rare Happen!** [...] **I hab a rare Pappn!** Ui jegerl! Scham-

31 Zitiert nach Hoffmann, *Hier lacht sich die Sprache selbst aus*, S. 52. Das Zitat stammt aus einem Gespräch, das als Nachwort zur französischen Ausgabe von *Lust* (Nîmes, Jacquelin Chambon 1991) erschienen ist.

pus! Juchu! Das ungarische Herrengut. Der Leutnantmut. Das Wurmbuchtel. Das Umfuchtel. (BU 103)

Jelinek arbeitet hier mit der Vertauschung der Phoneme h/r und mit einem Parallelismus, der duch die dritte Sequenz entsteht.

I hab zwa **h**arbe **R**appen
i seh da rare **H**appen
i hab a **r**are **P**appn[32]

Ebenso verwendet sie Wortschöpfungen wie "Wurmbuchtel", Austriazismen wie "enk", "zwa", "Pappn" etc. Durch diese Mittel und solche wie Reihung von Satzstümpfen redensartlicher Wendungen (besonders in der Schlußszene), Verballhornung bestimmter Wörter wie etwa "Schaubrunz [...] Schauprinz, Schschschaupisserinnen" (BU 122) erzeugt Jelinek eine Art Sprachgitter, in dem das 'Kulturgut' der Barbarei eingefangen wird, um es erbarmungslos zu entlarven.[33]

Käthe: Dung! Dung! Dung! Karls Dung. Franzens Dung, Adolfs Dung. Gedüngte Hhherde. Llleicheln unterm Baam. Marod ... Krowot ... Ttttorsch ... Schschschood daß Tttttortn! Tuatn. Henriette. Lavendel. Buxbaam. Morrrdenrot! Junger Tutter! Hinreise. Au! Au! Auschschwww ... Schwester! Geh Pepperl, plausch net! (BU 124)

Diese *Posse mit Gesang* lebt von einer Kunstsprache, die eher Kunstgesang ist. In der Tonart des bekannten Alliterationssprüchleins "Wir Wiener Waschweiber wollten weiße Wäsche waschen, wenn wir wüßten, wo weiches, warmes Wasser wäre", dessen Melodie in Bruchstücken immer wieder intoniert wird, singen und krächzen Jelineks Protagonisten von unbeschwerter und unschuldiger Kunst in und nach dem Faschismus. Mit satirischer Schärfe betreibt Jelinek die Bloßstellung gewalttätigen Seins.

Auf ihren analytischen Streifzügen durch die trivialen Spiegelungen gesellschaftlicher Realität, durch Musik- und Unterhaltungssendungen

---

32 Alle Hervorhebungen von A. D.

33 Vgl. Kerschbaumer, *Bemerkungen zu Elfriede Jelineks Burgtheater, Posse* mit Gesang, S. 43.

(Dietmar Schönherr, Udo Jürgens, Bonanza etc.), durch die Welt der Comics (Superman, Batman und Mickey Mouse etc.), die der Werbung (Weißer Riese, Pepsodent etc.) und der Groschenromane[34] ist es Jelinek nicht an der Feststellung der eindimensional zu erfassenden Diskrepanz von Sein und Schein gelegen. Mit Lehrsätzen, die an Brecht erinnern,[35] nimmt beispielweise der Erzähler in Jelineks Text *Michael, Ein Jugendbuch für die Infantilgesellschaft* kommentierend Bezug auf die Handlung, die Jelinek in diesem Text hauptsächlich mit "Zitaten" aus bekannten TV-Sendungen dieser Jahre speist. Jelinek modifiziert das Brechtsche Verfahren des Lehrsatzes jedoch, indem ihre kommentierenden Einschübe innerhalb der Vorstellungswelt und der Denkkategorien ihrer Protagonisten und Protagonistinnen bleiben. Die Lehre ist keine Lehre, sondern führt in die Irre. Es wird keine kathartische Wirkung erzielt, sondern die Scheinwelt bleibt aufrechterhalten.

> hallo liebe buben und mädel!
>
> spielt diese kleine szene nach! [...] natürlich könnt ihr auch eigene sätze erfinden oder ihr macht es einfach so wie in wirklichkeit. das ist sogar besonders lustig. wenn ihr so tut wie in der wirklichkeit. so nennt man das wahrheit [...] ihr könnt es ja schon sehr gut. (M 20)

Die klare Trennung, die Zuschauer und Zuschauerinnen bei Brecht zwischen Fiktion und deren gesellschaftlichem Bezug nachvollziehen können, wird bei Jelinek absichtsvoll verwischt. "wirklich wirklichkeit" (M 20) oder "fortsetzung der wirklichkeit" (M 31) überschreibt Jelinek - mit

---

34 In *bukolit* und *wir sind lockvögel baby!* standen die Print-Medien und das Fernsehen noch als gleichwertige Quellen nebeneinander. In *Michael* dominiert eindeutig das Fernsehen, in den *Liebhaberinnen* gewinnen Trivialliteratur und Illustrierte wieder an Gewicht, während in den späteren Texten besonders die klassische literarische Tradition als Zitatenschatz geplündert wird. Vgl. Schmidt-Bortenschlager, *Gewalt zeugt Gewalt zeugt Literatur* ..., S. 32.

35 Man denke an Brechts Lehrstücktechnik, innerhalb derer "Liedern" und "Epilogen" immer eine didaktische Bedeutung zukommt. Meist beinhalten diese eine historisch-materialistische Analyse der vorangegangenen Handlung und sollen so "falsches Bewußtsein" als korrigierbar aufzeigen.

ironischer Intention - beispielsweise zwei Kapitel des Textes *Michael*, um mit ihren Erzählerkommentaren, die als simplifizierende sprachliche Muster meist mythische Qualität haben, bewußt an der Essenz des Dargestellten vorbeizugehen.[36] "liebe junge freunde", spricht der Erzähler Leser und Leserinnen an, "was haben wir heute wieder gelernt? geben ist seliger als nehmen. auch wenn die richtigen nichts davon kriegen und immer den falschen genommen wird." (M 78) Mit eben solcher Technik vollzieht Jelinek unermüdlich den von Barthes beschriebenen Prozeß der Bemächtigung der Sprache durch den Mythos nach. Denn sie zeigt, wie die Verbraucher und Verbraucherinnen von Mythen dieses System als System von Fakten auffassen, wobei jedes semiologische System auch eines von Werten ist.

Mit harten Schnitten reiht sie Szenen aus einer von Gewalt gesättigten Realität aneinander und fängt damit jene Diskontinuität und Künstlichkeit ein, die Kennzeichen der Normalität des gesellschaftlichen Alltags sind. "gerda zeigt ihrem herrn chef wie lieb sie ihn hat. sie streichelt den herrn chef und sagt ich habe sie lieb herr chef. aber der herr chef tritt gerda von hinten gegen die kniekehlen dass sie einknickt wie ein bambi rehlein." (M 32) Jelinek ist es dabei an der Aufdeckung organisierter Widersprüchlichkeit zwischen der Erziehung zur Sprache als Vermeidung von Gewalt einerseits und dem Angebot eines auf Gewalt gegründeten heroischen Autoritätsvorbildes andererseits gelegen: an der Darstellung der Ästhetisierung des Brutalen, der Gewalt.

> helmuts umfangreiche waffentüte lockte auch die jungen uniformträger unter anführung des osterhasen aus ihrer reserve. im besten krachen schreien und wehklagen und flammenprasseln aber erklingt das händeklatschen von white gigant: flugschuhe ausfahren und auf zu neuen aufgaben zum weiteren kampf gegen das böse in der welt. im langsamen walzer wirbeln alle daraufhin davon. (LV 55)

White gigant beendet das fröhliche Spiel gerade in dem Moment, als es am schönsten (bzw. am besten) ist. Und "das Beste", dieses fröhliche

---

36 Vgl. Brügmann, *Schonungsloses Mitleid*, S. 157.

Treiben mit dem Spielzeug aus Helmuts Wundertüte, die zur Waffentüte avancierte, entlarvt Jelinek als "krachen, schreien, wehklagen und flammenprasseln". Aber white gigant holt die jungen Uniformträger zurück auf den Boden der Tatsachen, nicht um ein Spiel geht es, sondern um die Verteidigung des Guten, um den "kampf gegen das böse in der welt". Und für diesen Fall werden den Beschützern der heilen Welt alle zur Verfügung stehenden Machtmittel zugestanden. Supermänner, Wildwesthelden und Soldaten werden als Normalverbraucher der Gewalt dargestellt. Indem sie die Kleidung wechseln, wechseln sie auch die Moral. Was für den Bürger gilt, wird dem jungen Uniformträger, wird im Rollentausch ungültig. Die Uniform wird zum Signal für die Sonderrechte ihres Trägers.

> Der legalisierte Mord, der faszinierende Sadismus einer Salome, die bedenkenlose Brutalität eines James Bond und die uneingeschränkten Tötungsvollmachten des Weltraum-Tarzans Perry Rhodan: sie sind Projektionen der Spießersehnsucht nach dem Ausbruch aus den Regeln sozialen Verhaltens.[37]

Mit ihrer aus trivialen Elementen montierten Bilderrevue dokumentiert Jelinek die politische Nutzung trivialer Kunst, die im Sinne der bürgerlichen Ideologie betrieben wird. Unterhaltsame Brutalität, die "Dekoration des Terrors"[38], begreift Jelinek zugleich als Instrument und als (trivialliterarische) Antizipation der gesellschaftlichen Entwicklung zur Inhumanität - d. h., zur Verhinderung sozialer Einsicht.

Vor diesem Hintergrund sieht Jelinek ihre frühe Prosa als eine Form der "gegengewalt", zu der sie auch ihre Leser und Leserinnen aufruft. "sie brauchen das ganze nicht erst zu lesen, wenn sie glauben zu keiner besseren gegengewalt fähig zu sein." (LV, Gebrauchsanweisung o. S.) Durch den autoritären Duktus der Ansprache ihrer Rezipienten und Rezipientinnen im ersten Satz der "gebrauchsanweisung" ironisiert sie je-

---

37 Heidenreich, *Ästhetisierter Sadismus*, S. 64.

38 Ebd., S. 59.

doch sofort ihren eigenen Anspruch, Leser und Leserinnen aktiv in den künstlerischen Produktionsprozeß einzubeziehen: "sie sollen dieses buch eigenmächtig verändern, sie sollen die untertitel auswechseln, sie sollen hergehen & sich überhaupt zu VERÄNDERUNGEN außerhalb der legalität hinreißen lassen." (LV, Gebrauchsanweisung o. S.) In Befehlsform wird Ungehorsam verlangt. Damit wird ironisch auf eine Grundstruktur der von Jelinek umfangreich eingefügten Fremdtexte aus dem Bereich der Unterhaltungsliteratur Bezug genommen, die darauf abzielt, den Lesern und Leserinnen ein der gesellschaftlichen Norm verpflichtetes Konsumverhalten aufzuzwingen.

Deutlich werden hier Grundzüge des den frühen Prosawerken Jelineks zugrunde liegenden poetischen Programms, das, geschult an den ästhetischen Methoden experimenteller Poesie[39] der Wiener Gruppe und des Wiener Aktionismus, auf einen Kunstbegriff rekurriert, der zum einen Polemik gegen das individuelle Schöpfertum des Künstlers und zum anderen die Aufhebung des Gegensatzes zwischen Produzent und Rezipient betreibt, die in der Logik der avantgardistischen Intention der Aufhebung der Kunst als eines von der Lebenspraxis abgehobenen Bereiches liegt. Wobei Jelineks poetisches Programm jedoch gleichzeitig mitreflektiert, daß das "pratiquer la poésie" André Bretons, daß die Intentionen der historischen Avantgardebewegungen, die für die bürgerliche, autonome Kunst wesentliche Bestimmungen negieren, wie Abgehobenheit von der Lebenspraxis und individuelle Produktion und davon getrennte individuelle Rezeption[40] in der spätkapitalistischen Gesellschaft unter umgekehrten Vorzeichen verwirklicht werden. Unterhaltungsliteratur und Warenästhetik zeugen von einer falschen Aufhebung der autonomen Kunst.

---

39 In bewußter Analogie zu Techniken experimenteller Malerei und Musik konzentriert sich Jelineks poetisches Frühwerk - besonders der Hörroman *bukolit* - auf den Materialaspekt der Sprache, besonders auf ihre Hörbarkeit. Gerade die klangassoziative Schreibtechnik ist jedoch seit ihrem Prosatext *Oh Wildnis, oh Schutz vor ihr* wieder verstärkt als sprachliches Verfahren feststellbar.

40 Vgl. Bürger, *Theorie der Avantgarde*, S. 72.

Literatur, die den Lesern und Leserinnen ein bestimmtes Konsumverhalten aufzwingt, ist praktisch, aber nicht im Sinne der historischen Avantgarde. Denn hier wird Literatur zum Instrument der Unterwerfung und nicht der Emanzipation. Für Jelinek, die sich dieser Gefahr der falschen Aufhebung der Autonomie der Kunst bewußt ist, ist Kunst ein Freiraum, in dem gesellschaftliche Gegenwehr, d. h., gezielte politische Verhaltensweisen eingeübt werden können.

> ich baue ihnen keine einzige künstliche sperre die sie nicht durchbrechen könnten. ich hole sie ganz nah heran und zeige ihnen die noch unbemerkten hohlräume in ihrem organismus die bereit sind für völlig neue programmierungen. (LV, gebrauchsanweisung o. S.)

Die Ironisierung ihres eigenen poetischen Programmes ist durchgängig, gerade wenn sie von "programmierungen" spricht, die sie ja zu hintertreiben sucht. Die Aufhebung des Autonomiestatus der Kunst erscheint Jelinek denn auch nicht wünschenswert, garantiert doch "die Distanz der Kunst zur Lebenspraxis allererst den Freiheitsspielraum [...] innerhalb dessen Alternativen zum Bestehenden denkbar werden".[41] Jelinek arbeitet einer Idee von Kunst entgegen, die, gerade weil sie jedem unmittelbaren Eingreifen in die Kunst entsagt, geeignet wäre, die Totalität des Menschen wiederherzustellen.[42] So wehrt sie sich auch gegen die (in ihren Augen) falsche idealistische Kunstauffassung von der totalen Unabhängkeit des Kunstwerks von der Gesellschaft.

In ihrem Buch *Michael, Ein Jugendbuch für die Infantilgesellschaft!* fängt Jelinek unheimlich genau den optimistischen, freundlich aufgeschlossenen Ton bekannter Kinder-, Quiz- und Familiensendungen ein. Im Tonfall einer Fernsehmärchentante durchquert sie die Diskurse der Vorabendprogramme, wobei Jelinek in diesem Bilderbuch der auf Hochglanz polierten, bürgerlichen Idyllen ein Szenario der Gewalt bloß-

---

41 Ebd., S. 73.

42 Eine Position, die beispielsweise von Schiller vertreten wurde. Vgl. Schiller, *Über die ästhetische Erziehung des Menschen*, S. 101 f.

legt: die in der Normalität nistenden Gewaltverhältnisse werden durch überraschende Schnitte und Montagen herausgetrieben; in einem unmerklichen Übergang zum Ausbruch von offener Gewalt. Die idyllischen Oberflächenbilder zeigt Jelinek dabei als wichtiges Element dessen, was Wirklichkeit heißt: sie sind als kompensatorische Projektionen selbst Teil der von Herrschaft gesättigten Realität.

> die oma nimmt den schweren tortenheber aus silber und schlägt dem kleinen thomas zur strafe auf die fingerl. seine finger hängen gleich unbenutzbar herunter und werden blau [...] die omi ist die allerwildeste dabei wird sie wieder ganz jung. sie setzt ihrem liebling tommy zwei kandierte kirschen statt seiner augen ein. ganz blind tapst der tommyfrosch da herum [...] aber dann holt die gute oma noch eine tafel bensdorfer aus der handtasche. sie muss den tommy füttern weil der ganz blind ist und zwei hände gebrochen hat. aber es schmeckt ihm trotzdem die schokolade von der oma ist halt immer die beste sagt die oma. (M 48/49)

Das fröhliche Tortenvergnügen der TV-Familie entpuppt sich als Kindesmißhandlung. Verniedlichende Endungen wie bei "fingerl", "omi" und "tommy", Zusätze wie "frosch", "liebling" und "gut" suggerieren an der Oberfläche liebevolles Umgehen der Großmutter mit dem Enkel. Doch die süßliche Tonlage der aus einem TV-Programm entstiegenen Figuren - sie agieren hier laut Angabe der Autorin in der "wirklichkeit" (M 47) - stimmt mit deren Handeln nicht überein: denn die großmütterliche Gewalt dominiert die Szene. Das Interesse der Erzählerin gilt dann auch dem gewalttätigen Detail in der Nahaufnahme: "seine fingerl hängen gleich unbenutzbar herunter und werden blau" und "er hat zwei hände gebrochen". Das psychologische Deutungsmuster wird den Lesern und Leserinnen auf der Suche nach einer Erklärung für die großmütterliche Malträtierung des Enkels mit dem "schweren tortenheber aus silber" verweigert. Statt dessen bleibt einzig der Hinweis der Erzählerin "zur strafe". Verfolgt man den Text einige Zeilen zurück, bekommt man hierzu folgende Aufklärung: "thomas steckt ganz reizend den ungezogenen buben spielend sein händchen mitten in die sahnekrone auf der torte." (M 47) Ungehorsam, der bestraft werden muß, das also ist die Erklärung für das Verhalten der Großmutter. Die Erzählerin nimmt dann die Perspektive der Großmutter ein: "pfui bub das tut man doch nicht! du bist ein schweinderl." (M 47/48) Mit dem Kunstgriff, die Großmutter sich der gesellschaftlichen Norm ("das tut man doch nicht") versichern zu lassen, führt Jelinek deren Verhalten als normales vor. Die unangemessene Härte der Bestrafung des Kindes bleibt unkommentiert, aber gerade dadurch wird diese Form familialer Gewalt als Bestandteil autoritärer Gesellschaftsstrukturen desavouiert. Die großmütterliche Verfügungsgewalt wird als dem Kind schicksalhaft, unausweichlich dargestellt, die sich hier, wie auch an vielen anderen Stellen in Jelineks Werk, vor dem Hintergrund einer ganz alltäglichen Situation (hier ist es die Nahrungsaufnahme) vollzieht. Die Märchentante fragt daher auch zu Beginn dieser Episode die "lieben jungs und mädels": "ist euch schon aufgefallen dass eigentlich bei fast jedem fest einer dabei ist der sich nicht einordnen kann?" (M 47) Thematisiert wird hier keineswegs die großmütterliche Haltung zur Gewalt, sondern der Anpassungsprozeß des Kindes an autoritäre Strukturen, zu denen als ein Bestandteil eben diese Form der Gewalt gehört. Diese Darstellung des kindlichen Sozialisierungsprozesses, die eine gewalttätige familiale Hierarchie fokussiert, der das Kind hilflos unterworfen ist, durchzieht Jelineks gesamtes Werk.

> die hauptperson aber, das kindchen, wird gewickelt und gefickelt, bis es gehen und tretrollern kann, dann wird es geohrfeigt, mit einkaufstaschen beschwert, mit sensen hindurchgemäht, unter autos zermatscht, oder es fällt in den wildbach, dem besoffenen vater in die hände, unter das selbstgehackte kleinholz oder in irgendwelche schänderhände, wenn man das überlebt, kann man immer noch mit 15 besoffen mit dem moped gegen den betonbrückenpfeiler prallen. oft kann man ein kind bei einem schwach zuckenden spielversuch beobachten, von dem es sofort weggezerrt, mit kopfnüssen traktiert und mit fußtritten beladen wird [...] (LH 69)

Diese Schilderung, die Jelineks Roman *Die Liebhaberinnen* entstammt, erinnert an H. M. Enzensbergers Gedicht *Geburtsanzeige*, das vom "kindchen" handelt, welches als Bündel auf diese Welt geworfen wird. "Es ist verraten und verkauft", "es ist verworfen und verwirkt", "es ist verbucht verhängt verstrickt".[43] Passivkonstruktionen bestimmen beide Textpassagen. Bei Jelinek wechselt dann unmerklich die Perspektive: aus dem passivischen "es" wird ein "man", das endgültig Allgemeingültigkeit für diese Art der Erziehung beansprucht. Die passiven Satzkonstruktionen und das allgemeine "man" lassen den Eindruck reaktiver, generalisierbarer der subjektiven Intentionalität beraubter, gesellschaftlicher Zustände entstehen, die den Protagonisten und Protagonistinnen als naturgegebene Unterordnungsverhältnisse, erscheinen, als Sich-Einfügen in eine Sozialordnung, die auf Ungleichheit und Abhängigkeit als einer Grundbedingung aller menschlichen Entwicklung beruht. Undurchschaut bleibt von den Figuren Jelineks, daß die propagierte familiale Autoritätsstruktur auch die Autoritätsstruktur der herrschenden Sozialordnung reproduziert und stabilisiert. Jelinek macht sich diesen "mythischen Blick" auf die gesellschaftlichen Verhältnisse zu eigen, auf den sie in besonders deutlicher Form in den trivialen Stoffen der medialen Welt stößt. Dieser Blick schafft die Komplexität der menschlichen Handlungen ab und unterdrückt jede Dialektik. Jelinek gibt vor, diese mythische Organisation einer Welt ohne Widersprüche nachzuvollziehen: "Die Dinge machen den Eindruck, als bedeuteten sie von ganz allein."[44] Diese Organisation und Rezeption von Welt und Wirklichkeit zu stören, ist jedoch die Kernabsicht der literarischen Arbeit Jelineks.

Die "kopfnüsse" der oben zitierten Textpassage finden in Jelineks späterem Text *Die Klavierspielerin* ihre Fortsetzung. Trotz des für Jelinek in diesem Roman ungewöhnlich ausgeprägten psychologischen Interesses an der Entwicklung einer Person - es ist die Klavierlehrerin Erika Kohut - das sich in diesem Maße wohl nur noch in Jelineks Roman *Die Ausgesperrten* finden läßt, bleiben auch in diesem Text alle Figuren im vorgefügten sozialen Netz verstrickt, sind jeder Chance eines individuellen Verhaltens von Anfang an beraubt: "Wie es ist, so ist es". Erika

43 Zitiert nach Bormann, *Dialektik ohne Trost*, S. 61.

44 Barthes, *Mythen des Alltags*, S. 132.

und all die andern sind eingezwängt in ein "Rastersystem", das sie, "im Verein mit der Mutter, in ein unzerreißbares Netz von Vorschriften, Verordnungen, von präzisen Geboten geschnürt hat wie einen rosigen Rollschinken am Haken des Fleischhauers". (K 191)

> Unter einer gläsernen Käseglocke sind sie miteinander eingeschlossen, Erika, ihre feinen Schutzhüllen, ihre Mama. Die Glocke läßt sich nur heben, wenn jemand von außen den Glasknopf oben ergreift und ihn in die Höhe zieht. Erika ist ein Insekt in Bernstein, zeitlos, alterslos. Erika hat keine Geschichte und macht keine Geschichten. Die Fähigkeit zum Krabbeln und Kriechen hat dieses Insekt längst verloren. Eingebacken in die Form der Unendlichkeit. (K 15/16)

Diese Erika ist, wenngleich inzwischen erwachsene Frau, ihrer persönlichen Vollstreckerin gesellschaftlicher Gewalt, diesem "Inquisitor und Erschießungskommando in einer Person" (K 5), ihrer Mutter nämlich, genauso wie alle Kinder in Jelineks Texten, schutzlos ausgeliefert. Die mütterliche Allmacht wird im Roman *Die Klavierspielerin* sogar verdoppelt, denn Großmutter und Mutter treten häufig als Gespann auf: als "weibliche Erziehungsberechtigte" und als "Spioninnen" (K 35), als "musikalisch ungebildete Peinigerinnen", als "Giftmütter" und "Kreuzspinnen" (K 38). Die weibliche Herrschaft über das Kind ist absolut und ausweglos:

> Die Macht der Mutter über das Kind, in seinen frühen Stadien, ist absolut, nicht nur weil sein Leben von ihr abhängig ist, sondern weil sie auch selber den stärksten Drang verspürt, diese Macht unaufhörlich auszuüben. [...] Die Kontinuität dieser Herrschaft, mit der sie Tag und Nacht beschäftigt ist, die ungeheuerliche Zahl von Details, aus denen sie sich zusammensetzt, geben ihr eine Vollkommenheit und Rundheit, wie sie keiner anderen Art von Herrschaft eignet. [...] Es gibt keine intensivere Form von Macht. Dass man die Rolle der Mutter gewöhnlich nicht so sieht, hat einen zwiefachen Grund. Jeder Mensch trägt in seiner Erinnerung vor allem die Zeit der *Abnahme* dieser Macht; und jedem erscheinen die auffälligen, aber lange nicht so wesentlichen Hoheitsrechte des Vaters bedeutender.[45]

45 Canetti, *Masse und Macht*, S. 246.

Doch Erika Kohuts Vater, "diese weiche Vaterwange unter der vollkommen leeren Stirn des Vaters, die kein Gedanke mehr trübt und kein Wille mehr kräuselt" (K 88), gab "den Stab" sofort nach Erikas Geburt "an seine Tochter weiter und trat ab" (K 5), er starb "völlig umnachtet in Steinhof" (K 73). Ein Vater, der am Bedeutungsverlust ("leere Stirn") dahinsiechte und starb, der seine Hoheitsrechte sofort nach der Geburt des Kindes auf dasselbe übertrug; um den das Kind "Erika, die Heideblume" (K 25), die "von der Mutter abgepflückt und eingesackt" (K 34) wird, nur genauso heimlich trauern kann, wie gut verborgen unter der Textoberfläche des Romans hin und wieder Textfragmente aus Schubertliedern aufblitzen.[46] Assoziationen zu Schuberts *Heidenröslein* sind bei Jelineks Vorliebe für diesen Komponisten nicht abwegig. Doch in ihrem Text bricht nicht der Knabe, sondern die Mutter die Blume. Trotz dieser psychologischen Spurenelemente, die dazu angetan sind, die Geschichte der Erika Kohut zu einer individuellen werden zu lassen, übersetzt Jelinek die Erzählung von der Klavierlehrerin Kohut, die eben "keine Geschichte hat" (K 15), ins Allgemeine, das sich gerade psychologischen Deutungsmustern entzieht.

Auf dem Weg in die Peep-Show beobachtet Erika folgende Szenen, die an die "kopfnüsse" der oben zitierten Passage aus dem Text *Die Liebhaberinnen* anknüpft:

> Der Kopf einer etwa Vierjährigen wird von einer mütterlichen Orkanwatsche in das Genick zurückgeworfen und rotiert einen Augenblick hilflos wie ein Stehaufmännchen, das sein Gleichgewicht verloren und daher die größte Mühe hat, wieder in den Stand zu kommen. Endlich steht der Kinderkopf wieder senkrecht wo er hingehört und gibt schauerliche Laute von sich, worauf er von der ungeduldigen Frau sogleich wieder aus der Lotrechten befördert wird. Der Kinderkopf ist jetzt schon mit unsichtbarer Tinte gezeichnet, für noch viel Schlimmeres vorgesehen. Sie, die Frau, hat schwere Taschen zu tragen und sähe dieses Kind am liebsten in einem Kanalgitter verschwinden. Damit sie die Kleine malträtieren kann, muß sie nämlich jedes Mal vorübergehend die schweren Taschen auf dem Boden abstellen, und das gibt einen zusätzlichen Arbeitsgang. Aber die kleine

---

46 Vgl. Kapitel II, 4 dieser Arbeit.

Mühe scheint es ihr wert zu sein. Das Kind lernt die Sprache der Gewalt, aber es lernt nicht gern und merkt sich auch in der Schule nichts. (K 48)

Das Bild des Stehaufmännchens, verknüpft mit der Szene die Unbelebtheit und Mechanik eines Kinderspielzeugs. Der groteske Charakter der Darstellung einer Ohrfeige entsteht ebenso durch die Verlangsamung der Bewegungen - der Text visualisiert den Vorgang gewissermaßen in Zeitlupe -, wie durch die Gleichsetzung von Belebtem mit Unbelebtem. Das Interesse der Erzählerin am technischen Detail überwiegt auch beim zweiten Schlag, der den Kinderkopf "wieder aus der Lotrechten befördert". Wenn dann "noch viel Schlimmeres" angekündigt wird, wird auf den Unterschied zwischen weniger und mehr Gewalt, aber nicht auf den zwischen Gewalt und Gewaltlosigkeit verwiesen. Die neutrale Erzählposition der oben zitierten Passage wird dann um die Perspektive der Mutter erweitert: Sie nimmt die Mühe, die Taschen abzustellen, in Kauf, "damit sie die Kleine malträtieren kann". Bei der Deutung dieser Szene muß allerdings bezweifelt werden, daß hier von Jelinek der Mutter Lustgewinn durch Gewaltanwendung unterstellt wird, wie Hubert Winkels dies in seinem Aufsatz zu Jelineks Roman *Die Klavierspielerin* tut. "Aufgerechnet wird die Lust zu malträtieren gegen die Mühe, die Tasche abzustellen."[47] Mit keinem Wort wird sinnliches Vergnügen der Mutter angedeutet. Statt dessen wird auf einen Lernprozeß verwiesen, in dem das Kind gesellschaftlich vermittelte Verhaltensweisen einübt: "Das Kind lernt die Sprache der Gewalt", unter tätlicher Mithilfe der Mutter, die als "Inquisitor und Erschießungskommando in einer Person" (K 5) gesellschaftliche Gewalt repräsentiert und in das Leben des Kindes einführt. Die Anstrengung auch dieses Textes gilt

der Differenzierung, Ausschnittsvergrößerung und Zuspitzung von Gewaltverhältnissen bei deren gleichzeitiger Rückbindung an die Neutralität des Alltags. Die lakonische Schilderung des Alltags läßt ein Verständnis von Gewalt und Bösartigkeit als exzessive Enttabui-

---

47 Winkels, *Panoptikum der Schreckensfrau*, S. 61.

sierung, als lustvolle Grenzüberschreitung gar nicht erst aufkommen.[48]

Die Rede von der "Lust an der schaurigen Konsequenz"[49] und die von der "Mehrlust", die der Text aus den "Beschreibungen der perversen Machenschaften geschundener Kreaturen"[50] gewinnt, ist daher unzutreffend. Der Schock der Rezipienten und Rezipientinnen ist vielmehr von Jelinek intendiert. Erzielt werden soll er durch ihre stark verfremdende Darstellung der Wirklichkeit, die Jelinek mit den Mitteln der Hypertrophie, der Verlangsamung der Bewegung und der filmischen Technik der harten Schnitte erzielt. Gleichsam in Anlehnung an Brecht sucht sie die Wirkung des Schocks didaktisch zu nutzen.[51] Doch auch die Ästhetik des Schocks entgeht keineswegs der Problematik eines beinahe schon institutionalisierten Rezeptionsvorgangs. Denn Jelineks Lesepublikum ist doch gerade durch die Äußerungen der Autorin selbst zu ihrem Werk immer schon auf den Schock vorbereitet und "konsumiert" ihn.[52]

Jelinek folgt einer "Ästhetik des Schreckens", die Bohrers *Theorie des Bösen* entgegensteht, nach welcher "sich der beunruhigende Schritt in das Namenlose unbegrenzter Vorstellungskraft vollzieht, die durch kei-

48 Ebd., S. 64.

49 Schmid-Bortenschlager, *Gewalt zeugt Gewalt zeugt Literatur ...*, S. 41.

50 Winkels, *Panoptikum der Schreckensfrau*, S. 73.

51 Brechts Verfremdungstheorie stellt den konsequenten Versuch dar, die Wirkung des Schocks didaktisch zu nutzen. Vgl. Bürger, *Theorie der Avantgarde*, S. 117.

52 In seiner Abhandlung über Baudelaire, in der er zum Thema des Schocks in der Moderne schreibt, äußert sich Benjamin zu diesem Problem folgendermaßen: "Die Chockrezeption wird durch ein Training in der Reizbewältigung erleichtert, zu der im Notfall sowohl der Traum wie die Erinnerung herangezogen werden können. Im Regelfalle liegt dieses Training aber, wie Freud annimmt, dem wachen Bewußtsein ob [...]. Daß der Chock derart abgefangen, derart vom Bewußtsein pariert werde, gäbe dem Vorfall, der ihn auslöst, den Charakter des Erlebnisses im prägnanten Sinn. Es würde diesen Vorfall (unmittelbar der Registratur der bewußten Erinnerung ihn einverleibend) für die dichterische Erfahrung sterilisieren." Benjamin, *Werke* I,2, S. 614.

nen der bekannten Diskurse mehr kontrolliert wird."[53] Denn Jelinek macht sich zur Komplizin der Gewalt, indem sie Ordnungen und Strukturen gewalttätigen Denkens aufsucht, und sich des zielgerichteten Angriffs wegen in ihnen bewegt: mitten in unserer gewalttätigen Realität. Bohrer will im Gegensatz dazu Literatur nicht als ästhetische Reflexion gesellschaftlicher Widersprüche im Medium Sprache begreifen, sondern sie in jene Sphären heben, in denen sie "vom Wirklichen immer schon getrennt war". Mit seinem Essay *Die Ästhetik am Ausgang ihrer Unmündigkeit* (1990) versucht er nicht zum ersten Mal den Nachweis zu führen, daß "zwischen gedanklichem Konstrukt und poetischer Imagination",[54] Metaphysik und Ästhetik, Geschichtsphilosophie und Dichtung eine unüberbrückbare Opposition bestehe. Die soziale Funktion von Kunst sieht er ausschließlich im Gegensatz zu den Wirklichkeiten von Alltag und Zeitgeschichte, Moral und Politik, Philosophie und Wissenschaft. Dabei ignoriert Bohrer, daß selbst eine solche Antithese zur Gesellschaft immer auch eine gesellschaftliche bleibt, wie Adorno in seiner *Ästhetischen Theorie* dargelegt hat; wenngleich sich Bohrer auf Teile eben dieser Theorie beruft. Die Sphäre des Ästhetischen will Bohrer vom Profanen unbefleckt sehen.[55] Jelinek verfolgt mit ihrer Literatur genau dieses Ziel nicht. Ihre Literatur ist "eine exzentrische, die mit Verwünschungen, Schmähungen, Drohungen, mit der Aggressivität von Verletzten deklamiert", eine Literatur, die "am Häßlichen, Abseitigen und Verworfenen interessiert ist",[56] jedoch keine, deren böse "Bilder schwiegen und in einem Arrangement ästhetisch verschlossener böser Vorstellungen verharrten",[57] keine Literatur, deren böse Bilder einer "Strategie kontinu-

53 Bohrer, *Das Böse - eine ästhetische Kategorie?*, S. 472.

54 Bohrer, *Die Ästhetik am Ausgang ihrer Unmündigkeit*, S. 864.

55 Vgl. Schmidt, *Engagierter Ästhetizismus*, S. 86/87.

56 Ortheil, *Götzendienst*, S. 315.

57 Bohrer, *Das Böse - eine ästhetische Kategorie*, S. 468.

ierlicher Sinnverweigerung"[58] folgten, sondern im Gegenteil: eine Literatur, die das Sprechen der Macht, der Gewalt und ihrer Ideologien von innen her zu dekonstruieren sucht, um einer neuerlichen Mystifizierung entgegenzuarbeiten, um den Prozeß zu verdeutlichen, in dem die Bilder des Normalen zur Natur gerinnen.

> Da die bürgerlichen Normen von der ganzen Nation praktiziert werden, werden sie als die offenbaren Gesetze einer natürlichen Ordnung erlebt. Je mehr die bürgerliche Klasse ihre Vorstellungen verbreitet, desto mehr werden sie Natur.[59]

Die Verwechslung, die Verwandlung von Geschichte in Natur, "die alte müstifikation natur statt geschichte" (UN 74), aufzudecken, ist eine der zentralen Intentionen Jelineks im direkten Rekurs auf Roland Barthes *Mythologies*. "Vor der Alternative, den Begriff zu entschleiern oder zu liquidieren, findet der Mythos einen Ausweg darin, ihn "natürlich" zu machen. Wir sind hiermit beim eigentlichen Prinzip des Mythos: er verwandelt Geschichte in Natur."[60] Jelinek versucht daher, den "natürlichkeitsschleim, der alles überzieht und verklebt" (UN 56), sichtbar zu machen, indem sie in ihren Texten ein Spiel mit diesen Verwechslungen inszeniert. Ihre Texte sind als endlose Durchquerungen der mythenbildenden Diskurse unserer Medien, von der Reklame bis zur Belletristik, zu lesen, deren Unschuldigkeit sie zu entschleiern sucht.[61] Denn sie hält es für gewiß, "daß der Mensch in der bürgerlichen Gesellschaft in jedem Augenblick in falsche Natur getaucht ist".[62]

---

58 Ebd., S. 470.

59 Barthes, *Mythen des Alltags*, S. 128.

60 Ebd., S. 113.

61 Vgl. Gürtler, *Die Entschleierung der Mythen von Natur und Sexualität*, S. 120.

62 Barthes, *Mythen des Alltags*, S. 148.

2. Sexualität und Gewalt im Werk Jelineks

> O Rose thou art sick/The invisible worm/That flies in the night/In the howling storm/Has found out thy bed/Of crimson joy:/And his dark secret love/Does thy life destroy.
>
> William Blake

In ihrem Prosatext *Lust* treibt Jelinek in konsequenter Fortführung ihrer frühen Arbeiten besonders die Entmythologisierung von Natur und Sexualität voran, indem sie ihnen ihre Geschichte wiederzugeben versucht. *Lust* ist ein Text, der, besessen von der Dekonstruktion aller Mythen des Leiblichen, diesen Mythen ihre Geschichte einschreibt: die Geschichte des Fleisches, die er repolitisiert, indem er sie aus der Geschichte des Abendlandes wiederentstehen läßt.

> Doch in der weiblichen Glätte der Haut wie in der männlichen Muskelstrukturiertheit ist die Geschichte des Fleisches eingeschrieben, und diese Geschichte des Fleisches wird nicht verdeckt, sondern vorgezeigt. Die scheinbare Unschuldigkeit des Bildes erhält seine Geschichte zurück, wird politisch, zur Geschichte von Unterschieden. (FF 8)

Über weite Strecken ist der Text *Lust* Intertext, der sich aus alltäglichem, literarischem und religiösem Sprachgebrauch speist, den er Verfremdungen unterzieht, um unter semantischen Verkleidungen Herrschafts- und Besitzerverhältnisse sichtbar werden zu lassen. Eine der unzähligen Beschreibungen des Verhältnisses von Mann und Frau liest sich folgendermaßen: "Lange tut es der Frau nicht gut, in dieser Stellung auszuharren, die sie im Haus hat." (L 18) Dies ist ein typisches Beispiel für Jelineks Verfahren, das Sprechen der Macht von innen her zu dekonstruieren, indem sie Sprache mit ihren Bedeutungsalternativen anreichert bzw. konfrontiert.[63] Die Verdeutlichung des Herrschaftsverhältnisses erfolgt durch

---

63 Vgl. Höfler, *Sexualität und Macht in Elfriede Jelineks Prosa*, S. 100.

einen semantischen Isotopiebruch, der sich auf das Lexem "Stellung" bezieht. Durch unterschiedliche Dominantsetzung im Lexem "Stellung", einmal wird das Sem [sexuell] und das andere Mal das Sem [sozial] dominant gesetzt, entsteht im Satz keine homogene Bedeutungsebene,[64] sondern ein Bruch. Diese Technik der Konfrontation verschiedener Bedeutungsebenen eines Semems, aus der gerade die literarische Kleinform des Witzes häufig ihre typischen Effekte gewinnt, läßt Mehrdeutigkeiten entstehen, die den Leser und die Leserin mit einem zweiten Text konfrontieren. Diese Form der Lektüre, die Gérard Genette als "lecture palimpsestueuse" definiert,[65] führt zu einem Lachen des Rezipienten und der Rezipientin, das sich im wesentlichen durch das Symptom des Bruchs konstituiert, das Lautréamont als einer der ersten beschrieben hat. Freud sah die Funktion des Witzes in einer Art Sozialisierung der Triebe zur Wahrnehmung der Ichinstanz. Kristeva sieht im Lachen eine Textpraxis, deren widersprüchliche Struktur bereits von Baudelaire erkannt wurde, die sowohl unendlichen Hochmut als auch unendliches Elend enthält.[66] "Die Textpraxis ist eine Art von Lachen, dessen Aussprüche sich in Sprache vollziehen. Der Lustgewinn infolge der Hemmungsaufhebung wird unmittelbar in die Herstellung von etwas Neuem investiert."[67] Als Gegenstände dieses Spiels, das Jelinek für ihre ästhetischen Dekonstruktionen nutzt, haben ihre Figuren nichts zu lachen; umso mehr dafür die den Prozeß erkennenden Leser und Leserinnen, die eben jenes Spiel der Grenzüberschreitung von Sinn und Verbot rekonstruieren. Ihr Lachen ist "Zeuge eines Vorgangs, dessen Erfahrung ein Privileg ist, das dem "Künstler" vorbehalten bleibt".[68]

---

64 Vgl. Schulte-Sasse, *Einführung in die Literaturwissenschaft*, S. 69.

65 Zitiert nach Hoffmann, *Hier lacht sich die Sprache selbst aus*, S. 48.

66 Vgl. Kristeva, *Die Revolution der poetischen Sprache*, S. 216/217.

67 Ebd., S. 219.

68 Ebd., S. 219.

"Der schwere Schädel des Direktors wühlt sich beißend in ihr Schamhaar, allzeit bereit ist sein Verlangen, etwas von ihr zu verlangen." (L 17) Durch die Konfrontation mit der transitiven Bedeutung des Verbes "verlangen", wird im Lexem "Verlangen" nicht nur das Sem [sexuell] sondern auch [sozial] dominant gesetzt: dem sexuellen Akt wird eine soziale Konnotation beigemischt. Dem männlichen Begehren (i. e. Verlangen) wird die Struktur von Machtverhältnissen eingeschrieben. Der Text *Lust* spielt sehr ausgeprägt mit den Möglichkeiten semantischer Kombinatorik. Hinter jeder sexuellen Metapher baut sich eine soziale auf, die oft zusätzlich mit religiösen Metaphern blasphemisch ausgeschmückt wird.

> Der Direktor will jederzeit, auch während der Bürostunden, zu Hause anrufen können, um festzustellen, ob an ihn gedacht ist. Er ist unausweichlich wie der Tod. Immer bereit zu sein, ihr Herz auszureißen, es auf die Zunge zu legen wie eine Hostie und zu zeigen, daß auch der restliche Körper für den Herrn zubereitet ist, das erwartet er von seiner Frau. Dafür führt er sie am Zaum und unterwirft sie seiner Sehhilfe unter seinen Augenbraunen. (L 55)

Diese für Jelineks poetisches Verfahren sehr typische Passage läßt sehr anschaulich die "klare subkutane Struktur" erkennen, "die auch den Diskurs über die Sexualität in diesem Buch festschreibt: die der Macht- und Besitzverhältnisse".[69] Zur Verdeutlichung dieses Spiels mit verschiedenen semantischen Bedeutungsebenen, das Jelinek als "Entschleierungstechnik" einsetzt, um den an einer Ausdrucksweise begangenen Diebstahl des Mythos[70] rückgängig zu machen, sollen in Anlehnung an ein von Kallmeyer u. a. vorgeschlagenes Sem-Suchverfahren Sememe des Textes, die über ein gemeinsames semantisches Merkmal miteinander verbunden sind und dadurch Isotopien dieses Textes begründen könnten, in Gruppen zusammengestellt werden.[71]

---

69 Koch, *Sittengemälde aus einem röm. kath. Land*, S. 136.

70 Barthes, *Mythen des Alltags*, S. 136.

71 Kallmeyer, *Lektüre Kolleg zur Textlinguistik*, Bd. 1, S. 146 f.

Folgende kontextuelle Sememe sind u. a. bestimmbar: [religiös], [sexuell], [sozial] und [kulinarisch]. Diesen sind die nachfolgenden Semem-Kombinationen zugeordnet:

[religiös] unausweichlich wie der Tod
es auf die Zunge legen wie eine Hostie
daß auch der restliche Körper für den Herrn zubereitet ist

[sexuell] der Direktor will jederzeit
daß auch der restliche Körper für den Herrn zubereitet ist
er führt sie am Zaum
er unterwirft sie seiner Sehhilfe

[sozial] der Direktor will jederzeit, auch während der Bürostunden, zu Hause anrufen können, um festzustellen, ob an ihn gedacht ist
unausweichlich
daß auch der restliche Körper für den Herrn zubereitet ist
das erwartet er von seiner Frau
er führt sie am Zaum
er unterwirft sie

[kulinarisch] daß auch der restliche Körper für den Herrn zubereitet ist
es auf die Zunge legen

Nun läßt sich feststellen, daß eine Reihe von Sememen mehrfach anschließbar sind, d. h., daß sie auf verschiedenen Bedeutungsebenen gelesen werden können. So kann z. B. die Semem-Kombination, "daß auch der restliche Körper für den Herrn zubereitet ist", auf allen vier Bedeutungsebenen gelesen werden. Die religiöse Lesart ergibt sich durch den referentiellen Bezug auf die Hostie, die auf die Zunge gelegt wird, welcher dem Bild die Beschreibung des Empfangs des Altarsakraments assoziiert. Die Vorbedingung dieses sich in der heiligen Kommunion vollziehenden Aktes ist die Wandlung, d. h., die sich im Meßopfer vollziehende Umwandlung der Substanz von Brot und Wein in Leib und Blut Christi. Die theologisch-philosophische Untermauerung dieses Vorgangs, die Transsubstantiationslehre, stellt einen Kern der katholischen Dogmatik dar; sie wird hier von Jelinek blasphemisch ausgedeutet: die Verwandlung des Leibes in orale Konsumgüter wird hervorgehoben,[72] wird in der Kombination mit dem Semem "zubereitet" [kulinarisch] konnotiert. Der Nachsatz "das erwartet er von seiner Frau" bringt die Konnotation [sozial] ein, womit auf die Unterwerfung verwiesen wird. Daß die Zubereitung für den Herrn auf der vierten Ebene [sexuell] gelesen werden muß, bereitet die Semem-Kombination "der Direktor will jederzeit" vor und wird durch die ins Bild gesetzte Darstellung einer verbreiteten Sexualpraxis "er unterwirft sie seiner Sehhilfe unter seinen Augenbraunen", mit der er die Frau "dafür" belohnt, daß sie der Forderung des Mannes nachkommt, jederzeit - auch sexuell - bereit für ihn zu sein. Wobei die Erzählerin bewußt unverwähnt läßt, wie denn die Frau diese "Belohnung" empfindet.

Jelinek zielt sowohl mit der beschriebenen Technik minimaler Lautverschiebungen[73] als auch mit der Technik der Aktualisierung verschiedener Konnotationen eines Wortes auf die von Renate Lachmann beschriebene "Doppelsinnstruktur des Wortspiels".[74] Denn als Kontamination leistet das Wortspiel die Verschränkung zweier Textsphären, markiert es den Bruch im semantischen Kontinuum. Wobei Jelineks Wortspielpraxis nicht nur gegen die Norm der Alltagssprache zielt, sondern - was noch zu zeigen sein wird - auch gegen die kanonisierte Literatursprache. Mit diesem gewaltsamen Zusammenbringen verschiedener semantischer Felder oder zweier Worte, intendiert Jelinek, sowohl weiteren semantischen Nutzen daraus zu ziehen, als auch im Wortspiel das 'Machen des Sinns' aus Sinn vorzuführen. Diese Form des Wortspiels evoziert nicht in jedem Fall einen konkreten anderen Text, aber es lockt Nebenbedeutungen, Konnotationen des Wortes hervor, was durch die oben analysierte Textpassage (L 55) exemplifiziert wurde. Durch das Wachru-

---

72 Vgl. Koch, *Sittengemälde aus einem röm. kath. Land*, S. 137.

73 Vgl. den bereits angeführten metathetischen Efekt: "In den Hitlerzimmern der Tankstellen" (L 12). Hier sind es die "Augenbraunen" (L 55).

74 Lachmann, *Intertextualität als Sinnkonstitution*, S. 77.

fen von Konnotationen wird die eindeutige, denotative Bedeutung des Wortes überlagert. Die Konnotation wird dabei weniger als Nebenbedeutung, denn als Unterbedeutung oder unbewußt gewordene, verschüttete Bedeutung behandelt, die unter dem offiziellen Wortsinn liegt und diesen destruieren kann.[75] Im Zuge seiner Analyse Joycescher Sprachpraxis entwickelte Arno Schmidt eine eigene Wortspieltheorie, auf die es sich hier im Hinblick auf Jelineks Wortspielpraxis kurz einzugehen lohnt. Schmidt geht dabei von der Konkurrenz zweier Sprachen aus, der normalen Wortsprache und der Sprache der "Etyms".[76] Unter diesem Begriff faßt er alle "polyvalenten Gesellen",[77] also nicht nur jene Wörter, deren Mehrdeutigkeit auf natürlicher oder künstlicher Homophonie beruht, sondern auch jene Einzel-Wörter, die mehrere Bedeutungen haben.

> Das Bewußtsein bedient sich der *Worte*; besteht auch, womöglich im halben Gefühl seiner mühsam ausbalancierten, prekären Verletzlichkeit, auf stricter Orthografie à la DUDEN. Der Persönlichkeitsanteil *darunter* - zur Hälfte durchaus bewußtseins*fähig*; zur Hälfte im Unbewußten wuchernd - » s p r i c h t E t y m s « [...] Dem Ohr des Geübten wird's stets, bei Allem wie eine »*zweite Stimme*« mithineinsingen - vom Fonetischen her perfid-passend; vom bürgerlich - beabsichtigen »Sinn« her, oftmals peinlich divergierend. Das liegt daran, daß die wohltemperierte Wort-Sprache oberhalb der Zensur-Schwelle erklingt [...] rezensiert & genehmigt vom Über-Ich [...] die Etym-Sprache jedoch responiert von unterhalb derselben erwähnten Barriere her, einiges von dem, was der Sänger, zumindest vorüberhuschendmal, *wirklich denkt*.[78]

Schmidts Versuch, seine Wortspieltheorie durch die Einbeziehung der Freudschen Lehre auch für den Bereich der Wortinterpretation psychologisch zu fundieren, wird in folgender Aussage noch deutlicher: "Jedwedes Wort, das Wir äußern, ist mehrfach »überdeterminiert«; hat

---

75 Vgl. ebd,, S. 78.

76 Schmidt, *Das Buch Jedermann*, S. 279.

77 Ebd.

78 Ebd., S. 280.

Drehscheiben–, Weichen–Charakter [...]".[79] Das Unbewußte in der Schmidtschen Konzeption ist der soziale, immer schon besprochene sprachliche Raum Bachtins.[80] Das auf Anspielungen und Verknüpfungen gerichtete Jonglieren mit der Bedeutungsvielfalt der Wörter ist daher weder bei Schmidt noch bei Jelinek zweckfrei. Auch Jelinek will durch die Zwei- oder Mehrstimmigkeit ihrer Texte die Buchstäblichkeit des Sinns, die die Schrift suggeriert, in Frage stellen. Die Opposition von Stimme und Schrift, von offiziellem und inoffiziellem Sinn, bestimmt die Ambivalenz des auktorialen Sinns.

Die im Anschluß an die oben zitierte Textpassage (L 55) angeführte Begründung der Machtposition des Mannes gegenüber der Frau wirkt paradox; die Erzählerin läßt aus scheinbar auktorialer Perspektive einen "begründenden" Kommentar folgen: "Er sieht alles und hat ein Recht auf Einblick, denn scharf blüht sein Schwanz in seinem stacheligen Beet, und es schwellen die Küsse an seinen Lippen." (L 55) Mit André Breton ließe sich hier ("scharf blüht sein Schwanz") von einer "kühnen Metapher" sprechen, die das Disparateste zusammenzwingt. Von Breton wurde auch die Forderung aufgestellt, "zwei Dinge miteinander [zu] vergleichen, die voneinander soweit entfernt sind wie möglich oder - ganz andere Methode - sie in überraschender Manier gegenüber [zu] stellen".[81] Dieses poetische Verfahren ist ebenso wie die beschriebenen intertextuellen Texterstellungsstrategien Jelineks, die Ironie und Isotopiebrüche konstituierend für Jelineks ästhetischen Code, der bewußt konventionelle Sprachnormen durchbricht und verfremdend wirkt, um die Rezipienten und Rezipientinnen an einer ungestörten Decodierung zu hindern.

Ob nun bei Gottfried Benn "die Ziegelsteine schreien"[82] oder bei

79 Ebd., S. 279.

80 Vgl. Lachmann, *Intertextualität als Sinnkonstitution*, S. 80.

81 Zitiert nach Hocke, *Manierismus in der Literatur*, S. 69/70.

82 Benn, *Werke* Bd. 1, S. 21.

Goethe "die Segel blühen",[83] die Unvereinbarkeiten im Text müssen aufgelöst werden können, d. h., auf bestehende Bedeutungsebenen des Textes beziehbar sein. Um diese Art metaphorischer Prozesse zu beschreiben, kann man sich der "Ummarkierungstheorie" Uriel Weinreichs bedienen, die von Klaus Baumgärtner erstmals explizit auf Probleme poetischer Textbildung angewandt worden ist.[84] Der Ausdruck "sein Schwanz blüht" ist darstellbar als Satz, der in eine Nominal- und eine Verbalphrase zerfällt. Das Nomen "Schwanz" besitzt u. a. die folgenden semantischen Merkmale: [+konkret], [+organisch], [+sexuell], [-pflanzlich]. Das Verb "blühen" erfordert als Kontext ein Subjekt mit den semantischen Merkmalen [+konkret], [+organisch], [+pflanzlich]. Für den Ummarkierungsprozeß ergibt sich, daß vom Verb aus bestimmte Merkmale übertragen werden. Bei unserem Beispiel ist dies in erster Linie das Merkmal [+pflanzlich], das das Merkmal im Nomen [-pflanzlich] ummarkiert, ohne es dabei auszulöschen. Bei der Realisation dieser Metapher durch die Leser und Leserinnen entsteht der Eindruck des Widersprüchlichen und Unvereinbaren. Die oben angesprochene Paradoxie, die der Begründung "er [...] hat Recht auf Einblick, denn scharf blüht sein Schwanz" eigen ist, wird durch das sprachliche Mittel der "kühnen Metapher" verstärkt. Indem Jelinek die Verfügungsgewalt des Mannes über die Frau (er erwartet, daß sie jederzeit bereit ist für ihn) aus einem "natürlichen Zustand" (das Verb "blühen" erfordert die semantischen Merkmale [+pflanzlich] und [+organisch]) ableitet, vollzieht sie metaphorisch nach, wie männliche Herrschaft zu "Natur" gerinnt. Sie führt vor, wie Kausalität im sekundären (i. e. mythischen) System künstlich und falsch ist, indem sie "gewissermaßen in den Güterwagen der Natur" schlüpft.[85] "Die scheinbare Unschuldigkeit des Bildes" erhält "seine Geschichte zurück". (FF 8).

83 Goethe, *Werke* Bd. 1, S. 49.

84 Weinreich, *Erkundungen zur Theorie der Semantik*, S. 37-49.

85 Barthes, *Mythen des Alltags*, S. 115.

Das Aufgreifen und Zerlegen von Metaphern, die Jelinek aus dem Kontext "kanonischer Texte", allgemeinsprachlicher wie literarischer, schöpft, ist eine weitere sprachliche Operation, gesellschaftliche Gewaltverhältnisse bis in die mythologische Rede hinein sichtbar zu machen. "Sie ist Fleisch geworden und hat unter uns gewohnet." (L 59) "In der hl. Wandlung hat er ihren Körper auf seine Ausmaße umbauen lassen." (L 55) Sofern Jelineks Leser und Leserinnen die Sozialisationsinstanzen Schule und (katholische!) Kirche durchlaufen haben, werden sie die Metapher der Fleischwerdung als Bibelzitat (Joh. 1,14) identifizieren und somit die traditionelle christliche Metaphysik mit ihrem Wert- und Unwertsystem konnotieren, das im Zielfeuer der Kritik Jelineks steht. Gerade die intertextuelle Anleihe bei einem kanonischen Text, der die geschlechtliche Reinheit Jesu assoziiert, konstituiert eine Art von Doppelsinn, wie ihn Freud bei der Analyse von "Verschiebungswitzen" beschrieben hat. Als das Wesentliche der Verschiebung bezeichnet Freud "die Ablenkung des Gedankengangs, die Verschiebung des psychischen Akzentes", wobei "der Verschiebungswitz in hohem Grade unabhängig vom wörtlichen Ausdruck ist. Er hängt nicht am Wort, sondern am Gedankengange".[86] Durch das Einsetzen des weiblichen Personalpronomens für das ursprüngliche Subjekt ("das Wort"), verkehrt Jelinek die Menschwerdung Christi in einen Entmenschlichungsprozeß, in eine Verdinglichung der lebenden Frau in ein orales Konsumgut, nämlich Fleisch. Diese blasphemische Deutung, die sich durch die Vertauschung von "sie" und "das Wort" und durch die gezielte Disambiguierung des biblischen Wortes "Fleisch"[87] konstituiert, spielt ebenso wie der nachfolgende Textausschnitt auf die Einverleibung der Frau durch den Mann an. Wobei sich im zweiten Beispiel durch den Verweis auf den männlichen Umbau des weiblichen Körpers hinter der religiösen wiederum sowohl

86 Freud, *Der Witz und seine Beziehung zum Unbewußten*, S. 41.

87 Biblisch heißt "Fleisch" ja "Mensch", was zwar ein Hebraismus, Bibellesern und -leserinnen jedoch geläufig ist.

eine sexuelle wie auch eine soziale Metapher aufbaut, nämlich die der Einverleibung. Diesen Vorgang der Einverleibung beschreibt Canetti in seinem Buch *Masse und Macht* in dem Kapitel "Ergreifen und Einverleiben" folgendermaßen:

> Die Annäherung eines Geschöpfes ans andere, auf das es feindliche Absichten hat, geschieht in verschiedenen Akten, deren jeder seine besondere traditionelle Bedeutung hat. Da ist einmal das Belauern der Beute: sie ist unter Verfolgung gesetzt, lange bevor sie unserer Absicht gewahr wird. Mit einem Gefühl der Billigung und des Wohlgefallens wird sie betrachtet, beobachtet und bewacht; als Fleisch gesehen [...] so intensiv und unwiderruflich als Fleisch gesehen, daß nichts einen je davon abbringen könnte, es auch zu erlangen. Während der ganzen Zeit, in der man um sie herumstreicht, fühlt man schon, wie sehr sie einem gehört; von dem Augenblick an, da man sie zur Beute bestimmt hat, ist sie einem in der Vorstellung schon einverleibt.[88]

Blasphemische Analogien zur Verwandlung des Leibes in ein orales Konsumgut und die Umkehrung der christlichen Liebesmetaphysik nutzt Jelinek in ihrem Prosatext *Lust* unablässig zur Ausdeutung christlicher Mythen als Stabilisationsfaktoren von Abhängigkeit, Herrschaft und männlicher Einverleibung der Frau in der von Canetti beschriebenen Art und Weise. Wenngleich diese religiösen Travestien durchaus komische Züge haben. "Fruchtig frisch ist die Liebe im Becher, aber worin verwandelt sie sich in uns?" (L 249), sind sie jedoch als Diskurs über den Zusammenhang von christlicher Tradition und Gesellschaft gemeint, durch welchen eine Geschlechterideologie festgeschrieben wurde, deren Bilder Jelinek Revue passieren läßt, um auf ihre Entstehung zu verweisen. "Jetzt wird noch ein bißchen zu Gott gefleht in diesem röm.kath. Land, damit alle sehen, daß wir uns das Blut der Unschuld von den Fingern waschen, das Gott in einem Akt der Anstrengung in sich selbst verwandelt hat: Mann und Frau, das ist Sein Werk." (L 127)

Daher bestimmt der Mythos der Schöpfergewalt vom Mann als Schöpfer der Frau und aller anderen Untergebenen die Struktur des ge-

88 Canetti, *Masse und Macht*, S. 223.

samten Textes. Dieser Schöpfer "donnert durch die Weltgeschichte und lärmt durch das Buch"[89] als freudiger Gott (L 33), der unter seinen Geschöpfen dahineilt (L 74) und die Frau erschafft (L 24). In himmlischen Chören - als ironische Zitation - läßt er sich von den von ihm abhängigen "Menschenbündeln" (L 219) preisen, durch deren Arbeitskraft der Herr Direktor seinen Mehrwert erwirtschaftet.

> Ein Werkschor ist angeschafft worden und wird mit Spendengeldern unterhalten, damit der Direktor mit sich dirigieren kann [...] Die Gesangeswolken erheben sich unter der Hülle des Himmels, wenn die Gefangenen vorgeführt werden. Ihre Familien hausen derweil ohne den Vater und mit nur geringem Einkommen [...] Der Direktor will, daß sie mit ihren Stimmen um seine Fürsorge betteln gehn. Der Chor zieht ihm zu Willen von Fels zu Fels [...] Er fragt nicht, was er dafür bekommt, aber seine Mitglieder werden nie von der Lohnliste gestrichen. (L 9/10)

Die unablässige literarische Gleichsetzung von Gott Vater im Himmel, Petrus als dessen erster Stellvertreter auf Erden, Herr und pater familias, die verstärkt wird durch eine parareligiöse Rhetorik direkter Fragen und Anreden, "hat denn niemand teil an ihrem Leiden" (L 212) und kollektiver "Wir-Sätze", die allesamt dem Fundus des Katholizismus entlehnt scheinen, denunzieren sowohl den Beitrag der christlichen Religion zur Verdammung des Fleisches, wie den zur Stabilisierung patriarchaler Macht- und Gewaltverhältnisse.[90] "Wir sind die Herde des Hauses und erwärmen die Herren, wenn nötig." (L 248) Auch hier bedient sich Jelinek der bereits beschriebenen Technik, in ihren Metaphern zwei semantische Bereiche zusammenfallen zu lassen. Mit Herd/Herde wird eine spezifische Seins- und Produktionsweise der Frau angezeigt. Mit der Beschränkung der Frau auf das Innere des Hauses (am Herd) zitiert Jelinek das der Frau historisch aufdiktierte Monopol auf "Natur" in Opposition zum männlich konnotierten "Geist".[91] In der Gott gleichgesetzten Vater-

89 Scharang, *Lebenselixier auf dem Misthaufen*, S. 10.

90 Vgl. Koch, *Sittengemälde aus einem röm.kath. Land*, S. 137.

91 Vgl. Fliedl, *Natur und Kunst*, S. 99.

figur des Fabrikdirektors wird religiöse, soziale und familiale Gewalt parallelisiert.

> Die Frau des Direktors zieht [...] mehrfach am Tag eine frisch gereinigte Gardine, einen Wolkenstore, zwischen sich und die sehnenden Häupter der Frauen im Dorf, in denen sie sicherer wohnt als in ihrem eigenen Wohnzimmer. Der Direktor spricht mit seinem Kind, das unwillentlich in die Höhe springt, damit es nachher noch zu einem Freund gehen darf. Dieses Kind ist nicht befugt, sich seine Freunde zur Sättigung auszuwählen, denn die Väter der Freunde essen SEIN Brot! Dieses Kind wandert auf der Erde voran und lenkt die andren wie seine Spielzeugautos. (L 48)

Das Geschlechtsleben des privilegierten Paares, das Jelinek mit dem "heiligen Paar" (L 78) und der "heiligen Familie" (L 148) gleichsetzt, wird ständig kontrastiert mit dem Leben der Unterdrückten, wobei sich vor allem an diesen Stellen - aber nicht nur an diesen - eine andere sprachliche Ebene in den Text schiebt. Immer wenn in Jelineks Text *Lust* von den "Himmlischen" und den "Sterblichen", von den "Armen" und den "Reichen" die Rede ist, ist fast immer Friedrich Hölderlin der Zitatenspender.[92] Durch intertextuelle Verweise auf die unterschiedlichsten Prätexte von Hölderlin, konstituiert Jelinek eine neue sprachliche Ebene, nämlich die der kanonisierten Literatursprache; wiederum mit dem Ziel des "gewaltsam-ingeniösen Zusammenbringens zweier semantischer Felder".[93] Durch die Einlagerung verfremdeter Hölderlin-Zitate gerade in ihren Diskurs über Sexualität wird der intendierte Normverstoß besonders deutlich. Eine Strophe aus Hölderlins *Abendphantasie* ist beispielsweise zweimal in Jelineks Rede über den Zusammenhang zwischen Macht, Sadismus und Sexualität eingeflochten. "Wohin denn ich? Es leben die Sterblichen/Von Lohn und Arbeit; wechselnd in Müh und Ruh/Ist alles freudig; warum schläft denn/Nimmer nur mir in der Brust

---

92 Vgl. Gürtler, *Die Entschleierung der Mythen von Sexualität und Natur*, S. 130.

93 Lachmann, *Intertextualität als Sinnkonstitution* , S. 78.

der Stachel?"[94] Bei Jelinek klingt der Ton Hölderlinscher Hymnen dann folgendermaßen nach:

> Es klingt, die Frau läßt sich viel gefallen, und es leben die Sterblichen von Lohn und Arbeit, aber, nicht wahr, Musik gehört halt einfach dazu. Der Direktor hält die Frau mit seinem Gewicht nieder. Um die freudig von der Müh zur Ruh wechselnden Arbeiter niederzuhalten, genügt seine Unterschrift, er muß sich nicht mit seinem Körper drauflegen. Und sein Stachel schläft nie an seinen Hoden. Aber in der Brust schlafen die Freunde, mit denen er einst ins Bordell ging. (L 19/20)

Dieselbe Hölderlin-Strophe aus einem Gedicht *Abendlied* verfremdet Jelinek noch einmal am Ende ihres Textes *Lust*.[95] Da der Text Jelineks von vielen winzigen Bruchstücken des Hölderlinschen Prätextes durchsetzt ist, dominiert der Hölderlinsche Sprachduktus den gesamten Text. Bereits der zweite Satz in Jelineks Text *Lust* ist vom Hölderlinschen Rhythmus seiner Ode *Das nächste Beste*[96] bestimmt.

> Die Armen, auch sie haben ihre Wohnsitze, in denen ihre freundlichen Gesichter zusammengefaßt sind, nur das immer gleiche scheidet sie. In dieser Lage schlafen sie ein; indem sie auf ihre Verbindungen zum Direktor hinweisen, der, atmend, ihr ewiger Vater ist. (L 7)

Die Formulierung "Söhne der Erde scheinen sie, zu lieben gemacht und zu leiden." (L 91), stammt aus Hölderlins Gedicht *Die Heimat*[97] und "die

---

94 Hölderlin, *Werke* Bd. 1, S. 48.

95 "Danach wird er die Frau baden nach den Mühen des Tages, keine Ursache, das tut er gern. Ringsum leben die Sterblichen von Lohn und Arbeit, sie leben nicht ewig und leben nicht wohl. Jetzt haben sie aber schon von der Müh zur Ruh gewechselt, in ihrer Brust schläft der Stachel, weil sie kein eigenes Badezimmer haben". (L 253)

96 "Viele sind in Deutschland/Wohnsitze sind da freundlicher Geister, die/Zusammengehören, so die Keuschen/Unterscheidet ein gleiches Gesetz./Wenn das Tagwerk aber bleibt,/Der Erde Vergessenheit,/Wahrheit schenkt aber dazu/Den Atmenden der ewige Vater." Hölderlin, *Werke*, Bd. 1, S. 225.

97 "Ein Sohn der Erde/Schein ich; zu lieben gemacht, zu leiden". Hölderlin, *Werke*, Bd. 1, S. 55.

Bergsöhne" und "die Herden" (L 12) stammen aus Hölderlins *Ganymed.*[98] Durchgängig klingt durch die eingelagerten Bruchstücke der Hölderlinschen Oden und Gedichte das Pathos traditioneller Kunstsprache nach, dem die Attacke Jelineks gilt. In Konfrontation mit ihrem Diskurs über die Geschichte des Fleisches, den Zusammenhang zwischen Kirche, Patriarchat und Geschlechterideologie, läßt Jelinek Hölderlins Kunstsprache im ironischen Sprachspiel implodieren. Doch Jelineks Kritik am Pathos literarischer Kunstsprache des 19.Jahrhunderts mangelt es im Hinblick auf die intendierte Kritik an Substanz. Die Sprache der Tradition ist abgehoben, aber sie prägt keineswegs mehr das heutige Literaturverständnis. Hölderlins Sprache und Sprachauffassung ist heute fremd, was von niemandem ernsthaft bezweifelt würde. "Bei historisch Fernem die Abgehobenheit von der gegenwärtigen Alltagssprache anzugreifen, bedeutet das Fremde als das Fremde nicht gelten zu lassen. Jelineks Spott über das Pathos Hölderlins, also ihr eigenes Verfahren, impliziert die Mißachtung des "anderen", über die sich der Moralismus der Satire entrüstet."[99] Hiermit soll keineswegs ausgesagt werden, daß die Einlagerung von fremdem Textmaterial in einen neuen Kontext prinzipiell nicht geglückt sei. Beispiele für die gelungene Einlagerung fremden Textmaterials sind die in dieser Arbeit bereits besprochenen Beispiele der Texte Clara und Robert Schumanns, Ria Endres' und d'Annunzios. Wenn aber die Prätexte erst durch die unnachsichtige Vereinheitlichung des Materials zum Gegenstand der Kritik werden können, geht die gewaltsame Appropriation des Fremden deutlich zu Lasten der kritischen Intention. Kritik am Gegenstand, den es als solchen nicht (mehr) gibt, wird zum Selbstzweck.

Die Desavouierung des alten bürgerlichen Traums einer "von pfäffischer und fürstlicher Nachstellung befreiten Liebe als Himmel auf Er-

---

98 Was schläfst du, Bergsohn [...] und bei des Fremdlings/Besondrer Stimme stehen die Herden auf [...]". Hölderlin, *Werke* Bd. 1, S. 97/98.

99 Kohlenbach, *Montage und Mimikry*, S. 141.

den",[100] diese letzte große Illusion, auf der unsere Gesellschaft besteht, zu erschüttern, ist eine weitere literarische Intention Jelineks in ihrem Text *Lust*. Keineswegs beabsichtigt sie, "die Nichterzählbarkeit von Liebe und sinnlichem Begehren"[101] zu thematisieren, sondern vielmehr die Unmöglichkeit, Liebe und sinnliches Begehren zu leben.

> Die Bourgeoisie, wo sie zur Herrschaft gekommen, hat alle feudalen, patriarchalischen, idyllischen Verhältnisse zerstört. Sie hat die buntscheckigen Feudalbande, die den Menschen an seine natürlichen Vorgesetzten knüpften, unbarmherzig zerrissen und kein anderes Band zwischen Mensch und Mensch übriggelassen, als das nackte Interesse, als die gefühllose "bare Zahlung". Sie hat die persönliche Würde im Tauschwert aufgelöst und an die Stelle der zahllosen verbrieften und wohlerworbenen Freiheiten die gewissenlose Handelsfreiheit gesetzt. Sie hat, mit einem Wort, an die Stelle der mit religiösen und politischen Illusion verhüllten Ausbeutung die offene, unverschämte, direkte, dürre Ausbeutung gesetzt.[102]

Jelinek schiebt die "Vorhängeschleier" (L 7), die Aura des Besonderen, mit der die bürgerliche Ideologie Liebesverhältnisse zu überziehen pflegt, zur Seite, und zum Vorschein kommt Klassenherrschaft, die für Elfriede Jelinek immer Männerherrschaft ist. Sie destruiert sowohl die Erlösungsmythen, die das Reden von Sexualität begleiten, als auch die bürgerliche Liebesideologie selbst, die der Verklärung der Geschlechterverhältnisse zugrunde liegt. "Und das heilige Direktorenpaar strebt wieder, in ewiger Wiederholung, der Strafanstalt des Geschlechts zu, wo es nach Erlösung jammern kann soviel es will [...]" (L 78) Eine Ideologie, mit der der freie Bürger Liebe als losgelöst von der gemeinen, im sinnlichen Genuß sich erschöpfenden Begierde idealisierte; wodurch festgeschrieben wurde, daß der Geist und die Seele des anderen zu lieben sei, und daß man sich für die schöne Hülle nur wegen ihres noch herrlicheren Inhalts zu interessieren habe, als höchste Stufe wurde so der individuel-

100 Scharang, *Lebenselixier auf dem Misthaufen*, S. 6.

101 Höfler, *Sexualität und Macht in Elfriede Jelineks Prosa*, S. 99.

102 Marx, *Manifest der kommunistischen Partei*, S. 527.

len Geschlechtsliebe die Ehe bestimmt, die als erster und letzter Zweck der Liebe proklamiert wurde. Denn eine wahrhaft sittliche Weltordnung sollte mit dem Sieg der bürgerlichen Ideen anbrechen.[103]

Bei Jelinek jedoch sieht sich der Mann "als schöner Wilder, der in der Fleischbank seiner Frau einkaufen geht" (L 30), und die Frau "pflückt die gütige Frucht Geld vom Baum ihres Mannes" (L 45).

> Wie gern wohnt das Eigentum bei uns. Es kann sich auf keinen besseren Platz setzen als unter unsere Geschlechtsteile, die darüber klaffen wie die Klippen über dem Strom. (L 32)
> Das Geschlecht ist, genau wie die Natur, nicht ohne seinen Anhang, seine kleine Anhängerschar aus Produkten und Produktionen zu genießen. (L 78)

Realistische Details und psychologische Betrachtungen individueller Gefühlsregungen einzuklagen, besonders was die Beschreibung des sexuellen Aktes selbst anbelangt, hieße daher die Absicht des Textes zu verkennen. So Reich-Ranicki, wenn er in bezug auf Jelineks Text *Lust* fordert: "Es kommt darauf an zu zeigen, was die Frau oder der Mann oder gar beide während dieser Sache empfinden. Und das ist ungeheuer schwierig".[104] Als eine Autorin, die das Konzept individueller Erfahrung außer Kraft gesetzt sieht, ist Jelinek konsequenterweise nicht an der Beschreibung individueller Glücks- oder Unglücksempfindungen interessiert: deshalb befreit Jelinek "das Gewaltverhältnis zwischen Mann und Frau von seinem Zwilling, dem Erklärungsterror der Psychologie, wodurch es erst als gesellschaftliches sichtbar wird. Sexuelle Usancen von Opfer und Täter erweisen sich als ökonomische, soziale und politische Prozesse".[105] Wenn Jelinek also den Geschlechtsverkehr von Mann und Frau beschreibt, beschreibt sie Tauschgeschäfte: Ware gegen Geld. Und das gilt für Mann und Frau.

---

103 Vgl. Fuchs, *Illustrierte Sittengeschichte*, Bd. 3, S. 26.

104 Reich-Ranicki, *Keine Lust für niemand?*, S. 41.

105 Vgl. Scharang, *Lebenselixier auf dem Misthaufen*, S. 8.

> Die kapitalistische Produktionsweise ist zur Grundlage des gesamten Lebens geworden. Diese allgemeinen Konsequenzen sind: es ist alles zur Ware geworden, alles ist kapitalisiert worden, alles menschliche Tun und alle menschlichen Beziehungen. Fühlen, Denken, Liebe, Wissenschaft, Kunst, sie alle sind landauf, landab auf ihren Geldwert reduziert worden. Alle menschliche Würde wird einzig durch ihren Tauschwert bestimmt: das ist der Warencharakter einer Sache.[106]
> Aber der Warencharakter der Liebe trat bisher nie so rein in Erscheinung wie in der modernen bürgerlichen Gesellschaft. Und darum gibt dieser der bürgerlichen Ehe ihr hervorstechendes Gepräge.[107]

Mann und Frau sind bei Jelinek austauschbar, was einzig zählt, ist die Zugehörigkeit zu einer bestimmten sozialen Klasse. Als deren Repräsentanten bewegen sich Jelineks Figuren dann ausschließlich. Freilich nicht miteinander vertauschbar sind ihr die Geschlechterrollen: der Mann "singt, spielt, schreit" und "fickt" (L 10) die Frau nieder, die Opfer ist, wenngleich im Text *Lust* ein privilegiertes.

Eine weitere, die Struktur des Textes bestimmende Textebene ist die Simulation der männlichen Diskurse des Obszönen von de Sade über Georges Bataille und Henry Miller bis zur Massenpornographie. So lesen sich ganze Passagen aus *Lust* als Dekonstruktion Bataillescher Elogen auf das Urinieren, den heiligen Schmutz der Frau aus der Erzählung *Geschichte des Auges*, auf die sich Jelinek während des Schreibens des Textes *Lust* explizit als "Gegenentwurf zu Georges Batailles *Geschichte des Auges*" bezog.[108] Nach Jelineks dekonstruierendem Eingriff liest sich der Textabschnitt dann so:

> Ein sehnsüchtiger Bach soll aus der Frau rinnen, hofft der junge Mann, und stochert zufrieden auf dem Bauch liegend, die Ameisen mit seinem Steckerl aus dem Bau [...]. Die Körper sollen immer brennen. Dafür sorgen wir mit allem, was wir haben, nur damit das Geschlecht ein wenig erzittert, wir können's nicht in Ruhe lassen, immer muß mit dem Feuerzeug herumgezündelt werden. (L 123)

---

106 Fuchs, *Illustrierte Sittengeschichte*, Bd. 3, S. 51.

107 Ebd., S. 236.

108 Löffler, *"Ich mag Männer nicht, aber ich bin sexuell auf sie angewiesen"*, S. 83.

Aus der Batailleschen Vorlage ist alles getilgt, was die Leser und Leserinnen zu Voyeuren werden lassen könnte.[109] Das individuelle Gefühl, Auslöser für das "Feuer der Liebe", ist bei Jelinek dem Feuerzeug, als künstliche Feuerquelle, gewichen. Auch an vielen anderen Stellen verweist Jelinek, teils durchaus ironisch, auf de Sade (A 54) und Bataille:

> Es ist alles durch Verbote, die Vorboten der Gelüste, begrenzt. Auch auf dem kleinen Hügel wächst nicht endlos viel, und unsere Grenzen sind auch nicht weiter, als wir es fassen können, und wir fassen nicht viel mit unseren harten kleinen Blutgefäßen. (L 18)

Literarische Intention dieser Dekonstruktionen der obszönen Rede, die sie als vom Mann usurpierte sieht (SÖ 102), ist die Entlarvung des pornographischen Mythos von der männlichen Omnipotenz, auf den der Schöpfermythos des Textes rekurriert. Diesen "Gottesdienst für den Phallus"[110] deutet Jelinek als Inbild von Leistung und Aufstieg innerhalb der bestehenden gesellschaftlichen Hierarchien als Verdoppelung des Leistungsaspekts kapitalistischer Produktionsweisen in einer Gesellschaft, in der Arbeit einen allgemein menschlichen Wert darstellt.

> Die Potenz und die Lust sind zum allgemeinen Menschheitszweck erweitert. Die Lust führt stets zum Zeugen; zur Menschheitserneuerung. Die Frau bewundert den Mann, der Muskeln hat, pralle Schenkel und stramme Waden [...] Die Frau soll Kinder gebären, also bedarf sie eines breiten Beckens [...] Im Physischen hat die Zweckschönheit gesiegt [...] In dem modernen bürgerlichen Ideal ist der Kopf als Sitz der Gedanken, der Seele und der Gefühle systematisch allen anderen Körperteilen übergeordnet. Er beherrscht den Körper [...] indem er alle seine natürlichen Zwecke und Funktionen zur höchsten Entfaltung steigert.[111]

---

109 Die Bataillesche Vorlage aus der *Geschichte des Auges*, die 1928 unter einem Pseudonym in einer Auflage von 134 Exemplaren erschienen ist, liest sich folgendermaßen: "Und ich fühlte, wie eine zauberhafte Flüssigkeit über meine Beine rann. Als sie fertig war, überschwemmte ich sie meinerseits. Ich erhob mich, hockte mich auf ihren Kopf und verschmierte ihr Gesicht mit Samen. Über und über besudelt, bekam sie eine irre Lust. Sie sog unseren Glücksgeruch ein." Zitiert nach Trettin, *Lust aus der Perspektive der Käthe Trettin*, S. 39.

110 Irigaray, *Eine andre Kunst des Genießens*, S. 33.

111 Fuchs, *Illustrierte Sittengeschichte* Bd. 3, S. 135/136.

So beschreibt Eduard Fuchs 1912 in seiner *Sittengeschichte* das physische Ideal, mit dem sich das bürgerliche Zeitalter gegen den überwundenen Absolutismus abgrenzte, der - dem "Parasitenideal" folgend - den zum Nichtstun prädestinierten Menschen für schön erklärte.[112]

Jelineks Liebende sind "Handwerker", die in "ihren Geschlechtsbetrieben" (L 243) Höchstleistungen vollbringen, die Liebe als eine zum Zweck der Reproduktion domestizierte Sexualität erleben. "Er erhascht mit seinen einfältigen Augen gerade noch die leidenden Körper, wenn sie, klaffend wie wunde Abgründe, einander besuchen kommen und die Männer mit ihren schweren Schöpfungsgeräten, Handwerker der Lust, im Inneren der Frau verhallen." (L 53) Der Sexualakt ist im Text *Lust* wie in allen Texten Jelineks (auch in den ganz frühen wie *bukolit)* die permanente Zitation - als Abbild der pornographischen Wiederholung - der modernen "Potenzphantasie, die die Ikonographie der Maschine und des Mechanismus bevorzugt".[113]

> Die Zahnräder klicken, die Kolben boxen, die Finger werden an- und wieder abgestellt. Etwas erklingt. (K 113)
> Der Mann nagelt eine Unzahl von Beschlägen, hält die Frau eisern umklammert [...] werkt im Akkord. Er schraubt sein Limit hoch. (K 143)
> [...] worauf sich buko erhob ausholte und emma eine gewaltige ohrfeige versetzte es knallte laut staub wallte auf der mechanismus rasselte müde emmas zeiger wies auf ein unleserliches am ende der kraftskala ein glühlämpchen leuchtete rötlich auf[...] (B 48)
> [...] überall feucht und schweiszgetränkt samenbekleckert fielen die duftenden locken in sein gesicht glühend die augen hart die fäuste die ellenbogen der brustkasten gewölbt die biezeps emma begann zu rattern und benzin wolken auszustoszen ihr gestell vibrierte tosend ihr körper hüpfte wie ein traktor [...] (B 48)

Obwohl die Abfassungszeit der Texte *Die Klavierspielerin* und *bukolit* fast fünfzehn Jahre auseinander liegt, ist in beiden der Geschlechtsakt ein Gewaltakt, der auf der Fragmentierung des weiblichen Körpers basiert, die Jelinek auch in ihrem Text *Lust* mit einer fragmentarischen Sprache abzubilden sucht. Jelineks unzählige Beschreibungen des Geschlechtsverkehrs lesen sich in allen ihren Texten als groteske Paraphrasen eines

112 Ebd., S. 133.

113 Gorsen, *Sexualästhetik*, S. 135.

aufs Mechanische reduzierten Liebesvollzugs zwischen Mann und Frau. Ihre Bilder, die sich häufig aus dem Vergleich der Frau mit dem Auto als Maschine speisen, erinnern an Gemälde der zwanziger Jahre, wie z. B. an Georg Scholz' *Fleisch und Eisen* (1923) und Rapael Delormes *Junges Mädchen vor Maschinen* (1927). Auch dort werden weibliches Fleisch und Maschinen als libidinös besetzte Objekte des Mannes dargestellt, der über die Maschine, deren Produkte und die Frau herrscht. Sexualität ist vollständig auf das Mechanische reduziert. Die Leiber sind Maschinen. Die Fragmentierung, die mechanische Handhabung, oder die Tötung der Frau als Braut, dieses Motiv taucht in der Malerei besonders zur Zeit des ersten Weltkriegs als häufiges Motiv auf. Die Frau erscheint als Maschine, als zerstückelte Mechanik, als Maschinenlandschaft oder auch als Objekt von Martermaschinen. Beispielsweise in der Vorstufe zu Marcel Duchamps *Großem Glas* gibt es ein Ölgemälde, welches *Die Braut* (1912) als komplizierte Maschine darstellt. In dieser Motivkette, in der sich die "Junggesellenmaschine"[114] als mechanischer Frauenkörper präsentiert, sind auch Bellmers Puppen-Konstruktionen anzusiedeln, mit denen "der Mann dem Bild der Frau seine elementaren Gewißheiten aufzwingt, die geometrischen und algebraischen Gewohnheiten seines Denkens, etwa in der Gestaltung eines Quaders, bestehend aus weiblichen Körperteilen".[115]

---

114 Die Darstellung der Junggesellenmaschine als Mythos der Moderne verdankt sich der Studie von Michel Carrouges *Les Machines Célibataires* aus dem Jahre 1954, in welcher der Autor sich auf Texte von Edgar Allan Poe, Lautréamont, Alfred Jarry, Raymond Roussel, Franz Kafka u. a. bezieht, um in deren Literatur die Imagination vergleichbarer maschineller Entwürfe zu beschreiben, welche unter Verzicht auf die natürliche Reproduktion einen sich selbst antreibenden Mechanismus kreieren. Die Junggesellenmaschine ist ein phantastisches Vorstellungsbild, das Liebe in einen Todesmechanismus verwandelt. In vielen surrealistischen Gemälden erscheinen Lustmaschinen als Torturmaschinen, besonders in den Bildern von Max Ernst und Salvador Dali, aber auch bei Oscar Dominguez' *Elektrosexueller Nähmaschine* (1937) und Hans Bellmers *Maschinengewehr im Zustand der Gnade* (1937). Die Junggesellenmaschinen funktionieren über die Trennung der Geschlechter und die Entsprechung zwischen mechanischem und sexuellem Bereich. Die Kritik der Surrealisten an den Gesetzen der Leistungesellschaft, die sie vor allem an der bürgerlichen Form der Liebe (als eine in die Familienform gezwängte Sexualität) entwickeln, bleibt jedoch auch noch in ihren Gegenentwürfen mit diesem Gesetz verbunden. Da sich diese nämlich auf dieselben Bewegungsmodelle stützen, auf Automatismus, Mechanik und Maschine. Vgl. Weigel, *Topographien und Geschlechter*, S. 87/88.

115 Bellmer, *Die Puppe*, S. 92.

Jelinek vollzieht die "Einverleibung" der Frau, die sich über deren Entleib(lich)ung vollzieht, diese am Körper der Frau vorgenommene Tötung, durch die literarische Simulation des Materialisierungsprozesses nach. Aus Eisen, Blech und Wetterglas entsteht keineswegs E.T.A. Hoffmanns Olimpia, sondern hier wird im umgekehrten Prozeß Lebendiges leblos, zum Automaten, der nach den Gesetzen der Mechanik funktioniert. "Den Körper als exklusiven Ort der Natur zu definieren, ist daher eine reichlich naive Vorstellung. Denn Kultur, auf der wir doch alle bestehen, bedeutet immer auch Kulturation des Körpers, technische Extension und Transformation des Körpers."[116]

> [...] ihr Haar wird in die Wanne geworfen, an ihrem Kitzler wird kräftig gezogen, daß ihr die Knie vorn zusammenklappen und der Arsch wie ein Faltstuhl heraussspringt und auch viele andre Menschen folgen Seinem Kommando. (L 40)
> Die Frau streckt jetzt unwillkürlich die Zunge heraus, denn der Direktor hat einen Muskel an ihrem Kiefer betätigt. (L 24)
> Auf dem ebenen Boden steht die Frau, müd vom langen Zug durch die Nacht, und ihre Öse soll jetzt geweitet werden. So intim wie ein Walzwerk ist sie schon lange geworden [...]. (L 37)
> Sie ruhen jetzt fühllos ineinander, die Kolben stoßen herab, die unwegsamen Küsten der Körper werden angesteuert und verfehlt [...] (L 240)

Automaten, automatische Puppen und mechanisches Spielzeug hatten und haben zum Zweck: das Simulieren animalischer und menschlicher Lebensäußerungen. Bis heute stehen sie für die Macht des Menschen, aus Unbelebtem Leben nachzubilden. Ob Leben in Automaten oder die kosmische Bewegung in astronomischen Modellen simuliert wird, immer sieht sich der Mensch als "imitator creatoris", wie etwa in Hoffmanns Erzählung *Der Sandmann*, in der Nathanael eine alchimistische Szene belauscht. Denn sein Vater und der Advokat Coppelius, ehrenwerte Mitglieder der Gesellschaft, versuchen nachts in einem Androiden künstliches Leben zu erzeugen. Bürger, die ihrer Phantasie, ihrem Omnipotenztraum vom Götterhandwerk im Geheimraum der Familie und zivi-

---

116 Export, *Das Reale und sein Double*, S. 7.

len Ordnung nachgehen: Bürger, die Zeugen und Gebären der Natur zu entreißen suchen und zum Problem technischer Manipulation und künstlicher Produktion von Männern machen. "Der Alchemist zielt, indem er der Natur die Technik der Zeugung abgewinnen will, auf Göttlichkeit - das ist luziferisch. Der Mann, der den weiblichen Schoß in einen von ihm beherrschten künstlichen Uterus, in ein Labor also umbaut, dieser Mann ist souverän wie Gott."[117] Auch Jelinek schildert das Szenario patriarchalischer Sexualität: die Frau ist passive Retorte, Schmelztiegel, Hohlraum, Labor männlicher Sexualität; der Mann gewalttätig, zwingend, zerstückelnd und todesdrohend. "Die Frau stirbt nicht, sie entsteht ja gerade erst aus dem Geschlecht des Mannes, der ihren Unterleib im Labor bereits vollständig nachgebaut hat." (L 30) Jelineks Protagonistin "Frau" im Prosatext *Lust* ist fragmentierbare Puppe des Mannes, vollständig in dessen Gewalt: der Leib als Maschine der Liebe. Die bürgerliche Sehnsucht nach Natur, von Rousseau bis zu Georg Forsters *Tahiti*, von *Emilia Galotti* bis zu E.T.A. Hoffmanns Olimpia: darin wurde die Unschuld einer Liebe gesucht, der zu begegnen nur um den Preis ihrer Zerstörung möglich ist. Erst Hoffmann durchschaut, daß dieser makellose Spiegel des Begehrens, diese tabula rasa eines Körpers, dessen Haut Insel der Unschuld ist, auf dessen Strände die Eroberer ihr Signum setzten, Spur der Macht ist: "Aneignung einer zu sich selbst unmittelbaren Natur, selbst das Produkt einer Codierung ist."[118]

> Der weiße Leib als Maschine der Liebe. Radikaler konnte die Sehnsucht nach Natur im Spiel der Liebe nicht widerlegt werden. Hoffmann zieht die Konsequenz aus den Hunderten von Dramen, die sich auf der makellosen Oberfläche des weiblichen Körpers abspielten. Er begriff, daß die Reinheit des Lebens als Inbegriff unmittelbarer Natur nicht etwa von den Masken des Begehrens befreit, sondern, im Gegenteil, deren innerster Signifikant ist: der unschuldige Leib bezeichnet die Integrität des Phallus, bildet also die Flucht aus der längst gemachten Erfahrung von der Kastration und der Zerstückelung der Körpers. Darin war dieser bis in die feinsten Verästelungen des Be-

---

117 Böhme, *Natur und Subjekt*, S. 120.

118 Ebd., S. 183.

> gehrens zum Schauplatz von semiotischen Codierungen geworden. Einen anderen als den fragmentierten, phantasmatischen Körper einer imaginären Zeichenschrift schien es nicht zu geben.[119]

"Eine gute Strumpfmaschine übertrifft nach meiner Meinung an wahrem Wert himmelweit die vollkommenste, prächtigste Spieluhr", meint der Gerichtsbeamte E.T.A. Hoffmann.[120] Denn nach der Konstituierung der bürgerlichen Gesellschaft sind Sprach- und Spielautomaten sinnlose Spielerei an anachronistischen Höfen. Die Mechanik von Automaten wurde nun endgültig aus dem sinnleeren, feudalen Raum gelöst und produktiv nutzbar gemacht. Das Tätig-Sein, Referent des bürgerlichen Individuums,[121] beginnt von nun an, den Widerspruch seiner selbst zu produzieren. Der Maschine wird das Tätig-Sein übertragen. Sie kann alles exakter, schneller, gleichmäßiger und ausdauernder. Der Mensch der bürgerlichen Gesellschaft sieht sich plötzlich der produktiven Selbsttätigkeit enthoben. Er erlebt sich als Reduzierter, als Opfer.

Die Wissenschaft hat den Menschen zum "ersten Selbstbewußtsein" geführt, ihn aus mittelalterlicher Tradition gelöst, darüber sei der Mensch einer "höheren, allgemeineren und furchtbareren Gespensterherrschaft"[122] verfallen, nämlich "dem mechanistischen Aberglauben und seiner Verstandesdespotie über Natur und Gesellschaft". "Wo keine Götter sind, da walten Gespenster",[123] formulierte Novalis. Die Gliederpuppe ist es, in der "mehr Anmut enthalten sein könne, als im Bau des menschlichen Körpers",[124] phantasierte Kleist auf der Suche nach der verlorenen "Grazie", dem Ausdruck innerer und äußerer Harmonie des Menschen. In der Erkenntnis der Erkenntnis, wenn nämlich "die Erkenntnis gleichsam

---

119 Ebd.

120 Hoffmann, *Werke* Bd. 6, S. 103.

121 Vgl. Bloch, *Vorlesungen zur Philosophie der Rennaissance*, S. 9.

122 Novalis, *Die Christenheit oder Europa*, S. 49.

123 Zitiert nach Malsch, *Europa-Poetische Rede des Novalis*, S. 100.

124 Kleist, *Über das Marionettentheater*, S. 61.

durch ein Unendliches gegangen ist," wenn diese 'letzte Erkenntnis' also Gegenstand ihrer selbst würde, so fände sich auch "die Grazie wieder ein".[125]

Davon träumten auch der englische Bühnenreformer Gordon Craig, den Oskar Schlemmer in seiner Schrift *Die Bühne im Bauhaus* zitierte, "der Schauspieler muß das Theater räumen und seinen Platz wird ein unbelebtes Wesen - wir nennen es Übermarionette - einnehmen", und der Russe Brjussow , der sich vorstellte, "die Schauspieler durch Sprungfederpuppen zu ersetzen, in denen jeder ein Grammophon steckt".[126] Doch die Bedingungen der Massengesellschaft, einer auf Effizienz ausgerichteten Industriegesellschaft zu Beginn des 20. Jahrhunderts, lassen Puppen und Automaten nicht zur erhofften Synthese von Innen und Außen, von Sinnlichem und Geistigem werden, in der ein Miteinander von Mensch und Technik entstünde, das nicht mehr Opfer und Täter entstehen ließe. Man Ray hat in seinem Bild *Die Erschöpfung der Marionetten* (1919) Kleists Marionette in ihre Bestandteile zerlegt: die Komplexität der Glieder, die Dynamik und Anmut ermöglicht, ist zerschnitten. Das Surrogat, auch das des Menschen, besteht nunmehr aus zusammenhanglosen Stükken - aus Prothesen.

Jelinek versteht ihre - explizit die dramatischen - Figuren als aufgezogene Spielwerke, denen sie kein Eigenleben , keine Seele zuspricht: "Den Wunsch, Leben zu erzeugen [...] der fast alle Schriftsteller angezogen hat, lehne ich ab. Ich will genau das Entgegengesetzte: Unbelebtes erzeugen."[127] Die Verdinglichung ihrer Figuren ist total; auch in ihrer Dramaturgie der sexuellen Szene, die nach den Gesetzen der Mechanik funktionierend an alles, nur nicht an Spontaneität, erinnert. Die Ideologie von der Einzigartigkeit und Besonderheit menschlicher Sexualität als letztem Halt persönlicher Identität verfällt Jelineks Spott. Durch ihre

125 Ebd., S. 64.

126 Schlemmer, *Die Bühne im Bauhaus*, S. 18.

127 Roeder, *"Ich will kein Theater Ich will ein anderes Theater"*, S. 31.

Darstellung von Sexualität konfrontiert sie ihre Leser und Leserinnen mit eben der Mechanisierung, unter der kulturkritische Denker von Rousseau bis Marcuse leiden und gegen die sie den Eros als Gegenkraft berufen. In der sexuellen Handlung, so wie sie Jelinek beschreibt, interessiert die Individualität des Begehrenden ebenso wenig wie die des Begehrten. Das erinnert an die Dezentrierung des Subjekts in sexuellen Szenen bei Marquis de Sade. Denn er war es, der zuerst entdeckte, daß der Trieb das Allerunpersönlichste am Menschen ist. Die Vernunft führt in allen sexuellen Darstellungen de Sades Regie. Sexualisierbare Körperfragmente werden bei de Sade zu wechselnden Funktionselementen einer umfassenden Konfiguration des regieführenden Bewußtseins.[128]

> Störungen der Sexualität sind [bei de Sade A.D.] nicht, wie in der Normalpraxis, plötzlich aufkommende Distanzen, interferierende Reflexion, aufblitzendes Bewußtsein, sondern genau umgekehrt. Die Ordnung des sadianischen Arrangements wird durch nichts so gestört wie durch die Vermischung der Leiber, wechselseitige Einfühlung, sympathetische Kommunikation, Liebe.[129]

Ebenso wie die Welten de Sades sind Jelineks literarische Szenarien Welten ohne Subjekte, in denen möglichst viele kulturelle Normen verletzt werden. Den Figuren wird in beiden Fällen konsequent jede Lebensgeschichte verweigert, um sie zu taktischen Positionen in einem Diskurs zu machen, der gegen die ("heilige") Familie gerichtet ist. Damit gerät de Sade wie auch Jelinek an die Grenzen von Literatur. Denn es ist nahezu unmöglich, Romane ohne Subjekte zu schreiben. Figuren sind daher vor allem Sprecher und Sprecherinnen eines Diskurses, der niemals ihr eigener ist. Die eigentliche Provokation Jelinekscher Literatur liegt daher vielleicht ebenso wie bei de Sade in der Form der Literatur, die in dem Maße, "wie sie den Figuren ihre Subjektivität radikal verweigert [...] *uns* als Leser negiert: nämlich als Subjekte, die die eigene Ge-

---

128 Vgl. Böhme, *Natur und Subjekt*, S. 275.

129 Ebd.

schichte ödipaler Strukturierung in die Literatur hineintragen und hier abarbeiten wollen".[130]

Vor diesem Hintergrund kann sich dann auch das im Klappentext des Romans *Die Klavierspielerin* gegebene Versprechen, mit diesem Text ein "besseres Verstehen über perverse Formen abweichenden Verhaltens" zu bewirken, besonders bezüglich sexueller Gepflogenheiten der Protagonistin Erika Kohut, nicht erfüllen. Denn Jelineks "Heldinnen" geben sich weder verdrängten Absonderlichkeiten hin, noch zeichnen sie sich durch ein von der Norm abweichendes Verhalten aus. Sondern die Autorin hat mit der Ideologie gebrochen, an der auch die Kunst immer wieder folgsam mitwirkte, Liebe und deren sexuelle Manifestation sei jenes Besondere, was sich unter den Menschen ereigne."Dieses Lebenselixier, ohne das selbst der Illusionslose nicht leben will, schüttet Jelinek vor den Augen einer über das eigene Entsetzen faszinierten Leserschaft ungerührt auf den Misthaufen heutiger Liebeswirklichkeit."[131] Der Sado-Masochismus aller Figuren Jelineks ist manifeste Verhaltensweise, ist sexuelle Begleitphantasie beider Geschlechter. Bis in die kleinsten Details der sexuellen Wunschproduktion hinein verfolgt Jelinek die Zerstörung des Humanen und beschreibt "die sozial produzierte Asozialität, Öde und Schwäche" der Realisierungsversuche dieser reduzierten Phantasien. "Perversion ist ihr mit Recht ein Kulturgut."[132] Adorno beschrieb in seinen *Studien zum autoritären Charakter* den sozialen Anpassungsprozeß des Individuums daher auch als einen Akt, der "an Gehorsam und Unterdrückung Gefallen findet; die sadomasochistische Triebstruktur ist daher beides, Bedingung und Resultat gesellschaftlicher Anpassung."[133] Die Sehnsucht, die Entfremdung von Mann und Frau im Sexualakt aufzuheben, die Herde in der mystischen Vereinigung mit Gott hinter sich

---

130 Ebd., S. 286.

131 Scharang, *Lebenselixier auf dem Misthaufen*, S. 7.

132 Burger, *Der böse Blick der Elfriede Jelinek*, S. 27.

133 Adorno, *Studien zum autoritären Charakter*, S. 323.

zu lassen, wie es Johannes vom Kreuz im Motto des Textes *Lust* verheißt, muß unerfüllt bleiben.[134] "Tief in versenktem Raume/ trank ich vom Freund [...] Als ich zum Tag mich wandte,/ war bis zum fernsten Saume/ kein Ding, das ich noch kannte -/ die Herde war entrückt, mit der ich rannte."(L Motto)

Jelineks Texte folgen einer Ästhetik des Häßlichen, die das als häßlich Verfemte zu ihrer Sache macht, nicht länger um es zu integrieren oder zu mildern, sondern:

> [...] um im Häßlichen die Welt zu denunzieren, die es nach ihrem Bilde schafft und reproduziert, obwohl selbst darin noch die Möglichkeit des Affirmativen als Einverständnis mit der Erniedrigung fortdauert, in die Sympathie mit den Erniedrigten leicht umschlägt. Im Penchant der neuen Kunst für das Ekelhafte und physisch Widerliche, dem die Apologeten des Bestehenden nichts Stärkeres entgegenzuhalten wissen, als daß das Bestehende schon häßlich genug sei und darum die Kunst zu eitel Schönheit verpflichtet, schlägt das kritisch materialistische Motiv durch, indem Kunst durch ihre autonomen Gestalten Herrschaft verklagt, auch zum geistigen Prinzip sublimierte, und für das zeugt, was jene verdrängt und verleugnet.[135]

---

134 Fliedl weist zu Recht darauf hin, daß dieses Motto bereits Teil des ironischen Programms von Jelineks Text *Lust* ist. Denn das zitierte mystische Erlebnis zieht natürlich seine spirituelle Energie gerade daraus, daß der andere Körper als solcher nicht berührt wird. Das sinnliche Empfinden muß im Eigenen selbst verharren, die Lust wird mit keinem anderen Körper geteilt. Vgl. Fliedl, *Natur und Kunst*, S. 98.

135 Adorno, *Ästhetische Theorie*, S. 79.

V. Zusammenfassung

Der Aufbau meiner Arbeit trägt der zentralen poetischen Intention von Elfriede Jelinek Rechnung: Sie versteht sich als "Mythologin" im Sinne Roland Barthes. Die Rekurrenz auf dessen ideologiekritisches Werk *Mythologies* ist signifikant für Jelineks Entmythologisierungsarbeit. Ihr unablässiger Versuch, Kunst, Natur, Liebe und Sexualität als Mythen des bürgerlichen Bewußtseins zu entdecken, kann daher auch als das inhaltliche und gattungsübergreifende Bindeglied zwischen allen Texten Jelineks aufgefaßt werden. Als Repräsentanten verschiedener literarischer und gesellschaftlicher Diskurse lagert Jelinek in ihre Texte "fremde Stimmen" ein, die die mythenbildenden Diskurse unserer Medien, von der Reklame bis zur Belletristik, simulieren. Über weite Strecken sind ihre Texte daher als "Intertexte" zu lesen, die sich aus alltäglichem, literarischem und religiösem Sprachgebrauch speisen, den Jelinek sprachlichen Dekonstruktionen unterzieht, um unter semantischen Verkleidungen Herrschafts- und Besitzverhältnisse sichtbar werden zu lassen. Wie die in meiner Arbeit durchgeführten Textanalysen zeigen, ist Jelineks Bezugnahme auf Fremdtexte aller Art ein sinnkonstitutives Element ihrer Texte, das als Verfahren des Bedeutungsaufbaus mit Jelineks Entmythologisierungsarbeit korrespondiert. Der Rekurs auf das fremde Wort wird von Jelinek zu einem Instrument der indirekten Leserorientierung entwickelt, indem die von ihr verwendeten Prätexte zusätzliche, den Horizont der Figuren transzendierende Informationen liefern. Dabei kommentieren sich das zitierte Wort und der neue Kontext wechselseitig und erschließen neue Diskursmöglichkeiten im Einzeltext. Literarische Produktion führt Jelinek so als eine "Wiederverarbeitung" von Kultur vor, in der sich der Konflikt zwischen Affirmation von und Distanz zu kulturelllen Codierungen von Weiblichkeit in der dialogischen Struktur ihrer Texte spiegeln. Jelineks Werk kann daher als eine umfassende Rekonstruktion gelesen werden; als eine Wiederherstellung der Geschichtlichkeit von literarischen, philosophischen und gesellschaftlichen Sinnsystemen, die an der jeweiligen Konstruktion der "Geschlechtermythen" teilhaben. Zitierend entwirft Jelinek ein Textuniversum, das aus patriarchalen Mythologemen besteht, denen Jelinek die Erinnerung an ihre historische Entstehung zurückzugeben sucht, indem sie sie als "wiederverarbeitete" Kultur sichtbar macht. Im Prozeß einer entstellenden Simulation zielen Jelineks Dekonstruktionen auf die Zerstörung des originalen Sinns der verwendeten Prätexte.

Die methodischen Grundlagen meiner Arbeit werden im ersten Kapitel vorgestellt. Für die konkrete Textanalyse werden sowohl die Begrifflichkeit der strukturalen Semiotik (Greimas) als auch ein von Pfister vorgeschlagenes Intertextualitätskonzept genutzt, dessen heuristischer Wert in der Operationalisierung der globalen Konzeption eines "Universums der Texte" (Kristeva) für die Einzeltextanalyse liegt. Der Begriff des "Mythos" wird dabei in bezug auf Jelineks Rezeption von Barthes in einer Weise abgegrenzt, die ihn als greifbares Konzept in der Poetik Jelineks erscheinen läßt.

Die Untersuchung von Jelineks literarischer Intention, eine stigmatisierende Rede von Frau und Kunst zu decouvrieren, steht im Mittelpunkt des zweiten Kapitels. Als eine Funktion von Kunst in der bürgerlichen Gesellschaft beschreibt Jelinek die Festschreibung der Unterschiede zum jeweils anderen, indem diese Unterschiede zu "Natur" erklärt werden. Mit intertextuellen Verfahrensweisen simuliert und entstellt Jelinek eine Rede, die im Kontext der bürgerlichen Mythen von männlicher Schöpferkraft die Identifikation von Frau und Natur festschreibt. Als Zitat-Künstlerinnen, die auf das männliche Kunst-Produkt rekurrieren, finden weder ihre Kunst-Produzentinnen noch ihre Kunst-Interpretinnen zum eigenen Ausdruck. Ihre Kunst bleibt gebunden an das, wogegen sie sich wendet: sie reproduziert das Gesetz der Verfügung. Meine Untersuchung der Funktion von Musik in der Schreibweise Elfriede Jelineks zeigt allerdings, daß das Bündnis von Sprache mit Musik eine der wenigen

Utopien ist, die Jelinek nicht auszuschließen scheint. Mit der Verbindung von Sprache und Musik hofft Jelinek nämlich einer auch von ihr oft metaphorisch erzeugten Kälte und Negativität entgegenwirken zu können.

Nicht die Klage um den Verlust der Natur, sondern der Schein der Natürlichkeit, der die Einsicht in gesellschaftliche Zusammenhänge und Bewegungen verhindert, ist eine weitere zentrale poetische Intention Jelineks, deren Untersuchung im Mittelpunkt des dritten Kapitels meiner Arbeit steht. Natur führt Jelinek in ihren Texten als Objekt der lebenspraktischen wie der ideologischen Nutzung vor. Einsicht in die medial vermittelte "Echtheit" der Natur, in die Herstellung von Natur durch Kunst, welche das Artefakt mit Natur verwechselt, wird von Jelinek ironisch vorgeführt. Ihre Texte vollziehen die Konvertierung von Natur in Kunst-Stoff nach, um literarisch das von Barthes beschriebene "Natürlichmachen" des Begriffs zu exemplifizieren, das gleichzeitig die Unschuld des Mythos suggeriert und scheinbar ein Bild des Realen wiedergibt.

Im vierten Kapitel meiner Arbeit ist der Blick auf Jelineks Ästhetik des Häßlichen gerichtet. Um das Sprechen der Macht, der Gewalt und ihrer Ideologien von innen her zu dekonstruieren, macht sich Jelinek in ihren Texten zur Komplizin dieser Gewalt, indem sie Ordnung und Strukturen gewalttätigen Denkens aufsucht und simuliert. Mit ihren Texten führt Jelinek vor, wie auf Rationalität gründende Gesellschaften das, wovor sie Angst haben, durch Abtrennung und Ausschließung produzieren. Mit ihrer Sprache ist sie gesellschaftlicher Gewalt als einem unauflösbaren Zusammenhang von Sadismus und Macht auf der Spur

Die Desavouierung des alten bürgerlichen Traums von befreiter menschlicher Liebe ist eine weitere poetische Intention Jelineks. Sie destruiert daher sowohl die Erlösungsmythen, die das Reden von Sexualität begleiten, als auch die bürgerliche Liebesideologie selbst. Als Autorin, die das Konzept individueller Erfahrung außer Kraft gesetzt sieht, ist Jelinek nicht an der Beschreibung individueller Empfindungen interessiert. Der Geschlechtsakt ist immer Gewaltakt, der die Fragmentarisierung des weiblichen Körpers, die patriarchale Einverleibung der Frau impliziert. Der Leib als Maschine der Liebe ist Jelineks radikale Widerlegung der Sehnsucht des Menschen nach Natur im Spiel der Liebe. Jelineks literarische Welten sind Welten ohne Subjekte. Ihren Figuren wird jede Lebensgeschichte verweigert, um sie zu taktischen Positionen in einem gegen die "heilige" Familie gerichteten Diskurs zu machen. In dem Maße, wie Jelinek den Figuren eigene Subjektivität radikal verweigert, negiert sie ihre Leser und Leserinnen als Subjekte, die ihre eigene Geschichte in die Literatur hineintragen und dort abarbeiten wollen. Das mag die eigentliche Provokation Jelinekscher Literatur ausmachen.

VI. Bibliographie

1. Quellen

1.1 Lyrik

Lisas Schatten, München, Würzburg, Bern (Relief-Verlag-Eilers) 1967. (= Der Viergroschenbogen Folge 76.)

ende, Gedichte 1966-1968, mit fünf zeichnungen von martha jungwirth, Schwifting (Schwiftinger Galerie-Verlag) 1980.

1.2 Prosa
Buchpublikationen

wir sind lockvögel baby!, Reinbek b. Hamburg (Rowohlt) 1970. Taschenbuchausgabe = Reinbek b. Hamburg (Rowohlt) 1988. (= rororo. 1234.)

Michael, Ein Jugendbuch für die Infantilgesellschaft, Reinbek b. Hamburg (Rowohlt) 1972. (= das neue buch. 12.) Taschenbuchausgabe = Reinbek b. Hamburg (Rowohlt) 1987. (= rororo. 5880.)

Die Liebhaberinnen, Reinbek b. Hamburg (Rowohlt) 1975. (= das neue buch. 64.) Taschenbuchausgabe: Reinbek b. Hamburg (Rowohlt) 1989. (= rororo. 12467.)

Die Liebhaberinnen, mit Vor- und Nachwort der Autorin, Berlin-Ost (Volk und Wissen) 1978.

bukolit, hörroman, mit bildern von robert zeppel-sperl, Wien (Rhombus) 1979.

Die Ausgesperrten, Reinbek b. Hamburg (Rowohlt) 1980. Taschenbuchausgabe = Reinbek b. Hamburg (Rowohlt) 1985. (= rororo. 5519.)

Die Klavierspielerin, Reinbek b. Hamburg (Rowohlt) 1983. Taschenbuchausgabe: Reinbek b. Hamburg (Rowohlt) 1986. (= rororo. 5812.)

Oh Wildnis, oh Schutz vor ihr, Reinbek b. Hamburg (Rowohlt) 1985.

Lust, Reinbek b. Hamburg (Rowohlt) 1989.

1.3 Prosa
Veröffentlichungen in Sammelbänden, Zeitungen und Zeitschriften

Mit Wilhelm Zobl, *Offener Brief an Alfred Kolleritsch und Peter Handke*, in: manuskripte, 1969, H. 27, S. 3 u. 4.

rosie die weisse hölle, in: 707, Jahresschrift für Literatur, Kunst, Kritik, 1970, H. 1, o. S.

wir stecken einander unter der haut, konzept einer television des innen raums, in: protokolle, 1970, H. 1, S. 129-134.

Fragen zu Flipper, in: manuskripte, 1970, H. 29/30, S. 18-20.

Statement, in: *Grenzverschiebung*, Neue Tendenzen in der deutschen Literatur der sechziger Jahre, hg. und mit einem Vorwort versehen von Renate Matthei, Köln (Kiepenheuer & Witsch) 1970, S. 215-216.

untergang eines tauchers, in: *Grenzverschiebung*, Neue Tendenzen in der deutschen Literatur der sechziger Jahre, hg. und mit einem Vorwort versehen von Renate Matthei, Köln (Kiepenheuer & Witsch) 1970, S. 216-218.

Sie ist jung & zwei andere Kapitel, in: Akzente, 17, 1970, S. 58-63.

Der fremde! störenfried der ruhe eines sommerabends der ruhe eines friedhofs, in: *Der gewöhnliche Schrecken*, Horrorgeschichten, hg. von Peter Handke, München (Deutscher Taschenbuch Verlag) 1971, S. 135-147. (= dtv. 783.)

Die beiden Brüder, in: *Science & fiction*, hg. von Walter Aue, Frankfurt a. M. (Fischer Taschenbuch Verlag) 1971, S. 56-57.

udo zeigt wie schön diese welt ist wenn wir sie mit kinderaugen sehen, untersuchungen zu udo jürgens liedertexten, in: *Materialien zur Musiksoziologie*, Elfriede Jelinek, Ferdinand Zellwecker, Wilhelm Zobl, Wien, München (Jugend & Volk) 1972, S. 7-14.

Der Überfluß ist kein Genuß, in: Wespennest, 1975, H. 21, S. 62-70.

Nachwort, in: Thomas Pynchon, *V.* Roman, Reinbek b. Hamburg (Rowohlt) 1976, S. 530-549. (= das neue buch. 74.)

Der brave Franz ist brav, in: *Das Einhorn sagt zum Zweihorn*, Schriftsteller schreiben für Kinder, hg. von Gert Loschütz und Gertraud Middelhauve, München (Deutscher Taschenbuch Verlag) 1977, S. 114-122. (= dtv. 1275.)

Eine Versammlung, in: Die schwarze Botin, 1977, H. 2, S. 30 u. 31.

Die Bienenkönige, in: *Die siebente Reise*, 14 utopische Erzählungen, hg. von Roman Ritter und Hermann P. Piwitt, München (Autoren Edition) 1978, S. 141-158.

Erschwerende Umstände oder Kindlicher Bericht über einen Verwandten, in: *Das Lächeln meines Großvaters und andere Geschichten*, hg. von Wolfgang Weyrauch, Hamburg (Claassen) 1978, S. 106-111.

"Dankesworte der Preisträgerin", Rede zur Verleihung der Roswitha-Gedenkmedaille 1978 der Stadt Gandersheim, in: Die Schwarze Botin, 1978, H. 9, S. 6-8.

[ohne Titel], in: *Die Außerirdischen sind da*, Umfrage durch Matthes und Seitz anläßlich einer Landung von Wesen aus dem All, München (Matthes & Seitz) 1979, S. 175-178.

"Ich werde von ganzem Herzen bejahen, Frau zu sein", Elfriede Jelinek über Sylvia Plaths *"Briefe nach Hause"*, in: Extrablatt 3, 1979, H. 12, S. 85.

fragen zu flipper, in: *manuskripte 1960 - 1980*. Eine Auswahl, hrsg. von Alfred Kolleritsch und Sissi Tax, Basel/Stroemfeld/Frankfurt a. M. (Roter Stern) 1980, S. 211-216.

Das im Prinzip sinnlose Beschreiben von Landschaften, in: manuskripte, 1980, H. 69/70, S. 6-8.

Die süße Sprache, in: *Betroffensein*, Texte zu Kärnten im Herbst 1980, hg. von Harald Irnberger, Klagenfurt (Slowenisches Informationscenter) 1980, S. 57-64.

Der ewige Krampf, Elfriede Jelinek über Zwei Arsenleichen (weibl.) in der Literatur, in: Extrablatt 4, (1980) H. 9, S. 82-85.

Der Turrini Peter, in: Theater heute, 1980, H. 12, S. 40.

"Weil sie heimlich weinen muß, lacht sie über Zeitgenossen", Über Irmgard Keun, in: die horen, 1980, H. 4, S. 221-225.

Zu: *Sylvia Plath "Briefe nach Hause"*, in: *Aufschreiben*, Texte österreichischer Frauen, Wien, (Wiener Frauenverlag) 1981, S. 43-46.

Ein Brief, in: *Die Feder - Ein Schwert?*, Literatur und Politik in Österreich, hg. von Harald Seuter, Graz (Leykam) 1981, S. 86-90.

Der ewige Krampf, Zwei Arsenleichen (weibl.) in der Literatur, in: Wespennest, 1981, H. 44, S. 32-36.

Ich möchte seicht sein, in: Theater heute, 1983, Sonderheft, S. 102.

Im Namen des Vaters, in: profil, 1983, H. 50, S. 52-53.

Der Krieg mit anderen Mitteln, Über Ingeborg Bachmann, in: Die Schwarze Botin, 1983, H. 21, S. 149-153.

Über "Clara S.", in: Stuttgarter Hefte 56, hrsg. vom Württembergischen Staatstheater Stuttgart, Schauspiel 1983, S. 4-6.

Schamgrenzen? Die gewöhnliche Gewalt der weiblichen Hygiene, in: Konkursbuch, Zeitschrift für Vernunftkritik, 1984, H. 12 (Frauenmacht), S. 137-139.

Der Krieg mit anderen Mitteln, Elfriede Jelinek über Ingeborg Bachmann, deren Gesamtwerk neu aufgelegt wurde, in: M. Das Magazin, 1984, H. 11, S. 20-25.

Bild und Frau, in: *Der sexuelle Körper, Ausgeträumt?*, hg. von Thomas Ziehe und Eberhard Knödler-Bunte, Berlin (Ästhetik und Kommunikation) 1984, S. 146.

Ich schlage sozusagen mit der Axt drein, in: TheaterZeitSchrift, 1984, H. 7, S. 14-16.

Der Herr Papst und die Frauen, in: Die Zeit, 16.11.1984, S. 80.

Milena Jesénska, Vom Schrecken der Nähe, in: *eine frau ist eine frau ist eine frau ...*, Autorinnen über Autorinnen, hg. von Elfriede Gerstl, Wien (Promedia) 1985, S. 71-79.

Der Wald, in: manuskripte, 1985, H. 89/90, S. 43- 44.

Sylvia Plath, "Die Glasglocke", Anmerkungen, in: Wespennest, 1985, H. 61, S. 51-52.

Phallus (H), in: Die Schwarze Botin, 1985/86, H. 29, S. 23.

Begierde & Fahrerlaubnis (eine Pornographie) Erster Text von vielen ähnlichen, in: manuskripte, 1986, H. 93, S. 74-76.

Luft(Begierde), in: Literaturmagazin, 1986, H. 18, S. 144-148.

"In den Waldheimen und auf den Haidern", Rede zur Verleihung des Heinrich-Böll-Preises in Köln am 2. Dezember 1986, in: Die Zeit, 5.12.1986, S. 50.

Der Wald, in: Barbara Alms (Hrsg.), *Blauer Streusand*, Frankfurt a. M. (Suhrkamp) 1987, S. 35- 39.

Die Komponistin, Über Patricia Jünger, in: Emma, 1987, H. 6, S. 32-36.

Im Grünen, in: manuskripte, 1988, H. 100, S. 85- 87.

Der Sinn des Obszönen, in *Frauen & Pornographie*, hg. von Claudia Gehrke, Tübingen (konkursbuch Verlag) o. J., [1988], S. 102-103.

Ich fordere Sie ernstlich auf: Luft und Lust für alle, in: Brigitte Classen (Hrsg.), *Pornost*, Triebkultur und Gewinn, München (Raben) 1988, S. 115-119.

Der freie Fall der Körper, in: Zeit-Magazin, 1989, 15, S. 6-8.

Der Einzige und wir, sein Eigentum, Elfriede Jelinek würdigt den Schriftsteller-Kollegen Thomas Bernhard, in: profil 20, 1989, H. 8, S. 72- 73.

Leere Plastiktüten, in: profil 20, 1989, H. 41, Sonderbeilage zur Frankfurter Buchmese, S. IV- V.

Das Schöpfergeschöpf, in: protokolle, 1990, H. 2, S.13-15.

Die Komponistin, Wortmaterial in den Kompositionen Patricia Jüngers, in: *Die Chiffren Musik und Sprache*, Neue Aspekte der musikalischen Ästhetik IV, hrsg. von Hans Werner Henze, Frankfurt a. M. (Fischer) 1990, S. 211-218.

Wie der Herr, so sein Krieg, Nachbemerkungen einer Unmündigen zu den Vollmundigen, in: Die Zeit, 29.3.1991, Nr. 14, S. 61.

Jelinek über Bachmann, in: Emma, 1991, H. 2, S. 21-23.

Das zweite Gesicht, in: Die Zeit, 15.5.1992, S. 75/76.

1.4 Drama
Buchpublikationen

Was geschah, nachdem Nora ihren Mann verlassen hatte oder Stützen der Gesellschaften, Wien/München (Sessler) 1980.

Theaterstücke, *Clara S., Was geschah, nachdem Nora ihren Mann verlassen hatte, Burgtheater*, hg. und mit einem Nachwort von Ute Nyssen, Köln (Prometh) 1984.

Krankheit oder Moderne Frauen, hg. und mit einem Nachwort von Regine Friedrich, Köln (Prometh) 1987.

Wolken. Heim., Göttingen (Steidl) 1990. (= Ränder. 1.)

Totenauberg, Reinbek b. Hamburg (Rowohlt) 1991.

1.5 Drama
Veröffentlichungen in Sammelbänden, Zeitschriften und Programmheften

Was geschah, nachdem Nora ihren Mann verlassen hatte oder Stützen der Gesellschaften, in: manuskripte 17, 1977/78, H. 58, S. 98-116.

Clara S., Musikalische Tragödie, in: manuskripte 21, 1981, H. 72, S. 3-21.

Burgtheater, Posse mit Gesang, in: manuskripte 22, 1982, H. 76, S. 76.

Krankheit oder Moderne Frauen, Wie ein Stück für Eva Meyer, in: manuskripte 23, 1984, H. 85, S. 3-22.

Präsident Abendwind, Ein Dramolett, in: *Anthropophagen im Abendwind*, Helmut Eisendle, Elfriede Jelinek, Libuse Moníková, Oskar Pastior nebst Johann Nepomuk Nestroy, hrsg. von Herbert Wiesner, Berlin 1988, S. 19-35. (= Texte aus dem Literaturhaus Berlin. 2.)

Wolken.Heim., in: Programmheft der Bühnen der Stadt Bonn, Bonn 1988.

Totenauberg (Gesundheit!) in: manuskripte 30, 1990, H. 110, S. 126-127.

Unruhiges Wohnen, in: manuskripte 31, 1991, H. 112, S. 7-9.

1.6 Drama Uraufführungen

Was geschah, nachdem Nora ihren Mann verlassen hatte oder Stützen der Gesellschaften, Uraufführung: 6.10.1979, Vereinigte Bühnen Graz im Rahmen des Steirischen Herbstes, Regie Kurt Josef Schildknecht.

Clara S., Musikalische Tragödie, Uraufführung: 24.9.1982, Bühnen der Stadt Bonn, Regie Hans Hollmann.

Burgtheater, Posse mit Gesang, Uraufführung: 10.11.1985, Bühnen der Stadt Bonn, Regie Horst Zankl.

Krankheit oder Moderne Frauen, Uraufführung: 12.2.1987, Bühnen der Stadt Bonn, Regie Hans Hollmann.

Präsident Abendwind, Uraufführung: 11.7.1987, Literaturhaus Berlin, Regie Werner Gerber.

Wolken.Heim., Eine Invention zu Heinrich von Kleist, Raumprojekt von Hans Hoffer, Uraufführung: 21.9.1988, Bühnen der Stadt Bonn, Regie Hans Hoffer.

1.7 Libretto

Robert, der Teufel, Ein Opernlibretto (nach einem steirischen Märchen), komponiert von Musikschülern aus Deutschlandsberg mit Hans Werner Henze im Rahmen des Steirischen Herbsts 1985. (Uraufführung: 27.10.1985, Koralmhalle Deutschlandsberg, Regie Brigitta Trommler.)

1.8 Hörspiele

Wien-West, Norddeutscher und Westdeutscher Rundfunk, 1972.

Wenn die Sonne sinkt, ist für manche schon Büroschluß, Süddeutscher und Bayerischer Rundkfunk, 1972.

Untergang eines Tauchers, Süddeutscher Rundfunk, 1973.

Kasperl und die dicke Prinzessin oder Kasperl und die dünnen Bauern, Süddeutscher Rundfunk, 1974.

Für den Funk dramatisierte Ballade von drei wichtigen Männern sowie dem Personenkreis um sie herum, Norddeutscher Rundfunk, 1974.

Die Bienenkönige, Süddeutscher Rundfunk und Rias, 1976.

Porträt einer verfilmten Landschaft, Norddeutscher Rundfunk, 1977.

Jelka, Familienserie in acht Folgen, Südwestfunk, 1977.

Die Jubilarin, Bayerischer Rundfunk, 1978.

Die Ausgesperrten, Süddeutscher Rundfunk, Bayerischer Rundfunk, Radio Bremen, 1978.

Was geschah, nachdem Nora ihren Mann verlassen hatte, Süddeutscher Rundfunk, 1979.

Frauenliebe - Männerleben, Südwestfunk und Hessischer Rundfunk, 1982.

"*Muttertagsfeier oder Die Zerstückelung des weiblichen Körpers*", Hörstück mit Musik von Patricia Jünger, 1984.

Erziehung eines Vampirs, Hörstück mit Musik von Patricia Jünger, Süddeutscher Rundfunk, Bayerischer Rundkfunk, 1986.

"*Es brennt die Labsal vielleicht nicht mehr ganz so hell wie früher*", Hörstück für Klavier und Tonband von Patricia Jünger, nach einem Text von Elfriede Jelinek, 1986/87.

Die Klavierspielerin, Hörstück auf Texte von Elfriede Jelinek mit Musik von Patricia Jünger, Südwestfunk 1988.

Burgtheater, Bayerischer Rundfunk und Österreichischer Rundfunk Wien 1991.

1.9 Hörspiele
Veröffentlichungen in Sammelbänden

wenn die sonne sinkt, ist für manche schon büroschluß, in: *Und wenn du dann noch schreist* ... Deutsche Hörspiele der 70er Jahre, hg. von Klaus Klöckner, München (Goldmann) 1980, S. 151-176.

Die Bienenkönige, in: *Was geschah, nachdem Nora ihren Mann verlassen hatte?* Acht Hörspiele von Elfriede Jelinek, Ursula Krechel, Friederike Mayröcker, Inge Müller, Erica Pedretti, Ruth Rehmann und Gabriele Wohmann, hg. von Helga Geyer-Ryan, München (Deutscher Taschenbuch Verlag) 1982, S. 7-48. (= dtv. 10017.)

Was geschah, nachdem Nora ihren Mann verlassen hatte, oder Stützen der Gesellschaften, in: *Was geschah, nachdem Nora ihren Mann verlassen hatte?* Acht Hörspiele von Elfriede Jelinek, Ursula Krechel, Friederike Mayröcker, Inge Müller, Erica Pedretti, Ruth Rehmann und Gabriele Wohmann, hg. von Helga Geyer-Ryan, München (Deutscher Taschenbuch Verlag) 1982, S. 170-205. (= dtv. 10017.)

Die Ausgesperrten, in: *Das Wunder von Wien*, 16 österreichische Hörspiele, hg. von Bernd Schirmer, Leipzig (Reclam) 1987, S. 225-261. (= RUB. 1210.)

1.10 Prosa - Hörspiel - Essay

Die endlose Unschuldigkeit, in: Renate Matthaei (Hrsg.), *Trivialmythen*, Frankfurt a. M. (März) 1970, S. 40-66.

Die endlose Unschuldigkeit, Schwifting, (Schwiftinger Galerie Verlag) 1980.

1.11 Filme

Die Ramsau im Dachstein, ORF 1976, Regie Claus Homschak.

Filmdrehbücher

Die Ausgesperrten, Drehbuch zusammen mit Franz Novotny, Österreich 1982.

Was die Nacht spricht - Eine Erzählung, Drehbuch zusammen mit Hans Scheugel und Patienten des psychiatrischen Krankenhauses Baumgartner Höhe, Wien 1987.

Malina, Regie Werner Schroeter, Deutschland und Österreich 1991.

Malina, Ein Filmbuch von Elfriede Jelinek, Nach dem Roman von Ingeborg Bachmann, Frankfurt a. M. (Suhrkamp) 1991.

2. Sekundärliteratur zu Elfriede Jelinek

Alms, Barbara, (Hrsg.), *Blauer Streusand*, Frankfurt a. M. (Suhrkamp) 1987. (= suhrkamp taschenbuch. 1432.)

Dies., *Triviale Muster - "hohe" Literatur*, Elfriede Jelineks frühe Schriften, in: Umbruch (1987) 6, H.1, S. 31-35.

Appelt, Hedwig, *Die leibhaftige Literatur, Das Phantasma und die Präsenz der Frau in der Schrift*, Weinheim u. Berlin, (Quadriga) 1989.

Baier, Lothar, *Abgerichtet, sich selbst zu zerstören*, in: Süddeutsche Zeitung, 16./17.1983.

Bandhauer, Dieter, *Dieses vampirische Zwischenleben*, Ein Interview mit Elfriede Jelinek, Zur österreichischen Erstaufführung von *Krankheit*, in: taz, 9.5.90.

Bartsch, Kurt (Hrsg.), *Dossier 2, Elfriede Jelinek*, Graz-Wien (Droschl) 1991.

Beth, Hanno, *Elfriede Jelinek*, in: *Neue Literatur der Frauen*, Deutschsprachige Autorinnen der Gegenwart, Hg. von Heinz Puknus, München (Beck) 1980, S. 133-138.

Biron, Georg, *"Wahrscheinlich wäre ich ein Lustmörder"*, Ein Gespräch mit Elfriede Jelinek, in: Die Zeit, 28.9.1984.

Bormann, Alexander von, *Dialektik ohne Trost*, Zur Stilform im Roman *"Die Liebhaberinnen"*, in: Christa Gürtler (Hrg.), *Gegen den schönen Schein*, Texte zu Elfriede Jelinek, Frankfurt a. M. (Neue Kritik) 1990, S. 56-80.

Ders., *"Von den Dingen, die sich in den Begriffen einnisten"*, Zur Stilform Elfriede Jelineks, in: *Frauenliteratur in Österreich von 1945 bis heute*, Beiträge des internationalen Kolloquiums in Mulhouse, Hg. von Carine Kleiber und Erika Tunner, Bern, Frankfurt a. M., New York (Lang) 1985, S. 27-54.

Brandle, Rea, *Wut, Wut, Wut, eine ungeheuerlich produktive Wut*, in: Tagesanzeiger (Zürich), 16.2.1987.

Breicha, Otto, *Wir sind Lockvögel!*, in: Drehpunkt 3 (1971) Nr. 11, S. 43.

Brügmann, Margret, *Schonungsloses Mitleid*, Elfriede Jelinek: *Die Liebhaberinnen*, in: Dies., *Amazonen der Literatur*, Studien zur deutschsprachigen Frauenliteratur der 70er Jahre, Amsterdam (Rodopi) 1986, S. 146-172.

Burger, Hermann, *Giftmutterliebe*, in: Frankfurter Allgemeine Zeitung, 9.4.1983.

Burger, Rudolf, *Dein böser Blick, Elfriede*, in: Forum 30 (Wien) 352/353, April 1983, S. 48-51.

Ders., *Der böse Blick der Elfriede Jelinek*, in: Christa Gürtler, *Gegen den schönen Schein*, Texte zu Elfriede Jelinek, Frankfurt a. M. (Neue Kritik) 1990, S. 17-29.

Burri, Peter, *Eine kratzbürstige Frau am Klavier*, Elfriede Jelinek: *Die Klavierspielerin*, in: Drehpunkt 16 (1984), Nr. 58, S. 75-76.

Busch, Frank, *Lippen schweigen, blutige Geigen*, in: Süddeutsche Zeitung, 17.2.1987.

Cramer, Sybille, *Keine Lust*, in: Der Tagesspiegel, 20.8.1989.

Dies., *Die Natur ist schmutzig*, in: Frankfurter Rundschau, 1.2.1986.

Doll, Annette, *Sprache und Musik*, Ein Gespräch mit Elfriede Jelinek am 21.8.1988, Unveröffentlichtes Manuskript, 15 Seiten.

Doormann, Lottemi, *Folter einer Mutterliebe*, in: Deutsche Volkszeitung, 9.6.1983.

Drews, Jörg, *Staunenswerter Haßgesang - aber auf wen?*, in: Süddeutsche Zeitung, 15.4.1989.

Endres, Ria, *Ein musikalisches Opfer*, in: Der Spiegel, 23.5.1983.

Engels, Günther, *Alpträume der Extravaganten*, in: Kölner Rundschau, 3.12.1986.

Engerth, Rüdiger, *Modelle und Mechanismen der Trivialliteratur*, in: Die Furche (Wien), 25.7.1970.

Erdle, Birgit R., *Die Kunst ist ein schwarzes glitschiges Sekret.* Zur feministischen Kunst-Kritik in neueren Texten Elfriede Jelineks, in: Mona Knapp u. Gerd Labroisse (Hrsg.): *Frauen-Fragen in der deutschsprachigen Literatur seit 1945*, Amsterdam (Atlanta) 1989. (= Amsterdamer Beiträge zur neueren Germanistik. 29.) S. 323-341.

Fiddler, Allyson L., *Narrative Structures in Elfriede Jelinek*, Perspectives of Montage, Unveröffentlichtes Manuskript.

Fleischhanderl, Karin, *Schreiben und/oder Übersetzen*, Ein Interview mit Elfriede Jelinek, in: Wespennest, 73, 1988, S. 24-26.

Flessenkemper, Gabriele, *Direkt - bis zur Geschmacklosigkeit*, in: Vorwärts 1987, Heft 7, S. 33-34.

Fliedl, Konstanze, *Natur und Kunst*, Zu neueren Texten Elfriede Jelineks, in: "*Das Schreiben der Frauen in Österreich seit 1950*", Wien, Köln (Böhlau) 1991. (= Walter Buchebner Literaturprojekt 5.) S. 95-104.

Dies., "*Echt sind nur wir!*", Realismus und Satire bei Elfriede Jelinek, in: Kurt Bartsch (Hg.), *Dossier 2, Elfriede Jelinek*, Graz - Wien, (Droschl) 1991, S. 57-73.

Freund, Jutta, Elfriede Jelinek, *Die Klavierlehrerin*, in: Wespennest, 1983, H. 53, S. 44-45.

Friedrich, Regine, *Quod licet Bonn* ..., in: Forum, 1987, H. 399/400, S. 23-24.

Gerhardt, Marlis, *Blaubarts letztes Privileg*, in: konkret, Heft 14, 1989/90, S. 12-14.

Dies., *Bond auf dem Dorfe*, in: Christ und Welt, 4.9.1970.

Graf, Hansjörg, *Erotische Verwirrspiele eines Romans*, in: Frankfurter Allgemeine Zeitung, 9.10.1979.

Grandell, Ulla, *Mein Vater, mein Vater, Warum hast du mich verlassen?* Männergestalten in deutschsprachiger Frauenliteratur 1973-1982, Edsbruk (Akademitryck) 1987. (= Stockholmer Germanistische Forschungen 37.)

Gross, Roland, *Nichts ist möglich zwischen den Geschlechtern*, in: Süddeutsche Zeitung, 20.1.1987.

Ders., *Die Lady - Ein Vampir*, Gespräch mit Elfriede Jelinek, in: Theater heute, 1987, H. 4, S. 34-35.

Gruber, Bettina, "... *auf Geblüh und Gedeih*", Anmerkungen zur neuesten Prosa Elfriede Jelineks, in: Mitteilungen des Instituts für Wissenschaft und Kunst (Wien) 1985, H. 4, S. 110-112.

Gürtler, Christa (Hrsg.), *Der böse Blick der Elfriede Jelinek*, Dürfen Frauen so schreiben?, in: *Frauenbilder - Frauenrollen - Frauenforschung*, Hg. von Christa Gürtler u. a., Wien, Salzburg (Geyer Edition) 1987, S. 50-62. (= Veröffentlichungen des Historischen Instituts der Universität Salzburg Bd. XVII.)

Dies., *Gegen den schönen Schein*, Texte zu Elfriede Jelinek, mit Beiträgen von Alexander von Bormann, Rudolf Burger, Christa Gürtler, Dagmar von Hoff, Marlies Janz, Elfriede Jelinek, Gertrud Koch, Eva Meyer, Georg Schmid, Sigrid Schmid-Bortenschlager, Elisabeth Spanlang, Juliane Vogel, Frank W. Young, Frankfurt a. M. (Neue Kritik) 1990.

Hage, Volker, *Unlust*, in: Die Zeit, 7.4.1989, S.69 f.

Harpprecht, Klaus, *So ein großer Haß und so ein kleines Land*, in: Titel (München), 1985, H. 2, S. 64-67.

Hartmann, Rainer, *Scharfe Kritik am Heimatland*, in: Kölner Stadtanzeiger, 3.12.1986.

Ders., *Ferner Wortqualm, "Wolken. Heim."* von Elfriede Jelinek in Bonn, in: Kölner Stadtanzeiger, 23.9.1988.

Henrichs, Benjamin, *Biß zum Tode*, in: Die Zeit, 27.2.1987.

Ders., *A Hetz*, in: Die Zeit, 15.11.1985.

Ders., *Mütterdämmerung*, in: Die Zeit, 15.7.1983.

Hensel, Georg, *Gehemmte weibliche Kunstproduktionen*, in: Frankfurter Allgemeine Zeitung, 29.9.1982.

Höfler, Günther A., *Sexualität und Macht in Elfriede Jelineks Prosa*, in: Modern Austrian Literature, Volume 23 (1990) Nr. 314, S. 99-110.

Hoesterey, Ingeborg, *Postmoderner Blick auf österreichische Literatur*, Bernhard, Glaser, Handke, Jelinek, Roth, in: Modern Austrian Literature, Volume 23 (1990) Nr. 314, S. 65-76.

Hoffer, Hans, *Raum-Gedicht*, in: *Wolken. Heim.*, Einlage zum Programmheft , hrsg. vom Schauspiel Bonn 1988.

Hoffmann, Yasmin, *Hier lacht sich die Sprache selbst aus*, in: Bartsch, Kurt (Hrsg.), *Dossier 2, Elfriede Jelinek*, Graz -Wien (Droschl) 1991, S. 41-55.

Hoffmeister, Donna, *Access Routes into Postmodernism,* Interviews with Innerhofer, Jelinek, Rosei and Wolfgruber, in: Modern Austrian Literature, Vol. 20 (1987), Nr. 2, S. 97-130.

Holzinger, Lutz und Szeiler, Josef, *Die Kommödiantenställe*, in: Das Magazin (Wien), 1984, H. 9, S. 74-77.

Hüfner, Agnes, *Warum ist das Schminken für Sie wichtig, Frau Jelinek?*, in: Frankfurter Allgemeine Zeitung, 31.10.1986, Magazin, S. 94-95.

Irro, Werner, *Prägnanz und Manieriertheit*, in: Frankfurter Rundschau, 14.6.1980.

Janz, Marlies, *Falsche Spiegel*, Über die Umkehrung als Verfahren bei Elfriede Jelinek, in: Rowohlt Literatur Magazin, 23, 1989, S. 135-148; auch in: Christa, Gürtler (Hrsg.), *Gegen den schönen Schein,* Texte zu Elfriede Jelinek, Frankfurt a. M. (Neue Kritik) 1990, S. 81-97.

Kaessens, Wend, *Ein Dauerlauf zwischen Original und Fälschung*, Neue Prosa von Elfriede Jelinek, in: Lesezeichen 6 (1985), H. 11, S. 24-25.

Kahle, Ulrike, *Männliche Mattheit, weibliche Wucht*, in: Theater heute, 1987, H. 4, S. 32-35.

Kaiser, Joachim, *Meine lieben jungen Freunde*, in: Süddeutsche Zeitung, 16.11.1972.

Kanthak, Dietmar, *Aus ist's zwischen den Geschlechtern*, in: General-Anzeiger Bonn, 9.2.1987.

Karasek, Hellmuth, *Auf dem Altar des männlichen Genies*, in: Der Spiegel, 4.10.1982.

Kathrein, Karin, *Mit Feder und Axt*, Die österreichische Schriftstellerin im Gespräch, in: Die Presse, 3./4.3.1984.

Kerschbaumer, Marie-Thérèse, *Bemerkungen zu Elfriede Jelineks Burgtheater*, Posse mit Gesang, in: Frischfleisch & Löwenmaul, 1983, H. 39, S. 42-47.

Kisser, Erwin, *Europa ist weit, doch es wird allmählich Abend*, in: Wespennest, 1991, H. 83, S. 79-83.

Klier, Walter, *In der Liebe schon ist die Frau nicht voll auf ihre Kosten gekommen, jetzt will sie nicht auch noch ermordet werden*, Über die Schriftstellerin Elfriede Jelinek, in: Merkur 41 (1987) H. 5, S., 423-427.

Knecht, Maria-Regina, *In the Name of Obedience, Reason and Fear*, Mother-Daughter Relations in W. A. Mitgutsch and Elfriede Jelinek, in: The German Quarterly, Vol. 62, No. 2, Spring 1989, S. 357-372.

Knorr, Wolfram, *Schicksal als Monopoly*, in: Die Weltwoche, 26.11.1975.

Koch, Gertrud, *Sittengemälde aus einem röm. kath. Land*, Zum Roman "Lust", in: Christa Gürtler (Hg.), *Gegen den schönen Schein*, Texte zu Elfriede Jelinek, Frankfurt a. M. (Neue Kritik) 1990, S. 135-141.

Kohlenbach, Margarete, *Montage und Mimikry*, in: *Elfriede Jelinek, Dossier 2*, hrsg. von Kurt Bartsch und Günther Höfler, Graz - Wien, (Droschl) 1991, S. 121-153.

Kosler, Hans Christian, *bukolit in der Bakalitwelt*, in: Süddeutsche Zeitung, 7.11.1979.

Ders., *Elfriede Jelinek* (fortgesetzt von Annette Doll 1.1.1989) in: KLG, hrsg. von Heinz Ludwig Arnold, München (Text + Kritik) 1978 ff.

Ders., *Die kleinen Ladenmädchen sehen fern*, in: Frankfurter Rundschau, 8.7.1972.

Ders., *Weit entfernt von den Menschen*, in: Süddeutsche Zeitung, 21.5.1980.

Ders., *Eine Wirklichkeit, die weh tut*, in: Frankfurter Rundschau, 8.10.1975.

Kratzer, Walter, *Da kann man nur holzen und dreinschlagen*, in: Stern, 11.10.1979.

Kreis, Gabriele, *Verpaßtes Glück*, in: Deutsches Allgemeines Sonntagsblatt, 10.4.1983.

Kruntorad, Paul, *Was geschah, als Elfriede Jelinek Ibsen verließ?*, in: Theater heute, 4.11.1979, S. 63.

Ders., *Mitleidlose Notizen aus dem Alltag der Jugend*, Roswitha-Preis für Elfriede Jelinek, in: Frankfurter Allgemeine Zeitung, 20.10.1978.

Ders., *Der Wachhund in der Zündholzfabrik*, in: Frankfurter Rundschau, 18.11.1985.

Kübler, Gunhild, *Spitze Schreie*, in: Neue Züricher Zeitung, 20.12.1985.

Kummer, Elke, *Du, unglückliches Österreich, heirate*, in: Die Zeit, 14.11.1975.

Lahann, Birgit, "*Männer sehen in mir die große Domina*", Gespräch mit Elfriede Jelinek, in: Stern, 8.9.1988.

Landes, Brigitte, *Zu Elfriede Jelineks Stück: Krankheit oder Moderne Frauen*, in: Schreiben (Bremen) 1986, H. 29/30, S. 89-92.

Dies., *Kunst aus Kakanien, Burgtheater* in Bonn, Über Elfriede Jelinek, Eine Lesung, Ein Gespräch ,Eine Uraufführung, in: Theater heute 27 (1986) H. 1, S. 7-11.

Ledanff, Susanne, *Giftiges aus Österreich*, in: Süddeutsche Zeitung, 5.12.1985.

Levin, Tobe Joyce, *gesprächsthema, die liebhaberinnen von elfriede jelinek*, in: mamas pfirsiche - frauen und literatur (Münster) 1978, H. 8, S. 59- 68.

Linder, Christian, *In Waldheimen und auf Haidern*, in: Süddeutsche Zeitung, 4.12.1986.

Lindner, Burkhardt, *Deutschland, Erhabener Abgesang*, in: Frankfurter Rundschau, 7.4.1990.

Löffler, Sigrid, *Ohnmacht - ein Aphrodisiakum*, in: profil 14, H. 9, (1983), S.72-73.

Dies., *Spezialistin für Haß*. Eine Autorin die keine Annäherung gestattet, in: Die Zeit, 4.11.1983.

Dies., *Die Unlust an der Männerlust*, in: profil 20, H. 13, 1989, S. 80-85.

Dies., *Der sensible Vampir*, in: Emma, 1985, H. 10, S. 32-37.

Dies., *Was habe ich gewußt? Nichts*, Künstler im Dritten Reich, Fragen nach der verdrängten Vergangenheit, in: Theater heute 27 (1986), H. 1, S. 2-5, 9-11.

Dies., *Jedes Werk von ihr ist eine Provokation*, in: *Bücher, Was Frauen schreiben*, hsg. Peter Brasch, Hamburg (Gruner und Jahr) 1983, S. 27-29. (= Brigitte Sonderheft.)

Lorenz, Dagmar, C. G., *Elfriede Jelinek's Political Feminism: Die Ausgesperrten*, in: Modern Austrian Literature, Vol. 23, Numbers 3/4, 1990, S. 111- 119.

Mahler-Bungers, Annegret, *Der Trauer auf der Spur*, Zu Elfriede Jelineks *Die Klavierspielerin*, in: *Freiburger literaturspychologische Gespräche*, Bd. 7, 1988, hrsg. von Johannes Cremerius u. a., Würzburg (Königshausen + Neumann) 1988, S. 80-95.

Makk, Stefan, *Ein politisches Stück, Ein Stück übers Kapital*, in: Kleine Zeitung, Graz, 6.10.1979.

Matuscheck-Labitzke, Birgit, *Ein sadistischer Zahnarzt und sein Werk*, in: Süddeutsche Zeitung, 29.8.1986.

Mechtel, Angelika, *Wunderland der Beatles*, in: Deutsche Volkszeitung, 26.11.1970.

Meyer-Gosau, Frauke, *Aus den Wahnwelten der Normalität*, Über Brigitte Kronauer, Elfriede Jelinek und Kerstin Hensel, in: Text + Kritik, hrsg. von Heinz Ludwig Arnold, H. 113, 1992, S. 26-37.

Meyhöfer, Annette, *Nein, sie kennt auch diesmal keine Gnade*, in: Der Spiegel 43, 1989, H. 14, S. 243 f.

Dies., *Partitur der Verzweiflung*, Über Werner Schroeters Bachmann-Verfilmung "Malina", in: Der Der Spiegel, 14.1.1991, S. 171 f.

Molden, Hanna, *Elfriede Jelinek, Die kultivierte Neurose*, in: Cosmopolitan 5 (1985), S. 30-35.

münchner literaturarbeitskreis, *gespräch mit elfriede jelinek*, in: mamas pfirsiche - frauen und literatur (Münster) 1978, H. 9/10, S. 171-181.

N. N., *The pop parade*, The Times literary supplement, 2.7.1970.

Nyssen, Ute, *Zu den Theaterstücken von Elfriede Jelinek*, in: Schreiben (Bremen), 1986, H. 29/30, S. 75-89.

Palm, Kurt, *Elfriede Jelinek*, Gespräch, in: Ders., *Burgtheater, Zwölfeläuten, Blut, Besuchszeit*, Wien (Frischfleisch & Löwenmaul) 1987, S. 227-233.

Philippi, Klaus-Peter, *Sprach-Lust, Körper-Ekel*, in: Rheinischer Merkur, 12.5.1989.

Presber, Gabriele, *Elfriede Jelinek*, Ein Gespräch, in: Dies., Die Kunst ist weiblich, München (Knaur), 1988, S. 107-131.

Reich-Ranicki, Marcel, Sigrid Löffler, Hellmuth Karasek, Jürgen Busche, *Keine Lust für niemand?*, Auszüge aus dem Streit über Jelineks *Lust* im *Literarischem Quartett*, ZDF, in: Pflasterstrand, 1989, H. 311, S. 37-44.

Riedle, Gabriele, *They call her Elfie*, in: Literatur konkret, 1987/88, H. 12, S. 6-9.

Roeder, Anke, *"Ich will kein Theater Ich will anderes Theater."* in: Theater heute (1988), H. 8, S. 30-32.

Rossmann, Andreas, *Die Vampire beißen ins Leere*, in: Frankfurter Allgemeine Zeitung, 20.2.1987.

Sauter, Josef-Hermann, *Interviews mit Barbara Frischmuth, Elfriede Jelinek, Michael Scharang*, in: Weimarer Beiträge, 27 (1981), H. 6, S. 99-128.

Schaber, Susanne, *Parforcetour auf den Totenauberg*, Jelineks Heidegger-Stück: ein Lesedrama, in: Die Presse, 13./14.4.1991.

Schachtsiek-Freitag, Norbert, *Perversionen der Lie*be, in: Frankfurter Rundschau, 2.7.1983.

Scharang, Michael, *Lebenselixier auf dem Misthaufen*, in: konret, Heft 14, 1989/90, S. 6-10.

Schirrmacher, Frank, *Musik gehört einfach dazu*, in: Frankfurter Allgemeine Zeitung, 22.4.1989.

Schlaffer, Hannelore, *Ist alle Liebe nur Gewalt?*, in: Stuttgarter Zeitung, 16.6.1989.

Schmidt, Jochen, *Das Karussell der Bosheiten*: Wien in Bonn, in: Frankfurter Allgemeine Zeitung, 22.11.1985.

Schmid-Bortenschlager, Sigrid, *Der analytische Blick*, in: *Frauenliteratur in Österreich von 1945 bis heute*, Beiträge des internationalen Kolloquiums in Mulhouse, hg. von Carine Kleiber und Erika Tunner, Bern, Frankfurt a. M., New York, (Peter Lang), 1985, S. 109-129.

Dies., *Gewalt zeugt Gewalt zeugt Literatur ...*, "wir sind lockvögel baby!" und andere frühe Prosa, in: Christa Gürtler (Hrsg.), *Gegen den schönen Schein*, Texte zu Elfriede Jelinek, Frankfurt a. M. (Neue Kritik) 1990, S. 30-55.

Schmitt, Hans-Jürgen, *Ringo sucht Erfüllung*, in: Publik, 10.4.1970.

Schmoelzer, Hilde, *Ich funktioniere nur im Beschreiben von Wut*, Porträt und Bericht, in: Dies., *Frau sein & schreiben*, Wien (Österreichischer Bundesverlag) 1982, S. 83-90.

Schödel, Helmut, *Wenn doch ein Wind käm*, in: Die Zeit, 8.10.1982.

Schreiber, Ulrich, *Die Heimsuchung der Elfriede Jelinek, Wolken. Heim.* - Ein Raumtextspiel nach Kleist, Frankfurter Rundschau, 7.10.1988.

Ders., *Holzhacken gegen Kakanien*, in: Frankfurter Rundschau, 19.11.1985.

Schütte, Wolfram, *Grimmige Charaden von Sexualität*, in: Frankfurter Rundschau, 6.5.1989.

Seegers, Armgard, *Jugend und Terror*, in: Die Zeit, 5.12.1980.

Seibert, Ingrit, und Dreissinger, Sepp, *Elfriede Jelinek: Die Frau im Sumpf*, in: Dieselben, *Die Schwierigen*, Portraits zur österreichischen Gegenwartskunst, Wien (Edition S) 1986, S. 120-136.

Seiler, Manfred, *Die Frau, das übermannte Wesen*, in: Theater heute, 1982, H. 11, S. 18.

Serke, Jürgen, *Elfriede Jelinek: Wenn der Mensch im Irrgarten verschwindet*, in: Ders., *Frauen schreiben*, Ein neues Kapitel deutschsprachiger Literatur, Hamburg (Gruner + Jahr) 1979, S. 295-297.

Sichrovsky, Heinz, *Die Ausgesperrten*, in: Arbeiter- Zeitung (Wien), 17.11.1979.

Ders., *Was geschah nachdem Nora 'ihn' verlassen hatte?*, in: Arbeiter-Zeitung (Wien), 7.10.1979.

Spiel, Hilde, *Noras Glück und kein Ende*, in: Frankfurter Allgmeine Zeitung, 10.10.1979.

Sprigath, Gabriele, *Frauen und Männer und die Wirklichkeit der Kunst*, Gedanken beim Lesen der Erzählung *Kassandra* von Christa Wolf, des Romans *Amanda* von I. Morgner, des Romans *Die Klavierspielerin* von Elfriede Jelinek und des Romans *In Wirklichkeit ist alles ziemlich gut* von Irmela Brender, in: Kürbiskern, 1983, H. 4, S. 147-154.

Springer, Michael, *Elfriede Jelinek, Michael, Ein Jugendbuch für die Infantilgesellschaft* (1972), in: Neues Forum 19 (1972/73), November-Heft. S.60.

Stadler, Franz, *Mit sozialem Blick und scharfer Zunge*, in: Volksstimme (Wien), 24.8.1986.

Stangel, Johann, *Das annullierte Individuum, Sozialisationskritik als Gesellschaftsanalyse in der aktuellen Frauenliteratur*, Zu Texten von Frischmuth, Jelinek, Mitgutsch, Schutting, Schwaiger, u. a., Frankfurt a. M. (Lang) 1988. (= Europäische Hochschulschriften, Reihe I/1091.)

Valentin, Ursula, *Von den Frohen-Herzens-Kindern*, in: Frankfurter Allgemeine Zeitung, 2.9.1972.

Vasant, Jaqueline, *Gespräch mit Elfriede Jelinek*, in: Deutsche Bücher XV, Heft 1, 1985, S. 1-9.

Vogel, Juliane, *Oh Bildnis, oh Schutz vor ihm*, in: Christa Gürtler (Hrsg.), *Gegen den schönen Schein*, Texte zu Elfriede Jelinek, Frankfurt a. M. (Neue Kritik) 1990, S. 142-156.

Vormweg, Heinrich, *Liebe inbegriffen*, in: Süddeutsche Zeitung, 25./26.5.1976.

Ders., *Das Porträt, Elfriede Jelinek*, in: stimme der frau (Wien), 3.3.1978.

Ders., *Sprachexperimentelle Posse*, in: Süddeutsche Zeitung, 22.11.1985.

Wagner, Karl, *Österreich - eine S(t)imulation*, zu Elfriede Jelineks Österreich-Kritik, in: Kurt Bartsch (Hg.), *Dossier 2, Elfriede Jelinek*, Graz - Wien (Droschl) 1991, S. 79-93.

Wagner, Renate, *Elfriede Jelinek, Oh Wildnis, oh Schutz vor ihr* (1985), in: Literatur + Kritik, 1986, S. 282-283.

Wagner, Thomas, *Wir, wir, wir!*, in: Frankfurter Allgemeine Zeitung, 17.9.1990.

Waldmann, Werner, *Ein Jugendbuch für Infantile*, in: Allgemeines Deutsches Sonntagsblatt, 6.8.1972.

Wallmann, Jürgen P., *Aufstieg per Heirat*, in: Deutsche Zeitung, 17.10.1975.

Weber, Anna, *Sandmann und Olimpia*, in: die tageszeitung, 8.4.1983.

Wehowsky, Branka, *Claras musikalische Tragödie*, Ein Premierenbericht, in: Die schwarze Botin, 1983, H. 19, S. 64-67.

Dies., Bei, Neda, *Die Klavierspielerin - Ein Gespräch mit Elfriede Jelinek*, in: Die schwarze Botin 1984, H. 24, S. 3-9 u. S. 40-46.

Weigel, Sigrid, *Weibsbilder*, in: Dies., *Die Stimme der Medusa, in: Schreibweisen in der Gegenwartsliteratur von Frauen*, Dülmen-Hiddingsel (Tende) 1987, S. 193-195.

Weinzierl, Ulrich, *Die alte fesche Niedertracht*, in: Frankfurter Allgemeine Zeitung, 2.11.1985.

Ders., *Sauberes Theater*, in: Frankfurter Allgemeine Zeitung, 27.11.1985.

Wendt, Gunna, *Es geht immer alles prekär aus - wie in der Wirklichkeit*, Ein Gespräch mit der Schriftstellerin Elfriede Jelinek über die Unmündigkeit der Gesellschaft und den Autismus des Schreibens, in: Frankfurter Rundschau, 14.3.1992.

Wilmes, Hartmut, *Kunstwerke mit der Axt gemacht*, in: Kölner Rundschau, 3.12.1986.

Winkels, Hubert, *Panoptikum der Schreckensfrau*, Elfriede Jelineks Roman *Die Klavierspielerin*, in: Ders., *Einschnitte zur Literatur der 80er Jahre*, Köln (Kiepenheuer & Witsch) 1988, S. 60-77.

Young, Frank W., *"Am Haken des Fleischhauers"*, Zum politökonomischen Gehalt der *"Klavierspielerin"*, in: Christa Gürtler (Hrsg.), *Gegen den schönen Schein*, Frankfurt a. M. (Neue Kritik) 1990, S. 75-80.

Zeller, Michael, *Haß auf den Nazi-Vater*, in: Frankfurter Allgemeine Zeitung, 4.6.1980.

Zenke, Thomas, *Ein Langstreckenlauf in die Heirat*, in: Frankfurter Allgemeine Zeitung, 11.10.1975.

3. Allgemeine Darstellungen

Adorno, Theodor W., *Aldous Huxley und die Utopie*, in: Ders., *Werke*, Bd. 10.I, *Kulturkritik und Gesellschaft I, Prismen, ohne Leitbild*, Frankfurt a. M. (Suhrkamp) 1977, S. 97-122.

Ders., *Minima Moralia*, Reflexionen aus einem beschädigten Leben, Frankfurt a. M. (Suhrkamp) 1976.

Ders., *Noten zur Literatur*, Frankfurt a. M. (Suhrkamp) 1974. (= Suhrkamp-Taschenbuch Wissenschaft. 355.)

Ders., *Philosophie der neuen Musik*, Frankfurt a. M. (Suhrkamp) 1975.

Ders., *Studien zum autoritären Charakter*, Frankfurt a. M. (Suhrkamp) 1973.

Ders., *Ästhetische Theorie*, Frankfurt a. M. (Suhrkamp) 1970. (= Suhrkamp Taschenbuch Wissenschaft. 2.)

D'Annunzio, Gabriele, *Feuer*, München (Albert Langen) 1900.

Ders., *Die Jungfrauen vom Felsen*, Berlin (Fischer) 1902.

Ders., *Lust*, Berlin (Fischer) 1898.

Ders., *Vielleicht - vielleicht auch nicht*, München (Matthes & Seitz) 1989.

Aristoteles, *Poetik*, hrsg. von Olof Gigon, Zürich (Artemis) 1961.

Arntzen, Helmut, *Nachricht von der Satire*, Einleitung zu einer Anthologie deutscher Satire des 20. Jahrhunderts, in: Ders., *Literatur im Zeitalter der Information*, Frankfurt a. M. (Suhrkamp) 1971, S. 148-166.

Aspetsberger, Friedrich, (Hrsg.), *Traditionen in der neueren österreichischen Literatur*, Wien (Österreichischer Bundesverlag) 1980.

Ders., *Zeit ohne Manifeste?*, Zur Literatur der siebziger Jahre in Österreich, Wien (Österreichischer Bundesverlag) 1987.

Bachmann, Ingeborg, *Werke*, 4 Bde., hrsg. von Christine Koschel, Inge von Weidenbaum, Clemens Münster, München (Piper) 1978.

Bachtin, Michael H. *Die Ästhetik des Wortes*, hrsg. von Rainer Grübel, Frankfurt a. M. (Suhrkamp) 1979.

Barthes, Roland, *Das semiologische Abenteuer*, Frankfurt a. M. (Suhrkamp) 1988.

Ders., *Elemente der Semiologie*, Frankfurt a. M. (Suhrkamp) 1983.

Ders., *Literatur oder Geschichte*, Frankfurt a. M. (Suhrkamp) 1969.

Ders., *Die Lust am Text*, Frankfurt a. M. (Suhrkamp) 1974.

Ders., *Mythen des Alltags*, Frankfurt a. M. (Suhrkamp) 1964.

Ders., *Am Nullpunkt der Literatur*, Frankfurt a. M. (Suhrkamp) 1982.

Ders., *L'Obvie et l'obtus*, Essais critiques III, Paris (Serie) 1984.

Ders., *Die Sprache der Mode*, Frankfurt a. M. (Suhrkamp) 1985.

Bataille, Georges, *Das obzöne Werk*, Reinbek b. Hamburg (Rowohlt) 1977. (= dnb. 93.)

Baudelaire, Charles, *Gesammelte Werke*, 6 Bde., Dreieich (Melzer) 1981.

Beauvoir, Simone de, *Das andere Geschlecht*, Sitte und Sexus der Frau, Reinbek b. Hamburg (Rowohlt) 1951. (= rororo. 6621.)

Benjamin, Walter, *Werke*, IV Bde., hrsg. von Rolf Tiedemann und Hermann Schweppenhäuser unter Mitwirkung von Theodor W. Adorno, Frankfurt a. M. (Suhrkamp) 1974.

Benn, Gottfried, *Werke*, Bd. 1, Stuttgart (Klett-Cotta) 1986.

Bense, Max, *Konkrete Poesie*, in: Sprache im technischen Zeitalter, 15, 1965, S. 1236-1244.

Bischof, Rita, *Souveränität und Subversion*, Georges Batailles Theorie der Moderne, München (Matthes & Seitz) 1984.

Bloch, Ernst, *Ästhetik des Vor*-Sehens, hrsg. von Gert Vesting, 2 Bde., Frankfurt a. M. (Suhrkamp) 1974.

Ders., *Diskussion über Expressionismus*, in: F. J. Raddatz (Hrsg.), *Marxismus und Literatur II*, Reinbek b. Hamburg (Rowohlt) 1972.

Ders., *Das Prinzip Hoffnung*, 2 Bde., Frankfurt a. M. (Suhrkamp) 1959.

Böhme, Hartmut, *Natur und Subjekt*, Frankfurt a. M. (Suhrkamp) 1988. (= edition Suhrkamp, Neue Folge Band 470.)

Bohrer, Karl Heinz, *Die Ästhetik am Ausgang ihrer Unmündigkeit*, in: Merkur-Sonderheft 500, 1990, S. 851-865.

Ders., *Das Böse - eine ästhetische Kategorie*, in: Merkur 436, 1985, S. 459-473.

Ders., *Erinnerung an die Zerstörungsmetapher*, in: Merkur 439, 1985, S. 98-109.

Ders., *Erwartungsangst und Erscheinungsschrecken*, Die griechische Tragödie als Antizipation der modernen Epiphanie, in: Merkur 5, 1991, S. 371-386.

Ders., *Natur*, Über Politik und Ästhetik, München, Wien (Hanser) 1988.

Ders., *Die permanente Theodizee*, in: Merkur 458, 1987, S. 267-286.

Bosch, Hieronymus, *Garten der Lüste*, hrsg. von Hans Rothe, München (Piper) 1959.

Bovenschen, Silvia, *Über die Frage: Gibt es eine weibliche Ästhetik?*, in: Ästhetik und Kommunikation 25, 1976, S. 60-75.

Dies., *Die Listen der Mode*, Frankfurt a. M. (Suhrkamp) 1986. (= edition Suhrkamp, Neue Folge Bd. 338.)

Dies., *Die imaginierte Weiblichkeit*, Exemplarische Untersuchungen zu kulturgeschichtlichen und literarischen Präsentationsformen des Weiblichen, Frankfurt a. M. (Suhrkamp) 1979.

Brecht, Berthold, *Gesammelte Werke*, 20 Bde., Frankfurt a. M. (Suhrkamp) 1967. (= werkausgabe edition suhrkamp.)

Broich, Ulrich, *Zur Einzeltextreferenz*, in: ders./ Pfister, Manfred (Hrsg.), *Intertextualität*, Formen, Funktionen, anglistische Fallstudien, Tübingen (Niemeyer) 1985, S. 48-52.

Ders. *Formen der Markierung von Intertextualität*, in: ders./Pfister, Manfred (Hrsg.), *Intertextualität*, Formen, Funktionen, anglistische Fallstudien, Tübingen (Niemeyer) 1985, S. 31-47.

Ders. und Pfister, Manfred (Hrsg.), *Intertextualität*, Formen, Funktionen, anglistische Fallstudien, Tübingen (Niemeyer) 1985.

Brummack, Jürgen, *Zu Begriff und Theorie der Satire*, in: Deutsche Vierteljahresschrift für Literaturwissenschaft und Geistesgeschichte, Sonderheft Forschungsreferate, 45. Jg., 1971, S. 275-377.

Bürger, Peter, *Theorie der Avantgarde*, Frankfurt a. M. (Suhrkamp) 1974. (= suhrkamp taschenbuch. 727.)

Canetti, Elias, *Masse und Macht*, Frankfurt a. M. (Fischer) 1980.

Claßen, Ludger, *Satirisches Erzählen im 20. Jahrhundert*, München (Fink) 1985.

Dieckmann, Herbert, *Das Abscheuliche und Schreckliche in der Kunsttheorie des 18. Jahrhunderts*, in: Hans Robert Jauß, (Hrsg.), *Die nicht mehr schönen Künste*, Grenzphänomene des Ästhetischen, München (Fink) 1968, S. 271-318.

Doppler, Alfred, *Die literarischen Verfahrensweisen der 'Wiener Gruppe'*, in: Innsbrucker Beiträge zur Kulturwissenschaft, Germanistische Reihe, Bd. 7, hrsg. von Michael Klein und Sigurd P. Scheichl, 1982, S. 113-134.

Düttmann, Alexander Garciá, *Die Ehrfurcht vor der Maske, Mode, Erotik Geschlecht*, in: Silvia Bovenschen (Hg.), Die Listen der Mode, Frankfurt a. M. (Suhrkamp) 1986, S. 438-457. (= edition Suhrkamp, Neue Folge Bd. 338.)

Ederer, Hannelore, *Die literarische Mimesis entfremdeter Sprache*, Zur sprachkritischen Literatur von Heinrich Heine bis Karl Kraus, Köln (Diss.) 1979.

Eilert, Heide, *Das Kunstzitat in der erzählenden Dichtung*, Stuttgart (Steiner) 1991.

Endres, Ria, *Am Anfang war die Stimme*, Reinbek b. Hamburg (Rowohlt) 1986.

Dies., *Am Ende angekommen*, Frankfurt a. M. (Fischer) 1980.

Enzensberger, Hans Magnus, *Satire als Wechselbalg*, in: Ders., *Einzelheiten*, Frankfurt a. M. (Suhrkamp) 1962, S. 215-220.

Export, Valie, *Das Reale und sein Double, Der Körper,* Bern (Benteli Verlag) 1987.

Fischer-Dieskau, Dietrich (Hg.), *Texte deutscher Lieder*, München (dtv) 1986.

Flügel, J. C., *Psychologie der Kleidung*, in: *Die Listen der Mode*, hrsg. von Silvia Bovenschen, Frankfurt a. M. (Suhrkamp) 1986, S. 208-263.

Földényi, László F., *Es wird uns nicht verziehen, umsonst gelebt zu haben*, Nachwort zu Gabriele d'Annunzios Roman *Vielleicht vielleicht auch nicht*, München (Matthes & Seitz) 1989, S. 425-444.

Freud, Sigmund, *Der Witz und seine Beziehungen zum Unbewußten*, Frankfurt a. M. (Fischer) 1958.

Fuchs, Eduard, *Illustrierte Sittengeschichte*, vom Mittelalter bis zur Gegenwart, 3 Bde., Fulda (Gruhl) o. J.

Glaser, Horst Albert, (Hrg.), *Wollüstige Phantasie*, Sexualästhetik der Literatur, München (Hanser) 1974. (= Reihe Hanser. 147.)

Goethe, Johann Wolfgang von, *Gesammelte Werke*, Bd. 8, Berlin und Weimar (Aufbau) 1973.

Goll, Claire, *Arsenik oder Jedes Opfer tötet seinen Mörder*, Berlin (Edition der 2) 1977.

Gomringer, Eugen (Hrsg.), *konkrete poesie*, Stuttgart (Reclam) 1972. (= RUB. 9350.)

Gorsen, Peter, *Sexualästhetik*, Zur bürgerlichen Rezeption von Obszönität und Pornographie, Reinbek b. Hamburg (Rowohlt) 1972.

Gradmann, Stefan, *Das Ungetym*, Mythos, Psychoanalyse und Zeichensynthesis in Arno Schmidts Joyce-Rezeption, München (Text + Kritik) 1986.

Greimas, Algirdas J., *Strukturale Semantik*, Braunschweig (Vieweg) 1971.

Ders., *Die strukturale* Linguistik und die Poetik, in: Jens Ihwe (Hrsg.), Literaturwissenschaft und Linguistik II, 2, Frankfurt a. M. (Athenäum) 1971.

Grimm, Reinhold/Hermand, Jost, (Hrsg.), *Faschismus und Avantgarde*, Königstein/Taunus (Athenäum) 1980.

Dies. (Hrsg.), *Natur und Natürlichkeit*, Königstein/Taunus (Athenäum) 1981.

Gryphius, Andreas, *Gesamtausgabe der deutschsprachigen Werke*, Hrsg. von Marian Szyrocki und Hugh Powell, Tübingen (Niemeyer) 1963-1966.

Habermas, Jürgen, *Die Moderne - ein unvollendetes Projekt*, in: Derselb., *Kleine politische Schriften I-IV*, Frankfurt a. M. (Suhrkamp) 1981, S. 444- 464.

Ders., *Philosophisch - politische Profile*, (Suhrkamp) Frankfurt a. M. 1971. (= Bibliothek Suhrkamp Bd. 265.)

Hage, Volker, (Hrsg.), *Literarische Collagen, Texte, Quellen, Theorie*, Stuttgart (Reclam) 1981. (= RUB. 7695.)

Handke, Peter, *Über die Dörfer*, Frankfurt a. M. (Suhrkamp) 1981.

Ders., *Langsame Heimkehr*, Frankfurt a. M. (Suhrkamp) 1979.

Ders., *Kindergeschichte*, Frankfurt a. M. (Suhrkamp) 1981.

Hegel, Georg Wilhelm Friedrich, *Vorlesungen über Ästhetik I und II*, Stuttgart (Reclam) 1971. (= RUB. 7976.)

Heidenreich, Gert, *Ästhetisierter Sadismus*, Verdrängung und Sublimierung, in: Ders., *Jugend-Stil, Stil der Jugend*, München (Manz) 1971, S. 57-78.

Heissenbüttel, Helmut, *Über Literatur*, Olten und Freiburg i. B. (Walter) 1966.

Henze, Hans Werner, *Die Chiffren, Musik und Sprache*, Neue Aspekte der musikalischen Ästhetik IV, Frankfurt a. M. (Fischer) 1990.

Ders., Gespräch mit Klaus Schulz, *Der Komponist als Interpret - Gegen Materialdisziplin*, in: ders., *Musik und Politik*, Schriften und Gespräche 1955- 1975, mit einem Vorwort hrsg. von Jens Brockmeier, München (dtv) 1976. (= Deutscher Taschenbuchverlag. 1162.)

Hinck, Walter, *Die Komödie zwischen Satire und Utopie*, in: Reinhold Grimm und Walter Hinck, *Zwischen Satire und Utopie*, Frankfurt a. M. (Suhrkamp) 1982, S. 7-19. (= suhrkamp taschenbuch. 839.)

Hocke, Gustav René, *Manierismus in der Literatur*, Hamburg /Rowohlt) 1959.

Hölderlin, Friedrich, *Gesammelte Werke*, 6 Bde., Stuttgart (Klett Cotta) 1951.

Hoffmann, E.T.A., *Die Serapionsbrüder*, 2 Bde., München (Winkler) 1957.

Horkheimer, Max, und Adorno, Theodor W., *Dialektik der Aufklärung*, in: Max Horkheimer, *Gesammelte Schriften* Bd. 5, Frankfurt a. M. (Fischer) 1987.

Huyssen, Andreas/Scherpe, Klaus R. (Hrsg.) *Postmoderne, Zeichen eines kulturellen Wandels*, Reinbek b. Hamburg (Rowohlt) 1986. (rororo. 427.)

Ingold, F. Ph., *Literatur und Aviatik*, Frankfurt a. M. (Suhrkamp) 1980.

Irigaray, Luce, *Eine andre Kunst des Genießens*, in: *Die Frauen, Pornographie und Erotik*, Hrsg. von Marie-Francoise Hans und Gilles Laponge, Frankfurt a. M. (Luchterhand) 1990.

Iser, Wolfgang, (Hrsg.), *Immanente Ästhetik, Ästhetische Reflexionen*, München (Fink) 1966.

Jauß, Hans Robert, *Die nicht mehr schönen Künste*, Grenzphänomene des Ästhetischen, München (Fink) 1968.

Ders., *Studien zum Epochenwandel der ästhetischen Moderne*, Frankfurt a. M. (Suhrkamp) 1989.

Jordan, Lothar, u. a. (Hrsg.), *Lyrik-Erlebnis und Kritik*, Frankfurt a. M. (Fischer) 1988.

Jürgens-Kirchhoff, Annegret, *Technik und Tendenz der Montage in der bildenden Kunst des 20. Jahrhunderts*, Lahn/Giessen, 1978.

Kallmeyer, W., Klein, W. u. a., *Lektürekolleg zur Textlinguistik*, 2 Bde., Frankfurt a. M. (Athenäum) 1974.

Karthaus, Ulrich, *Humor - Ironie - Satire*, Der Deutschunterricht, Jg. 23, 1971, H. 6, S. 104-120.

Kleist, Heinrich von, *Über das Marinettentheater*, Stuttgart (Reclam) 1978.

Klotz, Volker, *Zitat und Montage in neuerer Literatur und Kunst*, in: Sprache im technischen Zeitalter 60, 1976, S. 259-293.

Kraus, Karl, *Werke*, Bde. 1-14, hrsg. von Heinrich Fischer, Kösel (München) 1952-1967.

Kreutzer, Helmut, *Zur Avantgarde und Montage-Diskussion und zu diesem Heft*, in: Zeitschrift für Literaturwissenschaft und Linguistik 12, 1982, H. 46, S. 7-18.

Kreuz, Johannes vom, *Die dunkle Nacht der Seele*, Sämtliche Dichtungen, hrsg. von Felix Braun, Salzburg (Müller) 1956.

Kristeva, Julia, *Le mot, le dialogue et le roman,* in: Critique, 23 (1967) S. 438-465, deutsch in: Ihwe, Jens (Hrg.), *Literaturwissenschaft und Linguistik*, Ergebnisse und Perspektiven, III, Frankfurt (Athenäum) 1972, S. 345-375.

Dies., *Problèmes de la structuration du texte*, in: *Théorie d'ensemble*, Collection Tel Quel, Paris 1968, S. 297-316; deutsch in: Ihwe, Jens (Hrg.), *Literaturwissenschaft und Linguistik*, Ergebnisse und Perspektiven, II/2, Frankfurt a. M. (Athenäum) 1971/72, S. 484-507.

Dies., *La Révolution du langage poétique*, Paris 1974; deutsch als: *Die Revolution der poetischen Sprache*, Frankfurt a. M. (Suhrkamp) 1978.

Kühn, Clemens, *Formenlehre der Musik*, Kassel/München (Bärenreidter) 1987.

Kurz, Paul Konrad, *Apokalyptische Zeit*, Zur Literatur der mittleren 80er Jahre, Frankfurt a. M. (Knecht) 1987.

Lachmann, Renate (Hrsg.), *Dialogizität*, München (Fink) 1982. (= Theorie und Geschichte der Literatur und der Schönen Künste, Reihe A, Hermeneutik, Semiotik, Rhetorik, Bd. 1.)

Dies., *Ebenen des Intertextualitätsbegriffs*, in: Karlheinz Stierle/Rainer Warning (Hrsg.), *Das Gespräch*, München (Fink) 1984, S. 133-138. (= Poetik und Hermeneutik Bd. 11.)

Dies., *Intertextualität als Sinnkonstitution*, Andrej Belyjs *Petersburg und die 'fremden' Texte*, in: Maurer Karl (Hrsg.), *Poetica*, Bd. 15, Amsterdam (Grüner) 1983, S. 66-107.

Lenk, Elisabeth, *Pariabewußtsein schreibender Frauen*, in: Courage (Berlin), 10, 1981, S. 18-25.

Lessing, Gotthold Ephraim, *Werke*, Bd. II, München (Winkler) 1969.

Lindemann, Eva, *Die Gangart des Geistes*, Musikalische Gestaltungsmittel in der Prosa Ingeborg Bachmanns, in: *Das Schreiben der Frauen in Österreich seit 1950*, Wien, Köln (Böhlau) 1991. (= Walter Buchebner Literaturprojekt. 5.) S. 95-104.

Lukács, Georg, *Zur Frage der Satire*, in: Internationale Literatur, Jg. 2, 1932, H. 4/5, S. 136-153.

Luther, Gisela, *Barocker Expressionismus*, Paris (Mouton) 1969.

Malsch, Wilfried, *Europa - Poetische Rede des Novalis*, Deutung der französischen Revolution und Reflexion auf die Poesie in der Gesellschaft, Stuttgart (Metzler) 1965.

Marcuse, Herbert, *Der eindimensionale Mensch*, Darmu. Neuwied (Luchterhand) 1967.

Ders., *Die Permanenz der Kunst, Wider eine bestimmte marxistische Ästhetik*, München, Wien (Hanser) 1978.

Marquard, Odo, *Transzendentaler Idealismus, Romantische Naturphilosophie, Psychoanalyse*, Köln (Verlag für Philosophie Dinter) 1987. (= Schriftenreihe zur Philosophischen Praxis, Bd. 3.)

Marx, Karl, *Manifest der kommunistischen Partei*, in: *Die Frühschriften*, Hrsg. von Siegfried Landshut, Stuttgart, 1969.

Meier, Ulrich, *Neuere Aspekte der Montage in den Künsten*, in: Zeitschrift für Literaturwissenschaft und Linguistik 12, 1982, H. 46, S. 19-32.

Meyer, Herman, *Das Zitat in der Erzählkunst*, Zur Geschichte und Poetik des europäischen Romans, Stuttgart (Metzlersche Verlagsbuchhandlung) 1961.

Michels, Paul, *Formosa deformitas*, Bewältigungsformen des Häßlichen in mittelalterlicher Literatur, Bonn (Bouvier) 1976.

Moscovici, Serge, *Versuch über die menschliche Geschichte der Natur*, Frankfurt a. M. (Suhrkamp) 1982.

Novalis, *Die Christenheit oder Europa*, Stuttgart (Kröner) 1947.

Oesterle, Günter, *Friedrich Schlegels Entwurf einer Theorie des ästhetischen Häßlichen*, in: Helmut Schanze (Hrsg.), *Friedrich Schlegel und die Kunsttheorie seiner Zeit*, Darmstadt (Wissenschaftliche Buchgesellschaft) 1985.

Pfeiffer, Hans (Hrsg.), *Art social/Art industriel*, Funktionen der Kunst im Zeitalter des Industrialismus, München (Fink) 1987.

Pfister, Manfred, *Das Drama*, München (Fink) 1988. (= UTB. 580.)

Ders., *Konzepte der Intertextualität*, in: Broich, Ulrich/Pfister, Manfred (Hrsg.), *Intertextualität*, Formen, Funktionen, anglistische Fallstudien, Tübingen (Niemeyer) 1985, S. 1-30.

Plath, Sylvia, *Briefe nach Hause*, 1950-1963, Frankfurt a. M. (Ullstein) 1980. Mit einem Nachwort von Gabriele Wohmann.

Preisendanz, Wolfgang, *Zum Beitrag von R. Lachmann "Dialogizität und poetische Sprache"*, in: Renate Lachmann (Hrsg.), *Dialogizität*, München (Fink) 1982, S. 25-28. (= Theorie und Geschichte der Literatur und der Schönen Künste, Reihe A, Hermeneutik, Semiotik, Rhetorik, Bd. 1.)

Ders., *Negativität und Positivität im Satirischen*, in: Ders., Rainer Warning (Hrsg.), *Das Komische*, München 1976, S. 413-416.

Rieger, Eva, *Frau, Musik & Männerherrschaft*, Kassel (Furore) 1988.

Riha, Karl, *Cross-Reading und Cross-Talking, Zitat- Collagen als poetische und satirische Technik*, Stuttgart (Metzler) 1971. (= Texte Metzler. 22.)

Röttger-Denker, Gabriele, *Roland Barthes*, Hamburg (Junius) 1989.

Rosenkranz, Karl, hrsg. mit einem Nachwort von Dieter Kliche, *Ästhetik des Häßlichen*, Leipzig (Reclam) 1990.

Rühmkorf, Peter, *Das lyrische Weltbild der Nachkriegsdeutschen*, in: ders., *Die Jahre, die ihr kennt*, Anfälle und Erinnerungen, Reinbek b. Hamburg (Rowohlt) 1972, S. 88-110.

Scheler, Max, *Gesammelte Schriften*, 6 Bde., Bern (Francke) 1963.

Schiller, Friedrich, *Ueber naive und sentimentale Dichtung*, in: Ders., Werke, hg. von Benno von Wiese, Bd. 20, Weimar 1962. (= Nationalausgabe.)

Ders., *Über die ästhetische Erziehung des Menschen*, hrsg. von Wolfgang Düsing, München, Wien (Hanser) 1981.

Schlemmer, Oskar, u. a., *Die Bühne im Bauhaus*, Faksimile-Nachdruck des 4. Bandes der Bauhausbücher, Mainz 1974.

Schlichting, Hans-Burkhard, *Historische Avantgarde und Gegenwartsliteratur*, zu Peter Bürgers *Theorie der nachavantgardistischen Moderne*, in: W. Martin Lüdke (Hrsg.), *Theorie der Avantgarde*, Antworten auf Peter Bürgers Bestimmung von Kunst und bürgerlicher Gesellschaft, Frankfurt a. M. (Suhrkamp) 1976, S. 209-251.

Schmidt, Arno, *Bargfelder Gesamtausgabe*, Werkgruppe II, Bd. 1, Zürich (Hoffmanns) 1989.

Ders., *Das Buch Jedermann*, James Joyce zum 25. Todestag, in: Ders., *Nachrichten aus dem Leben eines Lords*, 6 Nachtprogramme, Frankfurt a. M. (Fischer) 1975, S. 255-291.

Schmidt, Ulrich, *Engagierter Ästhetizismus*, Über neudeutsche Literaturkritik, in: Text + Kritik, *Vom gegenwärtigen Zustand des deutschen Literatur*, Heft 113, Januar 1992, S. 86-96.

Schulte-Sasse, Jochen und Renate Werner, *Einführung in die Literaturwissenschaft*, München (Fink) 1977.

Schweizer, Hans Rudolf, *Ästhetik als Philosophie der sinnlichen Erkenntnis*, Basel/Stuttgart (Schwabe) 1973.

Simmel, Georg, *Die Mode*, in: Bovenschen, Silvia (Hrg.) *Die Listen der Mode*, Frankfurt a. M. (Suhrkamp) 1986, S. 179-207.

Sternheim, Carl, *Der Snob*, Gesamtwerke Bd. 1, Neuwied (Luchterhand) 1963.

Stierle, Karlheinz, *Werk und Intertextualität*, in: Karlheinz Stierle/Rainer Warning (Hrsg.), *Das Gespräch*, München (Fink) 1984, S. 139-150. (= Poetik und Hermeneutik, Bd. 11.)

Suhrbier, Hartwig, *Zur Prosatheorie von Arno Schmidt*, München (Edition Text + Kritik) 1980. (= Bargfelder Bote. Sonderlieferung.)

Voss, *Metamorphosen des Imaginären - nachmoderne Blicke auf Ästhetik, Poesie und Gesellschaft*, in: Huyssen, Andreas und Scherpe, Klaus (Hrsg.), *Postmoderne, Zeichen eines kulturellen Wandels*, Reinbek b. Hamburg (Rowohlt) 1986, S. 229-241.

Weigel, Sigrid, *Topographien der Geschlechter*, Kulturgeschichtliche Studien zur Literatur, Reinbek b. Hamburg (Rowohlt) 1990.

Weinreich, Uriel, *Erkundungen zur Theorie der Semantik*, Tübingen (Niemeyer) 1970. (= Konzepte der Sprach- und Literaturwissenschaft. 4.)

Weiss, Walter, *Zur Thematisierung der Sprache in der Literatur der Gegenwart*, in: *Beiträge zur Geschichte der deutschen Sprache und Literatur*, hg. von Helmut de Boor und J. Schröbler, Bd. 94 = Sonderheft, Festschrift für Hans Eggers zum 65. Geburtstag, hg. von Herbert Backers, Tübingen 1972, S. 669-693.

Weiß, Heinrich, *Satirische Dialogizität und satirische Intertextualität*, in: Broich, Ulrich/Pfister, Manfred (Hrsg.), *Intertextualität*, Formen, Funktionen, anglistische Fallstudien, Tübingen (Niemeyer) 1985., S. 244-262.

Weissweiler, Eva (Hrsg.), *Clara und Robert Schumann*, Briefwechsel, Kritische Gesamtausgabe, 3 Bde., Basel u. Frankfurt a. M. (Stroemfeld/Roter Stern) 1984.

Dies., *Komponistinnen aus 500 Jahren*, Frankfurt a. M. (Fischer) 1981.

Zima, Peter von, *Literarische Ästhetik*, Tübingen (Francke) 1991. (= UTB. 1590.)

GPSR Compliance

The European Union's (EU) General Product Safety Regulation (GPSR) is a set of rules that requires consumer products to be safe and our obligations to ensure this.

If you have any concerns about our products, you can contact us on ProductSafety@springernature.com

In case Publisher is established outside the EU, the EU authorized representative is:

Springer Nature Customer Service Center GmbH
Europaplatz 3
69115 Heidelberg, Germany

Batch number: 10578186

Printed by Printforce, the Netherlands